AF349238

METATEMAS[*]

Libros para pensar la ciencia
Colección dirigida por Jorge Wagensberg

* Alef, símbolo de los números transfinitos de Cantor

Ricard Solé

VIDAS SINTÉTICAS

Una aproximación revolucionaria
a la ciencia, la historia y la mente

1.ª edición: marzo de 2012

© Ricard Solé, 2012

Diseño de la colección: Lluís Clotet y Ramón Úbeda
Diseño de la cubierta: Estudio Úbeda
Reservados todos los derechos de esta edición para
Tusquets Editores, S.A. - Cesare Cantù, 8 - 08023 Barcelona
www.tusquetseditores.com
ISBN: 978-84-8383-392-6
Depósito legal: B. 5.094-2012
Fotocomposición: David Pablo
Impresión: Reinbook Imprès, S.L.
Encuadernación: Reinbook
Impreso en España

Índice

Dedicado a Carl Sagan, que nos hizo
imaginar y soñar con otros mundos

AGRADECIMIENTOS

Como miembro del Instituto de Santa Fe (Nuevo México), debo agradecer todos estos años que he podido disfrutar explorando y discutiendo ideas con algunos de los pioneros en el estudio de los sistemas complejos. El Instituto es un lugar de cristalización de nuevas ideas y el poder intelectual del lugar deja huella en todos los que hemos tenido el privilegio de formar parte de él. Estoy en deuda en especial con Stuart Kauffman, Eric Smith, Peter Schuster, Peter Stadler, Douglas Erwin, Walter Fontana, Sanjay Jsin, David Krakauer, Stefanie Forrest, Chris Langton, Melanie Mitchell, Chris Moore, Jim Crutchfield, Andy Wuensche, Santiago Elena, Doyne Farmer, Brian Arthur, Harold Morowitz, Tom Ray, Geoffrey West, Murray Gell-Mann, Simon Levin, Jack Cowan, Tim Kohler y George Gumerman, así como con los ya desaparecidos Brian Goodwin y Per Bak. Asimismo, he tenido el placer de colaborar con otros investigadores cuyo papel, directo o indirecto, ha sido crucial para el desarrollo de estas ideas. Guardo un especial recuerdo de mis colegas del proyecto PACE (Programmable Artificial Cell Evolution) y de nuestras veladas en Venecia, en particular Steen Rasmussen, Norman Packard, John McCaskill, Gunter von Kiedrovski, Roberto Serra e Irene Poli, así como de mis colegas del Laboratorio de Sistemas Complejos en la Universitat Pompeu Fabra de Barcelona que han participado o participan en esta exploración de la vida sintética: Javier Macía, Carlos Rodríguez-Caso, Sergi Valverde, Andreea Munteanu, Bernat Corominas, Josep Sardanyes,

Salva Duran, Nuria Conde, Ben Shirt-Ediss y Luis Seoane. También de Francesc Posas y Laia de Nadal, en cuyo laboratorio hemos podido disfrutar de una gran aventura científica y el placer de compartir teoría y experimentos de forma muy provechosa. Otros maestros o colaboradores ilustres han sido o son parte esencial de mi aprendizaje, como Niles Eldredge, Guy Theraulaz, Thomas Deisboeck, Josep Costa y Lee Smolin, a los que hay que sumar algunos de los pioneros de la vida artificial y la simulación de sistemas vivos en nuestro país, como Jorge Wagensberg, Joaquín Valls, Federico Morán, Esteban Domingo, Álvaro Moreno, Kepa Ruiz-Mirazo, Luis Serrano, Andrés Moya, Juli Peretó y Albert Sorribas.

Este libro se ha gestado en lugares diversos, algunos de los cuales han servido como fuente de inspiración. Estoy en deuda con el European Centre for Living Technology, en Venecia, por la hospitalidad con la que siempre me han recibido. Pensar durante el día acompañado del sonido del agua de los canales y disfrutar de la noche en un lugar que parece detenido en el tiempo es todo un privilegio. La biblioteca de Nueva York, la del instituto de Santa Fe y la de la fundación Querini Stampalia (Venecia) me dieron la tranquilidad y la magia de lugares marcados por la atmósfera singular que da el conocimiento y la historia. He tenido también la suerte de contar con recursos para que mi laboratorio pudiera contribuir a este campo. La fundación James McDonnell, la fundación Marcelino Botín, los proyectos europeos PACE y CELLCOMPUT, así como las ayudas del Ministerio español de Ciencia e Innovación han hecho realidad algunos de nuestros sueños. A todos ellos, gracias.

Debo agradecer a Josep Maria Ventosa su cuidadosa y entusiasta revisión del manuscrito y sus comentarios, siempre constructivos.

Y a Elisabetta, Joel y Júlia, por todo el tiempo robado.

Introducción
Simular mundos

> Habitamos una isla en mitad de un océano de ignorancia. A medida que aumenta nuestro conocimiento, también lo hace la costa de nuestra ignorancia.
>
> John Wheeler

La tormenta perfecta

El planeta Júpiter puede verse con facilidad en el cielo nocturno, incluso en una gran ciudad, destacando sobre el resto de luces parpadeantes que nos llegan desde lugares tan distantes que hacen volar la imaginación. Durante siglos, los ojos de millones de seres humanos y sus antecesores homínidos observaron este gigante que quiso ser una estrella y no lo consiguió. Su luz es especial, no sólo por su intensidad, sino por la ausencia del parpadeo que delata a las estrellas lejanas, cuya escasa luminosidad (comparada con la de los planetas, mucho más cercanos) sufre la distorsión de nuestra atmósfera y que les da ese aspecto intermitente. Pero Júpiter, igual que otros objetos que nos regala la noche, fue tan sólo un punto de luz hasta que un pequeño telescopio apuntó hacia él una noche de noviembre de 1609. Este instrumento había sido inventado en Holanda apenas dos años antes, y el hombre que lo sujeta lo ha mejorado notablemente y ha hecho lo que nadie antes: dirigirlo al cielo. Durante la fría madrugada, el que sería uno de los gigantes de la ciencia moderna, Galileo Galilei, vio que el planeta estaba flanqueado a ambos lados por unas pequeñas lunas. La óptica de aquellos telescopios era muy deficiente y no era posible apreciar detalles de la superficie del planeta, pero los nuevos cuerpos celestes que Galileo descubrió resultaron reveladores. El italiano siguió durante semanas los cambios en la posición de las nuevas estrellas, cuatro en total, que mantenían su alineación mientras cambiaban de posición sobre una línea que cruzaba el ecuador del planeta a lo largo del tiempo. Galileo no tardó en darse cuenta de que aquellas luces diminutas giraban de hecho en torno a Júpiter, como la Luna gira en torno a la Tierra. Las lunas de Júpiter fueron uno de los muchos descubrimientos que realizó el pisano, que también encontró las manchas del Sol, los cráteres y montañas de la Luna y las fases de Venus. Este último hallazgo tenía un significado especial, dado que Venus, que es también un objeto muy brillante aunque menos visible que Júpiter, sólo podía mostrar fases —como nuestra Luna— si daba vueltas alrededor del Sol. Estos cambios eran una evidencia más en contra de la visión aristotélica del cosmos, en la que la Tierra ocupaba el centro de todo. Por el contrario, el pequeño telescopio de Galileo sirvió para poner el último clavo en el ataúd de la teoría heliocéntrica.

El relato del descubrimiento de Galileo ha sido narrado en numerosas ocasiones, pero hay una pequeña historia paralela que merece la pena ser contada y que pocos conocen. Cuando Galileo comprobó la existencia de fases en Venus, decidió proteger su descubrimiento de una forma peculiar: empleó un anagrama (una secuencia de letras que oculta un mensaje) que envió a Kepler, con quien mantenía cierta comunicación. El anagrama se había generado a partir de la frase latina en la que Galileo revelaba que «las formas de Cynthia» (la Luna) «son imitadas por la madre del amor» (Venus). Kepler intentó varias soluciones, ninguna de las cuales era correcta, pero propuso una tan extraordinaria como profética: *Macula rufa in Jove est gyratur mathem*, es decir: «Hay una mancha roja en Júpiter que gira matemáticamente». Un «giro matemático» tiene sentido si nos referimos a la rotación regular del planeta, así que la interpretación de Kepler sugiere nada menos que una «mancha roja» que «gira con el planeta». Aunque Kepler no acertó con el significado correcto, dio en el clavo, ya que efectivamente existe una estructura en Júpiter con la apariencia de una mancha roja, descubierta en 1666 por Robert Hooke, cuando Galileo y Kepler ya habían desaparecido. La mancha roja es una gigantesca tormenta que podría contener en su interior tres veces nuestro planeta. Gira sobre sí misma en mitad de una atmósfera turbulenta, como muestra la figura 0.1. Y ha estado ahí desde que el planeta fue descubierto, con alguna desaparición fugaz y múltiples acompañantes que la han escoltado durante días, semanas, años o siglos. Comparando dos imágenes obtenidas por la sonda espacial *Voyager 1* y otra del telescopio espacial *Hubble,* captadas con veintisiete años de diferencia, la Gran Mancha (tal y como se la conoce) persiste imperturbable en mitad de la tormenta que se desata constantemente en la atmósfera joviana, dominada por turbulencias y vientos huracanados. ¿Cómo es posible semejante estabilidad?

El ejemplo de Júpiter y nuestra pequeña historia es sólo una excusa para introducir a uno de los protagonistas principales de este libro y comprender su importancia. La tormenta que se desata en Júpiter sobrevive en un mar de gases en estado turbulento. La turbulencia es una de las formas de comportamiento más comunes en el universo. Nos la encontramos de forma cotidiana en el fluir del agua en los torrentes de los ríos, en el mar embravecido e incluso en el flujo del agua al salir de un grifo, si alcanza suficiente velocidad. La turbulencia parece surgir en este último caso como una transición desde el orden al desorden cuando abrimos la llave lo suficiente. La naturaleza y significado de este cambio de comportamiento ha sido fuente de fascinación y dolor de cabeza para generaciones de físicos y es aún un asunto abierto. Disponemos de un marco matemático en el que podemos reproducir el comportamiento turbulento: la dinámica de fluidos, una de las áreas mejor establecidas de la física. Mediante el empleo de sistemas de ecuaciones que introducen flujos, presiones y velocidades, somos capaces de recrear la mancha de Júpiter, las olas del mar en un temporal o el clima de nuestro planeta. Las llamadas «ecuaciones de Navier-Stokes» son manejadas por ordenadores que permiten simular de forma realista muchos de los efectos especiales que vemos en el cine, como las olas terroríficas de *La tormenta perfecta*, que terminan por llevarse al *Andrea Gail* y a sus tripulantes al fondo del mar. Se trata de las ecuaciones de Newton para los fluidos y por lo tanto introducen reglas de comportamiento perfectamente repetibles. ¿Cómo surge entonces el desorden? Aunque las ecuaciones han sido resueltas para problemas que pueden definirse en dos dimensiones, el problema general sigue sin solución general (en tres dimensiones) y de hecho existe un premio de un millón de dólares ofrecido por el Instituto Clay de Matemáticas en Estados Unidos para aquel que demuestre si estas soluciones existen. Lo extraño del fenómeno queda reflejado en una anécdota. Se cuenta que el físico Werner Heisenberg, uno de los padres de la mecánica cuántica y autor del famoso principio de incertidumbre que lleva su nombre, afirmó en una ocasión que, cuando muriera, le preguntaría a Dios «el porqué de la relatividad y el porqué de la turbulencia»; y añadió: «Espero que sepa contestar a la primera pregunta».

Aunque estas disquisiciones parezcan alejadas de nuestro día a día, su importancia y limitaciones forman parte de un aspecto cotidiano de la información diaria: la predicción del tiempo. El hombre del tiempo forma parte de nuestra cultura televisiva y, aunque muy a menudo oímos aquello de que «nunca acierta», lo cierto es que la predicción del tiempo es una de las más fiables, mucho más desde luego que la de cualquier otra disciplina. Su capacidad se basa en el empleo de las ecuaciones de las que hemos hablado, tomando el estado del clima actual como entrada y simulando lo que ocurrirá en los próximos días. Pero también es cierto que, aunque conocemos bien la teoría y podemos estar bastante seguros de lo que esperamos observar, las predicciones se hacen menos fiables cuando cruzamos el umbral de una semana. Con toda la física de la que disponemos, este horizonte es una barrera infran-

Figura 0.1. Dos imágenes distintas del planeta Júpiter, captadas con veintisiete años de diferencia. La de la izquierda la tomó la nave *Voyager 1* en 1979. La segunda es una fotografía del telescopio espacial *Hubble,* tomada en 2006. En ambas se observa la gigantesca mancha roja, pero el entorno próximo a esta estructura ha cambiado entre ambas fotografías. (Imágenes de NASA/ESA-Hubble Spatial Telescope.)

queable: contra todo pronóstico, las leyes de Newton introducen inestabilidades que dan lugar a un comportamiento complejo y que denominamos *caótico.* Aquí el término «caos» no debe entenderse como algún tipo de azar. Por el contrario, pese a que conocemos las leyes del sistema y que éstas son estrictas, el resultado de aplicarlas es la inestabilidad. El descubrimiento del denominado «caos determinista», que ya se empezó a intuir a principios del siglo XX y se desarrolló en el último cuarto de siglo, demostró que nuestra visión del cosmos como un lugar en el que la existencia de leyes haría posible predecir su comportamiento con gran precisión era errónea. Leyes simples, que pueden estar representadas por una sola ecuación, pueden dar lugar a comportamientos de extraordinaria complejidad y ser indistinguibles del azar. Mediante ordenadores ha sido posible comprobar que la presencia de caos es muy general y que detrás de un comportamiento aparentemente muy complejo puede ocultarse una ley que seamos capaces de comprender y, con suerte, escribir mediante unas pocas ecuaciones. La lección es por tanto clara: pese a las apariencias, podemos comprender el mundo mediante modelos simples, aunque tal vez no podamos predecir su futuro exacto. Enfrentados a las dificultades que representa la complejidad del mundo, el ordenador es nuestro nuevo telescopio. En la figura 0.2 vemos dos ejemplos de lo que la simulación por ordenador puede generar en el contexto del problema que hemos planteado al principio. La secuencia de la izquierda nos muestra tres momentos diferentes de una simulación de la atmósfera de Júpiter (una banda cercana al ecuador del planeta) que en 1987 llevaron a cabo los físicos Gareth Williams y John Wilson y en la que vemos cómo se forman vórtices de tamaño creciente (ciclones y anticiclones) hasta que queda uno, y sólo uno. Esta única tormenta es nuestra mancha roja sintética, creada en el mundo virtual, y permite demostrar que el fenómeno observado es explicable. Si dejamos que el sistema desarrolle la turbulencia en todo el espacio (figura 0.2b) en lugar de restringirla al escenario anterior, en el que tenemos una colisión de corrientes paralelas, vemos que, pese al desorden asociado a este estado, existe un notable orden interno, que constituye una señal de la presencia de leyes deterministas. Aunque sólo las sondas espaciales han podido acercarse a los planetas exteriores y su interior no sea accesible a nuestra observación directa, la física y su simulación nos permiten comprender el origen y evolución de sus atmósferas. Ambas imágenes muestran una especial coexistencia entre orden y desorden que, como veremos, tiene un papel importante para comprender algunas de las propiedades esenciales de los sistemas vivos.

¿Ha muerto la filosofía?

En su polémico libro *El gran diseño*, los físicos Stephen Hawking y Leonard Mlodinow afirman en la primera página que «la filosofía ha muerto». Puede parecer una afirmación un tanto gratuita, pero hay en el fondo de ella un núcleo de verdad. Con la llegada del siglo XXI, la ciencia está exploran-

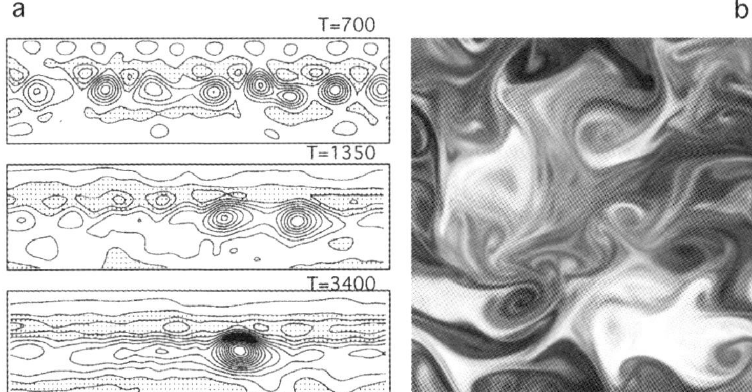

Figura 0.2. La turbulencia simulada en el ordenador. En la secuencia (a) vemos tres momentos distintos de la evolución del planeta Júpiter simulada por ordenador, que muestran la formación progresiva de vórtices de distintos tamaños hasta que se produce un estado muy estable dominado por un solo vórtice gigante (adaptado de Williams y Wilson, 1987). En (b) vemos una simulación de un fluido turbulento mediante ecuaciones de Navier-Stokes. (Imagen de Geert Brethouwer.)

do territorios que, hace apenas un siglo, habrían sido considerados parte de la filosofía.

El siglo XX ha asistido a la emergencia de algunas de las mayores revoluciones científicas de la historia, entre éstas, la nueva física definida a partir de la relatividad y la mecánica cuántica así como la de la biología molecular, que empieza su desarrollo acelerado a mediados de los años cincuenta con el descubrimiento del código genético. Algo más silenciosa, la revolución de la información se inició en la misma época con el comienzo de la era de los ordenadores, que culmina con la aparición de internet y la red global. En los últimos cincuenta años, de forma paralela y en gran medida desconectada, científicos de áreas muy diversas han empezado a plantearse algunas cuestiones fundamentales acerca de los orígenes de la vida, la conciencia e incluso el propio universo. Y esta exploración se da, en ocasiones, alejada de lo que la filosofía ha considerado relevante o adecuado como visiones del mundo. Las propuestas surgen de lo que en ciencia denominamos «modelos», que podríamos definir como una representación conceptual de sistemas o procesos. Estos modelos deben dar cuenta de las propiedades observadas y medibles e, idealmente, propiciar predicciones que puedan ser comprobadas por nuevos experimentos u observaciones. El empleo de modelos es mucho más generalizado de lo que podemos creer, ya que cada vez que dibujamos, por ejemplo, una célula como un círculo que contiene otro círculo en su interior, estamos empleando de hecho un modelo de su estructura. El círculo externo expresa el concepto de célula como un compartimento cerrado y continuo. El interno representa el núcleo, que está a su vez segregado del resto del sistema y encierra la información. El dibujo no es la célula pero, a cierto nivel, retiene algo de su esencia. La ciencia maneja modelos cada vez más complejos y cercanos a la realidad. Su potencia predictiva ha ido en aumento y se ha visto mejorada por el empleo de los llamados modelos computacionales: modelos en los que la representación del sistema es llevada a cabo por un ordenador.

El éxito de los ordenadores como herramientas capaces de recrear la realidad hizo que su empleo en el estudio de los fluidos y otros sistemas físicos se extendiera con el tiempo a todos y cada uno de los campos del conocimiento científico. Su utilidad es especialmente clara cuando consideramos fenómenos y procesos en los que el sistema está formado por un gran número de elementos que interaccionan entre sí. Los sistemas vivos han sido una diana preferente de este tipo de aproximación, dada su complejidad y la dificultad de expresar toda su riqueza en un sistema de ecuaciones. En sus fases iniciales, los ordenadores se utilizaban como herramientas de análisis que permitían analizar la estructura de moléculas vivas, determinar automáticamente la forma de cromosomas u otras estructuras o trazar árboles genealógicos. Más adelante, su uso como herramienta teórica ganó terreno: allí donde no llegaban las matemáticas, era posible emular la realidad mediante la fuerza bruta de la computación. Debido a su enorme potencia, los ordenadores también resultaron ser las máquinas del tiempo que se necesitaban para reconstruir el curso de aquellos acontecimientos de los que tan sólo poseemos evidencia indirecta a través de su estado actual. Para recrear el pasado, podemos emplear nuestro conocimiento esencial acerca de cómo pueden haber empezado las cosas y a partir de ahí hacer que las reglas de cambio sean ejecutadas por la simulación. Estas reglas pueden ser las que determinan las ecuaciones de un fluido, pero también —como veremos— reglas lógicas por las que miles o decenas de miles de individuos simulados toman decisiones acerca de cómo cooperar, imitar o traicionar a los demás. Ejecutando el programa, se despliega ante nosotros toda una posible realidad generada por el modelo, cuyo comportamiento final podremos comparar con la realidad que hemos medido. Si tenemos suerte, el modelo puede resultar enormemente preciso, incluso cuando las reglas son muy simples. Y dado que nada impide que el ordenador siga adelante y se interne en esa zona oscura que llamamos futuro, nos ofrece una ventana a lo que puede suceder más adelante.

Los modelos de cambio climático son el caso mejor conocido de este potencial y sirven además de poderosa advertencia. Todo indica, con el conocimiento que poseemos en la actualidad, que un aumento de los gases de efecto invernadero que haga crecer la temperatura media de nuestro planeta por encima de dos grados tendrá consecuencias devastadoras. ¿El motivo? Los modelos, apoyados por cantidades masivas de datos, indican de forma muy clara que, una vez se haya cruzado este umbral, el clima de la Tierra cambiará de forma profunda, haciendo que nuestra sociedad tal y como la conocemos sea completamente inviable. Este hecho, y la seguridad de que tendrá lugar en unas pocas décadas, hace imprescindible que afrontemos medidas urgentes que, lamentablemente, no se están tomando. Tal vez estemos siendo víctimas de la misma confianza con la que otras civilizaciones han ignorado las señales de peligro. Consideraremos este problema más adelante, al hablar de la simulación histórica.

El ordenador nos proporciona la oportunidad de recrear el comportamiento de moléculas, células, neuronas, robots o galaxias mediante el empleo del conocimiento de sus propiedades básicas. Gracias a modelos de simulación, hemos podido investigar la lógica del genoma o el cáncer, reproducir las primeras fases de la evolución del universo, algunos de los procesos que tienen lugar en nuestra mente e incluso el ascenso y caída de civilizaciones. Creando las versiones sintéticas de estos sistemas, somos capaces de responder a cuestiones de gran importancia, y los resultados de estos experimentos suelen dar lugar a nuevas observaciones, experimentos y teorías. Ocasionalmente, nuestras preguntas se han vuelto a lo que sucede en la misma máquina, y así apareció la disciplina de la vida artificial, que marcó un punto de inflexión importante en nuestra visión del fenómeno de la vida, su definición y posible síntesis. Al poder crear y hacer evolucionar criaturas virtuales dentro de un ordenador, surgió de forma natural la pregunta: lo que crece y cambia en estas simulaciones, ¿puede llamarse también «vida»?

Muchos estudiosos han intentado acercarse a estas fronteras indefinidas, cuyo perfil trazaremos en los próximos capítulos. El estudio de sistemas mecánicos que imitaban la vida o partes de ésta se hizo cada vez más frecuente a medida que la tecnología permitía reproducir los mecanismos biológicos. La mano mecánica de Ambroise Paré (figura 0.3) es un ejemplo de los inicios de la moderna bioingeniería asociada a la creación de miembros y órganos artificiales. Como cirujano en los campos de batalla del siglo XVI, Paré se convirtió en un experto en amputaciones y amputados. Fue uno de los primeros estudiosos que dejó constancia del extraño fenómeno de los «miembros fantasma», llamados así por la sensación, muy extendida entre amputados, de que la extremidad sigue ahí y que, como veremos más adelante, no es sino un aspecto más de la extraña relación que mantiene el cerebro con el mundo que percibe. En un intento de ayudar a estos pacientes, Paré invirtió grandes esfuerzos en el diseño y construcción de sistemas artificiales que reemplazaran a sus contrapartidas orgánicas. La complejidad de los diseños, dada la época, es notable. Hoy, las prótesis mecánicas interaccionan

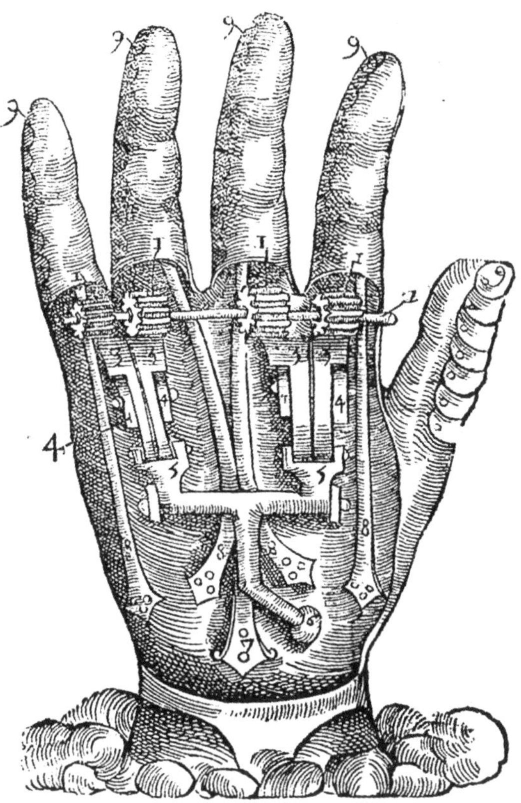

Figura 0.3. La mecánica imita la vida. En este grabado de Ambroise Paré, se muestra un modelo mecánico de mano artificial con todo tipo de engranajes y mecanismos que intentan remedar su complejidad.

de forma directa con el cerebro, que puede mandar órdenes a estas extensiones sintéticas de la anatomía. Aquí también la imitación de la vida lleva a una fusión de mecánica y biología. Hoy, esta fusión empieza a explotar la propia biología como fuente de material de construcción de implantes artificiales, diluyendo así las barreras entre lo natural y lo artificial. Los primeros corazones o tráqueas reconstruidas gracias a células madre ya son una realidad.

El final del siglo XX está marcado también por una extraordinaria expansión del campo de las neurociencias así como por un florecimiento inusitado de la ingeniería genética, que da lugar a su vez a un campo emergente: la biología sintética. Ésta representa el último eslabón en la cadena de descubrimientos que han permitido no sólo comprender la vida, sino empezar a manipular su lógica. Se hace entonces posible generar vida artificial basada no en simulaciones, sino en la misma materia viva. Este potencial conlleva la posibilidad de modificar el comportamiento de células y tejidos, abriendo enormes esperanzas al diseño de una nueva biomedicina. Y en la búsqueda de terapias contra el cáncer o el alzheimer, resurgen con fuerza antiguas preguntas y viejos anhelos: ¿por qué envejecemos?, ¿es posible detener el proceso? Al comprender las bases de la inmortalidad biológica, hemos podido acercarnos a algunas respuestas sorprendentes. En el dominio del conocimiento del cerebro, se ha ido aceptando la idea de que el problema de la conciencia no debe considerarse ajeno al método científico, de modo que hoy la búsqueda de las bases de este fenómeno forma parte de la neurociencia. Y el impacto de ésta afecta al desarrollo de nuevos tipos de robots. Estos robots van equipados con redes de neuronas artificiales que imitan a sistemas neurales que hemos ido identificando y comprendiendo a lo largo de décadas. Equipados con mecanismos de evolución, algunos de estos robots han dado pasos muy importantes en la dirección de lo que consideramos piezas clave en el desarrollo de la conciencia. Si bien no existe un sistema artificial equipado con una conciencia sintética, la posibilidad de crearlo no parece ya descabellada.

Pero el potencial para recrear o generar sistemas artificiales no se detiene aquí. Las posibilidades de la simulación permiten ir aún más lejos. Mediante entornos virtuales adecuados, ha sido posible crear redes sociales basadas en el establecimiento de ciudades, comunicaciones, economías e incluso leyes inexistentes en este lado del espejo. Cuando nos sumergimos por entero en estos entornos, como es el caso de la realidad virtual, llegamos a traspasar algunas barreras de la percepción que ponen a nuestro cerebro en una encrucijada que le obliga a cruzar las fronteras de nuestra propia relación con lo real. Al hacerlo, nos encontramos de nuevo con dilemas y preguntas de gran calado: ¿cuál es la naturaleza de la realidad?, ¿hasta qué punto el mundo virtual nos puede parecer tan real como éste? La realidad virtual ha entrado a formar parte de la neurociencia, sugiriendo maneras de explorar el funcionamiento del cerebro.

Simular, sumergirse en un mundo virtual o crear organismos nuevos son distintas formas de aproximarse a la naturaleza que, pese a sus diferencias de forma, comparten el potencial de construir sistemas sintéticos. Éstos pueden acercarnos al mundo que conocemos o abrir la puerta a nuevas formas de biología, conciencia o sociedad. Algunos de estos métodos servirán para resolver problemas abiertos sobre la evolución, tanto de la vida como de los sistemas tecnológicos, pero también para cambiar el curso de la evolución, puede que de una forma que aún no podemos imaginar. Simular sociedades enteras es ya una posibilidad hecha realidad, y algunos investigadores han planteado la idea de aceptar que la misma historia puede ser sujeto de investigación científica. Una vez más, podríamos así obtener respuestas a preguntas acerca del papel de los individuos en la historia, como contrapartida a la idea de una historia dominada por las masas y los movimientos económicos. De ser así, la historia artificial sería una disciplina que conectaría entre sí dominios del conocimiento hasta hoy desconectados.

Este libro explora la rápida convergencia entre muy distintas disciplinas hacia una nueva forma de construir la ciencia basada en la simulación o síntesis de sistemas complejos. Más allá de la habitual combinación de teoría, experimento y modelo, surge la posibilidad de generar realidades o sistemas vivos alternativos. Esta convergencia es el resultado de un rápido crecimiento de distintas formas de abordar estos problemas, acompañado de una considerable fertilización de ideas entre áreas. El resultado de estos avances es no sólo una aceleración del propio conocimiento científico, sino un viaje hacia las fronteras del conocimiento mismo. Algunos de los descubrimientos y métodos están sirviendo de caldo de cultivo para nuevos tratamientos médicos, nuevas formas de entender la sociedad, la tecnología o las ciudades, nuevas formas de vida y posiblemente nuevas formas de interaccionar con la misma realidad. Son las semillas de las revoluciones de este siglo, entre las que se incluirán —entre otras— la síntesis de la vida, las claves para la inmortalidad, una nueva teoría de la historia, la creación de la conciencia o una explicación para el origen del universo. Como ocurre con la turbulencia de los fluidos, la vida, la historia o la mente discurren entre el orden y el desorden, a menudo difíciles de comprender pero en último término comprensibles. En el largo proceso que nos llevará a responder a las grandes preguntas, la ciencia reemplazará en gran medida a la filosofía como sistema de conocimiento. Este libro habla del camino recorrido y de los múltiples senderos que se abren ante nosotros.

1
Non omnis moriar[*]

> ¿Podría una máquina pensar? ¿Podría sentir dolor?
>
> Ludwig Wittgenstein,
> *Investigaciones filosóficas*

> Hay algo en las máquinas abandonadas que evoca una mezcla de miedo y esperanza. Cuando una máquina se detiene, nos enfrentamos con lo que quiera que sea que separa la muerte de la vida
>
> George Dyson, *Darwin Among the Machines*

El autómata

La escena está dominada por un silencio absoluto, y se desarrolla en 1835 en Richmond, una próspera ciudad de la Costa Este de Estados Unidos. Podemos imaginar una sala de tamaño medio, en la que cabrían tal vez un centenar de personas, llena de sillas en las que se sientan los espectadores, completamente entregados a la partida de ajedrez bajo la luz de las velas. En el escenario, el aspecto de uno de los jugadores destaca sobre todo lo demás, con su rostro oscuro y expresión adusta, algo rígida y aparentemente concentrada, la cabeza coronada por un vistoso turbante y el cuerpo cubierto con un vestido de inspiración oriental. El jugador está sentado detrás de una mesa sobre la que vemos el tablero. Una mano sostiene una larga pipa, mientras el otro brazo está a un lado del ta-

---

[*] «No moriré del todo.»

blero. El adversario observa las piezas febrilmente, intentando remontar una posición difícil. Al final, como le ocurrió a la inmensa mayoría de los oponentes que se enfrentaron a la figura del turbante, termina perdiendo.

La importancia de esta escena puede comprenderse con facilidad si tenemos en cuenta la fecha del acontecimiento y la naturaleza del exótico adversario. Se trata del autómata más famoso de la historia, bautizado como el Turco por sus peculiares indumentarias (figura 1.1). Construido en 1770 en Austria por el barón Wolfgang von Kempelen, este artefacto fue anunciado por su creador como el mayor invento de la historia de las máquinas. Un autómata que superaría todo lo visto hasta aquel momento, que contaba por entonces con todo un repertorio de aves, músicos o bailarines mecánicos de exquisita complejidad. Aquélla era la época dorada de los autómatas, las máquinas creadas por el hombre para imitar la naturaleza humana. No es extraño que la presentación en sociedad del Turco causara un revuelo de enormes dimensiones. Su existencia sugería posibilidades extraordinarias para una máquina, tal vez incluso la posesión de inteligencia. Como en todas las partidas, el autómata jugaba de forma sutil, para muchos demasiado humana. Y sin embargo, era a todas luces un artefacto: movía sus fichas de forma mecánica y, si se escuchaba con atención, se podían oír los engranajes en movimiento en el interior de la caja sobre la que se hallaba el tablero y dentro de la cual se encontraría, por así decirlo, el alma de la máquina. Cuando era preciso, un ingenioso sistema le permitía incluso pronunciar la palabra *échec* («jaque»).

Antes de llegar a Richmond, la fama del autómata había crecido hasta convertirlo en una verdadera leyenda. Jugó partidas no sólo con grandes maestros del tablero, sino también con personajes de la talla de Napoleón Bonaparte o Benjamin Franklin. A lo largo de sus ochenta y cuatro años de vida (sobrevivió a su inventor), el Turco se convirtió en una atracción de enorme magnetismo para una multitud de curiosos entre los que se encontraban numerosos científicos, escritores y ma-

Figura 1.1. El Turco (izquierda) en un grabado de 1784, y uno de sus más famosos admiradores (y críticos): el matemático inglés Charles Babbage (1871), inventor de la primera calculadora mecánica. Ambas ilustraciones aparecieron en el *Illustrated London Newspaper*.

gos. Sus proezas generaron una gran polémica. Es muy probable que el autómata tuviera una influencia importante en algunos pensadores clave, como el inglés Charles Babbage (1791-1871), considerado el padre del primer ordenador mecánico (figura 1.1). Después de ver jugar al Turco, Babbage consideró seriamente la posibilidad de construir un artefacto capaz de jugar al ajedrez y concluyó que sería de hecho más simple que la «máquina diferencial» que estaba construyendo, destinada a resolver cálculos complejos que hasta entonces se llevaban a cabo a mano. Babbage jugó con el autómata en 1820, perdió y señaló en su diario que su contrincante «jugaba de forma muy cauta». Y aunque no estaba convencido de que se tratara realmente de una máquina, aquel encuentro le llevó a iniciar una reflexión muy profunda acerca de la posibilidad de que una máquina pudiera llevar a cabo tareas intelectuales.

Desde la distancia que nos proporciona la época en que vivimos, parece claro que algo extraño ocurría con el Turco. El ajedrez es un juego de gran complejidad y sobre todo de una astronómica potencialidad. El poeta y novelista Pierre Mac Orlan sostenía: «Hay más aventuras en un tablero de ajedrez que en todos los mares del mundo». Cada partida representa un camino distinto y los posibles senderos que pueden recorrer los jugadores son prácticamente infinitos. No se trata de tocar una pieza de música (por hermosa y barroca que sea), sino de internarse en las posibilidades y compromisos que depara la estrategia de ambos jugadores, sus expectativas, sus trampas en las que espera que el adversario caiga sin darse cuenta. Una máquina capaz de manejar tanta diversidad de posibilidades no podía pasar desapercibida a las miradas escépticas.

Hay un segundo motivo por el que la partida de Richmond es de enorme interés. Si nos encontráramos sentados en la primera fila y observáramos a nuestro alrededor, es muy posible que nuestra mirada se detuviera sobre el rostro de un joven de aspecto cansado, ensimismado y se diría que hipnotizado por el autómata. Aunque su talento extraordinario ha empezado a ser apreciado por algunos de sus contemporáneos, nunca alcanzará el éxito en vida y años después agonizará en una callejuela de mala muerte de Nueva York, delirante y solo. Morirá al cabo de dos días en un hospital, rodeado de apenas un puñado de amigos; con el paso del tiempo se convertirá en una de las grandes figuras de la literatura norteamericana. El joven de tez pálida y ojos inescrutables no es otro que el gran Edgar Allan Poe, creador de algunos de los mejores relatos y poemas de la historia de la literatura universal. Poe ha sido atraído por los anuncios del actual propietario del Turco, que ahora viaja con su nuevo propietario, Johan von Maelzel, que en su momento compró la máquina a los herederos de Kempelen tras su muerte en 1804. Cuando Kempelen murió, el Turco era ya una leyenda, y aunque su creador nunca imaginó hasta qué punto llegaría la fama del ajedrecista mecánico, el epitafio de su tumba, *«Non omnis moriar»*, parece más que apropiado. El encuentro con Poe será uno más de los muchos que han ocurrido y ocurrirán a lo largo de la vida del Turco, y cada uno de ellos contribuirá a su leyenda, aunque en esta ocasión sea para descubrir su secreto.

Como otros antes que él, Poe sospecha del Turco y decide llevar a cabo un examen a conciencia del desarrollo de la partida y también —muy especialmente— de la forma de actuar del autómata. El resultado de sus pesquisas es un ensayo demoledor titulado «El jugador de ajedrez de Maelzel», en el que el escritor y periodista (no en vano considerado precursor de las novelas de misterio y detectives) deconstruye minuciosamente cada detalle de la partida. Sin entrar en el análisis pormenorizado, baste decir que Poe encuentra algunos aspectos del «comportamiento» del autómata extremadamente difíciles de explicar como resultado de las acciones de una máquina. En particular, Poe hacía notar que el autómata necesitaba más tiempo en unas ocasiones que en otras para hacer sus movimientos, contrariamente a lo que se esperaría de una simple máquina, y también que sus movimientos eran demasiado rígidos. Aunque esta última afirmación pueda parecer un débil argumento, debemos mencionar que en aquella época ya era bien sabido cómo conferir suficiente elegancia a los movimientos mecánicos para que aquella maravilla tecnológica no se moviera con tanta rigidez. A juicio del escritor, aquél era uno de los muchos recursos empleados para distraer la atención y apoyar la sugestión de que el Turco no escondía nada. Poe estaba en lo cierto: la máquina escondía a un humano, un jugador de ajedrez de gran talento (se sucedieron varios) que prestaba su mente a un hermoso y sofisticado fraude.

El Turco tuvo una «vida» muy agitada y su desaparición (de alguna forma, su muerte) está a la altura de aquélla. El autómata terminó sus días exhibido en el Museo Chino de Filadelfia junto a otras muchas curiosidades, y aún «jugó» algunas partidas, aunque normalmente lo hacía frente a escolares. Su vejez, por así decirlo, transcurría tranquila hasta que un incendio destruyó el museo, en una noche de verano, en julio de 1854, y aunque se intentó por todos los medios rescatar al Turco de las llamas, resultó imposible. El doctor John Mitchell, un médico que había comprado el autómata de Maelzel a sus acreedores, fue el último en verlo. Al darse por vencido ante la magnitud del incendio, volvió la vista atrás, contemplando cómo las llamas prendían en la ropa del Turco. Mientras se quemaba, inalterable como siempre, el calor hacía que sus sistemas mecánicos de voz le hicieran repetir una y otra vez una extraña letanía: «jaque..., jaque...». Nada pudo recuperarse y aunque las leyendas hablaban de que el jugador había sido visto más tarde en diversos lugares, lo cierto es que aquélla fue su última partida.

Pocas historias pueden citarse acerca de un fraude que mantengan, nuestra atención en toda su intensidad. En esta extraña representación, llena de engaños, suspicacias, desafíos y hasta un final de película, el jugador mecánico como tal nunca existió. Detrás de las bambalinas nunca hubo un alma mecánica, una conciencia artificial capaz de contemplar el mundo y jugar partidas. El Turco fue un fraude de inmenso calado y de gran maestría. Y aun así, al juzgar desde nuestra perspectiva el impacto que tuvo sobre tantos científicos y pensadores, no podemos por menos de concluir que si el Turco encerraba o no una verdadera mente era lo de menos. Situado en los límites de lo que separaba lo vivo de lo mecánico, la misma idea que encerraba la simple posibilidad de que el autómata fuese real inspiró a muchas personas. De alguna forma encarna uno de los problemas más profundos de la ciencia: la creación de un ser inteligente, capaz de pensar.

Si no pienso... ¿no existo?

El Turco fue el heredero (fraudulento) de una larga tradición de autómatas mecánicos construidos a lo largo de los siglos y que alcanzaron su máximo esplendor en el siglo XVIII. El autómata, aun en nuestros días, descubre extraños sentimientos en nuestro interior. Las preguntas inevitables que surgen de la contemplación de uno de estos artefactos suelen ser universales: ¿qué define el límite entre un sistema mecánico y un sistema vivo?, o bien: ¿hasta qué punto se asemeja un autómata a un ser humano? Hay algunas líneas bien demarcadas que colocan al autómata muy lejos de nosotros. En particular, el paso del tiempo y su percepción. Como señala la escritora y periodista Gaby Wood: «El ser humano está sujeto al tiempo y su inevitable marcha hacia la muerte. El autómata, por el contrario, simplemente marca el paso del tiempo sin caer nunca en sus garras» (Wood 2002, 7-11).* Para nosotros el tiempo es una certeza absoluta dentro de la cual navegamos sin cesar, siendo conscientes de su paso y su significado. Hay un pasado al que podemos remitirnos y un futuro para ser soñado o temido. Un tiempo para la nostalgia y un tiempo para morir. El autómata fluye a través del mismo tiempo que nosotros, pero para éste no hay presente, pasado ni futuro. En la obra teatral *R.U.R.*, el texto visionario del checo Karel Čapek, en la que por primera vez se introduce el término «robot», una mujer pregunta a un robot femenino si tiene miedo a morir. Su respuesta es tan ignorante como contundente: «No puedo decirlo». Su antítesis nos la da el androide de *Blade Runner* que, al final de su existencia, se muestra más humano de lo que sus creadores habrían deseado. En la azotea del edificio Bradbury, Roy Batty rememora algunas de sus experiencias más valiosas en aquellas frases ya legendarias en la historia del cine: «Yo he visto cosas que vosotros no creeríais», y se lamenta por todo aquello que desaparece con él mismo: «Todos esos recuerdos se perderán en el tiempo como lágrimas en la lluvia».

Los inicios de los autómatas mecánicos marcan también el comienzo de una profunda reflexión acerca de la naturaleza del alma humana. Y, como intentos de simular a la que se consideraba la mayor creación de Dios, aquéllos eran vistos como amenazas e incluso herejías. Ya Descartes, en el siglo XVII, se encontró ante el dilema de dar a conocer sus ideas o enfrentarse a la todopoderosa Iglesia católica, con consecuencias impredecibles. En una carta a un amigo sugiere de

* Véase la lista de referencias bibliográficas en el apéndice final de este libro. *(N. del E.)*

hecho la posibilidad de «quemar todos mis escritos, o al menos no dejar que nadie los vea». El miedo a las represalias estaba más que justificado e influyó decisivamente en el resultado final de sus grandes obras. En su *Tratado del hombre*, considerado uno de los primeros textos de fisiología, el filósofo francés cruzaba una peligrosa frontera al comparar al ser humano con los mecanismos de una máquina. Pero Descartes, aunque era el ejemplo más visible, no fue ni mucho menos el único en sufrir el acoso (directo o potencial) de la Iglesia. Prácticamente todos aquellos que en su momento intentaron emular la vida mediante autómatas se vieron amenazados. Hay ejemplos tragicómicos, como el de Pierre Jaquet-Droz, inventor, en 1774, de un magnífico autómata escritor (aún en funcionamiento en el museo de Neuchatel, en Francia) que, no por casualidad, escribía con una caligrafía perfecta la célebre frase cartesiana «Pienso, luego existo». En una gira por España, Droz fue acusado de hereje y pasó, acompañado de su autómata, varios días en la cárcel. Algo parecido le ocurrió en 1738 a Jacques de Vaucanson, inventor de un famoso pato mecánico que simulaba la ingestión y expulsión de comida. El ingenioso y elegante ánade creó escuela, aunque pocos llegaron a aquel nivel de perfección. Ya de niño, Vaucanson se sintió fascinado por los relojes mecánicos y era capaz de trazar diseños muy complejos de sus mecanismos internos. Años más tarde, como novicio en un convento de Lyon, construyó unos delicados autómatas que servían y limpiaban la mesa con ocasión de la llegada al monasterio de un ilustre visitante que, aunque disfrutó de la novedad, ordenó su destrucción. Al parecer, el sugerente parecido entre los androides y los humanos a los que imitaban fue considerado una herejía. Con el tiempo, Vaucanson encontró el modo de abandonar el convento y llevar adelante su carrera como uno de los más grandes creadores de autómatas de la historia.

Los autómatas mecánicos sirvieron de plataforma para pensar acerca de la naturaleza del alma humana. En una forma hasta entonces desconocida, planteaban de forma inequívoca la necesidad de comprender las fronteras de aquello que separa la máquina de la vida, y lo hacían a través de preguntas difíciles: ¿cómo saber si una máquina está viva?, ¿tiene sentido la pregunta?, ¿hasta qué punto podemos decir que un sistema vivo es una clase de máquina? Desde entonces, ya fuera en la literatura de ficción o desde la ciencia y la ingeniería, el problema ha reaparecido continuamente. Pero no fue hasta la segunda mitad del siglo XX cuando las preguntas empezaron a obtener respuestas, a la vez que —como siempre ocurre en la ciencia— nuevas preguntas se abrían paso.

De entre los muertos

Estamos tan habituados a que los ordenadores formen parte de nuestras vidas que, incluso para quienes experimentamos la transición de la sociedad sin ordenadores a la actual, se hace difícil imaginar algo distinto. Sólo cuando vemos una vieja película en la que se muestra una oficina repleta de gente escribiendo a máquina acude a nuestra mente aquel mundo ya desaparecido en el que la información se almacenaba en fichas de cartón y las enciclopedias pesaban decenas de kilos, y ocupaban metros de estanterías en bibliotecas y salones. El desarrollo de los ordenadores tuvo consecuencias extraordinarias en nuestra civilización. En apenas unas décadas nuestra capacidad de procesar datos, almacenarlos y manipularlos aumentó con tal rapidez que literalmente entramos en una nueva era de la información. En los años cuarenta, el enorme tamaño de los ordenadores (figura 1.2) y sus elevados costes llevaron al entonces responsable de IBM, Thomas Watson, a pronunciar una frase que hoy nos hace sonreír: «Creo que existe un mercado mundial para unos cinco ordenadores». A medida que el *hardware* se hacía menos costoso y más compacto, los ordenadores redujeron rápidamente sus dimensiones y complejidad al tiempo que aumentaban su potencia a gran velocidad. Y en cierto momento ocurrió lo que ni siquiera la cien-

Figura 1.2. Los primeros ordenadores capaces de llevar a cabo cálculos complejos, como el ENIAC (una parte del cual vemos en la imagen), ocupaban cientos de metros cuadrados, pesaban varias toneladas y aun así no podrían competir con una calculadora de bolsillo moderna. (Imagen cortesía de la Universidad de Pensilvania.)

cia ficción había anticipado: los ordenadores, cientos de millones, entraron en nuestras casas y en nuestros lugares de trabajo para convertirse en piezas básicas de la vida cotidiana. Su uso se generalizó y dejó de ser la herramienta exclusiva de científicos o militares. El ordenador personal acercaría la capacidad de llevar a cabo cálculos precisos y complejos a cualquiera que deseara hacerlos y, lo que era aún más importante: creaba un nuevo escenario en el que la realidad tangible, los mecanismos y los autómatas podían ser reemplazados por simulaciones virtuales. En sus orígenes, la simulación estuvo directamente unida al desarrollo de armamento: desde el cálculo de trayectorias balísticas al estudio de la detonación de una bomba atómica. Aquellas enormes máquinas lograron por primera vez cubrir el terreno que las matemáticas solas no podían alcanzar. Con ello, dieron paso a una nueva vía para

36

acceder a problemas hasta entonces inabordables. Hoy, gran parte de aquellas simulaciones se puede llevar a cabo mediante ordenadores personales. La simulación por ordenador, que había empezado su andadura a mediados del siglo XX, acabó convertida rápidamente en una herramienta accesible para una multitud de investigadores y aficionados científicos. En el camino, un joven inquieto y aún sin objetivos claros acerca de qué hacer con su vida iba a regresar a las viejas preguntas, esta vez armado con un nuevo artefacto que, en su interior, podía iluminar algunas de las dudas planteadas por el Turco y sus congéneres. Este joven investigador no era otro que Chris Langton, el padre de la vida artificial (figura 1.3).

Langton llegó al Hospital General de Massachusetts, en Boston, en 1971, tras declararse objetor de conciencia en la época de la guerra de Vietnam. Su imagen era la del hippy de cabello largo, motorista, algo descuidado y abstraído, pero en su caso también lleno de interés por comprender el universo. Había seguido cursos de astrofísica, ingeniería y antropología, pero también le atraían la biología y algunos de sus problemas de fondo. Sin embargo, sus múltiples intereses hacían difícil ver con claridad qué camino seguir. En el hospital desempeñó varios trabajos no cualificados, entre los que estuvo el de trasladar cadáveres a la morgue. Una noche en la que empujaba una camilla con un cadáver camino del depósito, el supuesto difunto despertó. Aquel episodio sucedió poco después de haber visto en el cine *La noche de los muertos vivientes,* y Langton solicitó un puesto de trabajo algo menos estresante. Al cabo de poco tiempo, empezó a trabajar como programador en los ordenadores del hospital, en el laboratorio de psiquiatría.

El lugar resultó más interesante de lo que Langton esperaba. Parte de su trabajo tenía que ver con el análisis de datos, en particular series provenientes de electroencefalogramas. Aquella labor no sólo era una forma de aprender más cosas sobre esas máquinas sino también emplearlas para explorar otras ideas. Langton disfrutaba de sus tareas como programador, a la vez que empleaba el ordenador para pensar, especial-

Figura 1.3. Arriba, Christopher Langton, el padre de la vida artificial, en 1989. (Fotografía de Cary Herz, con permiso del Instituto de Santa Fe.) Su trabajo en este campo se basó fundamentalmente en el empleo de autómatas celulares, que podemos imaginar como sistemas simples de interacción entre elementos sobre un tablero, en el que las piezas (abajo) serían nuestros autómatas, que nacen, mueren o se mueven en función de reglas simples. (Fotografía de Anna Bozzano.)

mente de madrugada, acerca de la información que entraba y salía de las máquinas. No debemos olvidar que, más allá de la materia y la energía que permite la existencia de la vida, es la información lo que nos hace distintos de los sistemas puramente físicos. Aquellos aparatos eran los nuevos autómatas del siglo XX, llenos de circuitos electrónicos en lugar de elementos mecánicos. Eran también la puerta de entrada a una revolución que aún estaba por llegar y era el caballo de batalla de nuevas formas de crear y explorar la información. Una de las novedades del momento era «el Juego de la Vida», un sencillo programa salido del legendario Instituto Tecnológico de Massachusetts, que creaba estructuras complejas que parpadeaban y evolucionaban en la pantalla.

El Juego de la Vida no es realmente un juego con jugadores, estrategias, vencedores ni vencidos. Es más bien una imitación simplificada de un sistema de elementos que se replican y mueren sobre un espacio bidimensional. En las noches de trabajo en el laboratorio de psiquiatría, el juego solía estar en funcionamiento y sus resultados aparecían y cambiaban constantemente. El juego manejaba también información y creaba nueva información que generaba una nueva estructura. Una de aquellas noches Langton cayó en la cuenta de que lo que el ordenador recreaba no era una simple forma cambiante. Langton quedó atrapado, como muchos otros antes y después, por el Juego de la Vida, un modelo extremadamente simple creado por un matemático americano que buscaba —y encontró— un sistema sorprendentemente simple que, sin embargo, es capaz de generar estructuras de complejidad casi infinita, como la vida misma. Para Langton, las luces parpadeantes que brillaban en la semioscuridad del laboratorio se convirtieron en una revelación acerca de la posibilidad de entender lo vivo desde una perspectiva nueva y revolucionaria: la vida podía existir en el mundo virtual, ser recreada en el interior de un ordenador. Aunque Langton no lo sabía entonces, su intuición y la de otros investigadores iba a desarrollarse en unos años, hasta dar a luz a un nuevo campo de conocimiento. Un campo en el que se cruzarían disciplinas y sistemas tan diversos como la virología, el estudio del cáncer, los mercados financieros, la cosmología y la historia.

Vivir al límite

John Conway tiene su despacho en la prestigiosa Universidad de Princeton, lleno de poliedros, puzles y dibujos que representan estrategias complejas asociadas a juegos de todo tipo. Ha resuelto multitud de problemas matemáticos relacionados con la resolución de juegos, pero su contribución más famosa es el Juego de la Vida, que creó en 1970. El juego se hizo famoso gracias a un artículo aparecido en *Scientific American* que escribió su amigo Martin Gardner, uno de los más grandes divulgadores de las matemáticas de todos los tiempos. El juego es extremadamente simple, y puede «jugarse», como hizo Conway al principio, en un tablero de damas. Imaginemos que en una casilla ponemos una ficha si está «viva» y la dejamos vacía en caso contrario. El juego permite que estas fichas se reproduzcan dependiendo de lo que rodea a la casilla en cuestión. Este entorno queda definido por el número de vecinos «vivos» que posee (con un máximo de ocho). Del mismo modo, una ficha puede desaparecer y de alguna forma «morir». Las reglas exactas del juego son fáciles de definir. Partiendo de un tablero con fichas distribuidas al azar repetimos una y otra vez las siguientes operaciones:

(1) Si una casilla está ocupada por una pieza, ésta sigue viva si posee dos o tres vecinos vivos. En caso contrario, muere (desaparece).
(2) Una casilla vacía puede ser colonizada si tiene exactamente tres vecinos vivos.

Las reglas son claramente arbitrarias, aunque poseen cierta lógica. La primera nos dice que la supervivencia depende de la presencia de otros individuos, como ocurre en algunos sistemas biológicos en los que se requiere cierto grado de cooperación para garantizar (o facilitar) su persistencia como población. La limitación impuesta por un número muy bajo o muy alto puede entenderse como una masa crítica de individuos que ayuden a la supervivencia o como un exceso de ellos que —tal vez— consuman demasiados recursos. La segunda regla es algo menos evidente, aunque nos dice que la reproducción requiere de varios individuos que se encuentren en cierta región. El número tres no se corresponde con la reproducción sexual que conocemos (cosa de dos), pero deja espacio a la imaginación. En cualquier caso, en el Juego de la Vida no se puede aplicar aquello de que «tres son multitud».

En lugar de hacer un experimento con un tablero de ajedrez, traslademos las reglas a nuestro ordenador (existen muchas páginas en internet que simulan el juego) y veamos qué ocurre. El lector estará de acuerdo con que las reglas son de una simplicidad ridícula. No resulta evidente qué puede ocurrir cuando dejamos que las reglas actúen y hagan su trabajo, cambiando nuestra configuración inicial. Pero se trata de un sistema que crea y destruye elementos, así que lo más probable es que acabemos obteniendo una población de piezas estable. Estas expectativas son correctas: el juego genera cambios que hacen que el número de elementos se reduzca al principio hasta alcanzar un treinta por ciento del total, aproximadamente. En la figura 1.4 vemos un ejemplo de los cambios que se dan en el sistema sobre un tablero en el que hemos colocado al azar cierto número de partículas vivas (casillas negras) y hemos seguido sus cambios en instantes sucesivos. Para visualizar mejor el comportamiento, hemos empleado una proyección del tablero sobre una esfera. La primera imagen (figura 1.4a) representa el momento inicial, en el que tenemos partículas vivas esparcidas al azar. Al poco tiempo (figura 1.4b) observamos una menor densidad y grupos de agregados de partículas que se definen cada vez más (figura 1.4c) y alcanzan un estado que, aunque variable en el tiempo,

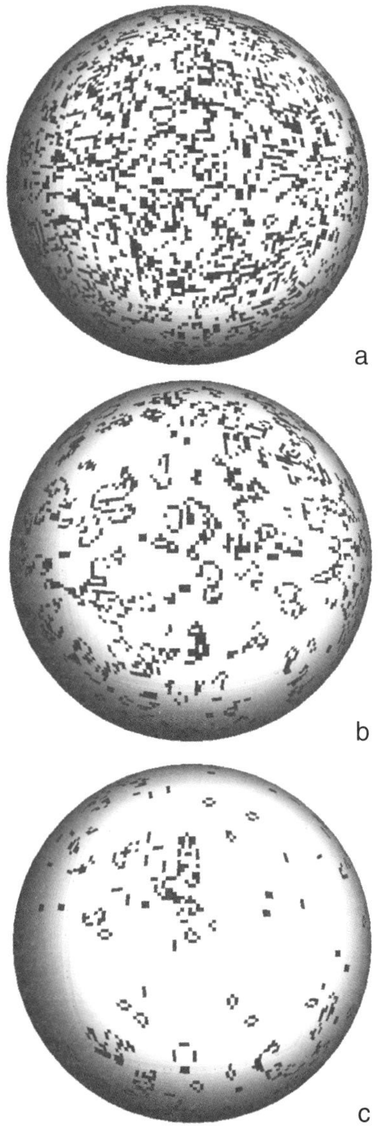

Figura 1.4. Ejemplo de evolución del sistema en el Juego de la Vida, en la que apreciamos multitud de estructuras complejas, muchas de las cuales cambian constantemente mientras otras se propagan sin cesar. Partimos de una situación inicial (a) generada al azar, que evoluciona rápidamente (b-c) a un estado de baja densidad dominado por estructuras complejas. Estas estructuras permanecen más o menos estables después de un tiempo. (Imágenes de Sergi Valverde.)

parece mantener cierta estructura básica. Si seguimos observando la evolución, después de un periodo más o menos largo se alcanza un estado en el que un conjunto de formas permanece estable. Algunos ejemplos de estas estructuras se muestran en la figura 1.5a-e. Entre las formas que genera el programa se encuentran algunas que son estáticas y no cambian una vez alcanzadas, mientras que otras siguen secuencias de cambios periódicos. Entre estas últimas tenemos varias formas que presentan dos estados alternativos mientras que otras, como los llamados «deslizadores», cambian regularmente mientras vuelan sobre el tablero, desplazándose a velocidad constante.

Pero hay mucho más. De hecho, el juego tiene unas posibilidades virtualmente infinitas de generar estructuras complejas. Todo depende de la condición inicial: de cómo estaban las piezas distribuidas al principio. Podemos «preparar» nuestro sistema de forma que, en lugar de poner nuestras piezas iniciales al azar sobre el tablero, las colocamos en lugares bien elegidos, como vemos en la figura 1.5f. A lo largo de los años, los científicos, informáticos o simples aficionados que se han sumergido en las complejidades del juego han descubierto todo tipo de estructuras complejas que éste puede formar. Es posible diseñar naves espaciales que se desplazan y cambian, fábricas de deslizadores, incluso un ordenador capaz de emular a cualquier otro que podamos imaginar. Este computador, que funciona con las reglas del Juego de la Vida, puede construirse diseñando adecuadamente la ordenación inicial de todos los componentes, y al igual que los ordenadores que empleamos a diario, posee una unidad de memoria, un sistema de procesamiento de información y es capaz de leer y procesar información externa. Sin embargo, y aquí tenemos una diferencia importante, la «máquina» es un sistema permanentemente activo: para mantener su estructura, debe estar constantemente cambiando. No es un sistema muy eficiente, dado que cualquier proceso que deseemos ejecutar será difícil de preparar. Pero aun así la posibilidad de poder

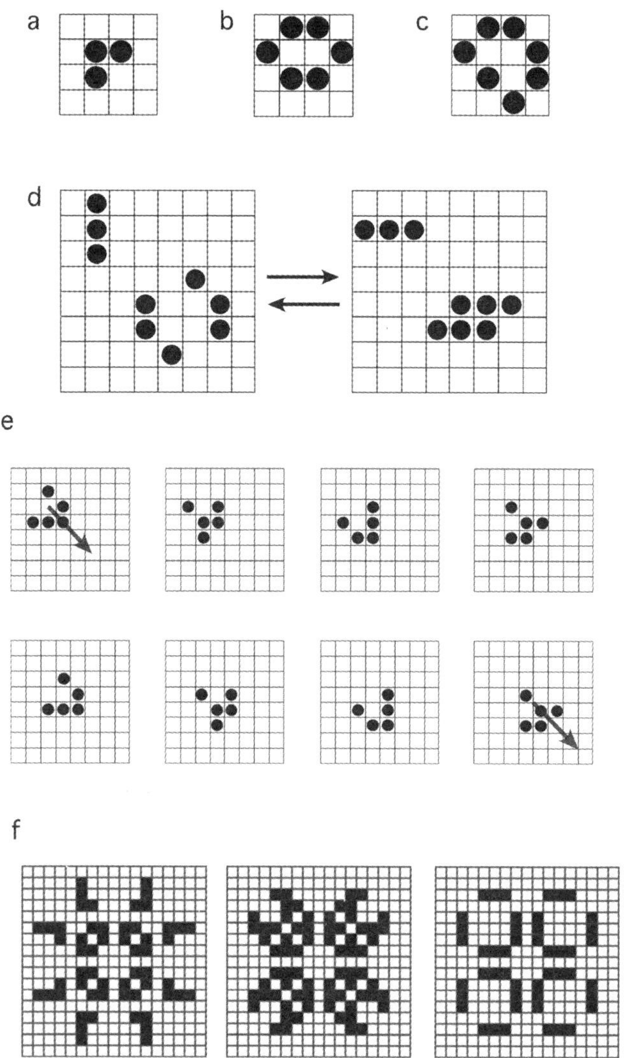

Figura 1.5. Diversos ejemplos de los cambios de estado de una pequeña parte de un tablero sobre el que evolucionan los autómatas celulares siguiendo las reglas del Juego de la Vida de Conway. Aquí las casillas «vivas» están ocupadas por círculos mientras que las «muertas» están vacías. Los ejemplos a-c son pequeñas estructuras estables, que no cambian con el tiempo. Las figuras (d) y (e) muestran secuencias de cambios oscilatorios (d) o de movimiento direccional (e) de un *deslizador*. En (f) se muestra un ejemplo de estructura oscilatoria de tres estados y mayor tamaño. (Gráficos de Ricard Solé)

construir una máquina de semejante potencia a partir de las reglas triviales del Juego de la Vida nos envía un mensaje de enorme importancia: reglas simples pueden dar lugar a comportamientos extremadamente complejos. Si le damos la vuelta a esta afirmación, podemos llegar a una conclusión no menos inesperada: tal vez el comportamiento complejo de muchos sistemas se deba a reglas simples, a leyes fundamentales comprensibles. De ser así, incluso aquellos fenómenos que consideraríamos tremendamente complicados por el número de variables implicadas podrían —tal vez, sólo tal vez— explicarse a partir de mecanismos simples. Los sistemas vivos, las sociedades o la mente no serían cajas negras inaccesibles a nuestra comprensión. Quizá no deba sorprendernos que este programa simple y a la vez complejo haya servido de inspiración para reflexionar sobre problemas de enorme calado, como el del propio origen del cosmos: en *El gran diseño,* los físicos Stephen Hawking y Leonard Mlodinow emplean el Juego de la Vida como metáfora de las reglas de «diseño» de nuestro universo. Tal y como señalan estos autores, si tuviéramos que estudiar el Juego de la Vida como las reglas de un universo, procederíamos de forma similar a lo que hacen los físicos en el nuestro. El comportamiento del sistema, en particular los cambios regulares observados en los bloques oscilantes o los deslizadores, serían explicables por medio de reglas físicas apropiadas, como las del movimiento o la colisión de estructuras, si bien estas leyes no se encuentran definidas en las reglas del juego, que sólo tienen que ver con nacimientos y muertes. Como apuntan Hawking y Mlodinow, el Juego de la Vida nos muestra de forma simple una lección que resulta difícil de asimilar (sobre la que volveremos más adelante): nuestra descripción de la realidad depende del modelo empleado.

Langton terminaría dedicando su carrera posterior al estudio de autómatas celulares, a cuya teoría y aplicaciones contribuyó de forma muy notable, pero el camino hasta el lugar adecuado en el que trabajar resultó ser muy tortuoso.

Cuando el laboratorio de psiquiatría cerró, Langton quedó en un limbo intelectual. Después de una accidentada búsqueda de un lugar en el que estudiar y desarrollar una tesis, terminó investigando durante un tiempo en la Universidad de Michigan. Entre dichos accidentes se contaba uno totalmente real: una caída casi mortal mientras volaba en parapente que, entre otras cosas, le destrozó los huesos de la cara, en la que se clavaron sus rodillas, y que requirió numerosas intervenciones. Aquélla fue una época difícil, en la que Langton tuvo que acudir a sus clases en la universidad ayudándose de muletas, y con la cara llena de vendajes y grapas, en un homenaje indeseado al monstruo de Frankenstein.

En Michigan creó el primer programa simple en el que se demostraba cómo hacer un sistema virtual capaz de autorreplicarse y al que casi nadie prestó atención, aunque representaba ya entonces un enorme salto adelante en nuestra comprensión de un problema que no se había abordado seriamente desde los años cincuenta. También empezó a desarrollar la idea de que los sistemas vivos se encuentran situados en cierta frontera entre el orden y el desorden. El argumento de Langton puede expresarse brevemente así: para poder almacenar información de forma estable, es preciso disponer de cierto grado de organización interna (orden), pero a la vez, si queremos manipular y procesar esta información, hace falta que el sistema pueda crearla y destruirla (desorden). La conjetura de Langton, aún no demostrada, es que la vida se halla en la frontera que separa ambas fases. Al final, su talento llamó la atención del físico Doyne Farmer, que consiguió que lo contratara el prestigioso Laboratorio de los Álamos, en Nuevo México. Allí pudo cumplir uno de sus sueños: organizar, con un éxito sin precedentes, el Primer Congreso de Vida Artificial, que propició que el campo en el que había estado trabajando durante años se convirtiera en una realidad. Podríamos decir que lo demás es historia, pero no lo es. Esta disciplina ha crecido de distintas formas, y su filosofía ha invadido distintos campos, con lo que las fronteras entre lo que podemos o no llamar vida artificial son difíciles de establecer. En este libro adoptaremos como convenio aceptar como parte de esta disciplina aquellos sistemas que son estudiados bajo el prisma de la simulación por ordenador y que implican sistemas vivos, ya sean éstos células, tejidos, organismos, ecosistemas, sociedades humanas o mercados financieros. Antes de internarnos con mayor profundidad en cada clase de sistema, nos detendremos para definir uno de sus elementos más característicos y sorprendentes.

Autoorganización

El Juego de la Vida es un ejemplo (tal vez el más famoso) de los denominados autómatas celulares. Éstos representan la forma más simple de simular mediante el ordenador el comportamiento de muy diversos sistemas complejos en los que células, hormigas, individuos o sociedades se relacionan en un espacio dado. En algunos casos, con el objetivo de definir de forma general los objetos básicos que constituyen las unidades del sistema, se emplea el término «agente» para denotar cierto elemento más o menos complejo, ya se trate de una neurona o de un agente de Bolsa. Como veremos más adelante, y sin ánimo de ofender, los agentes de Bolsa (y me temo que algunos políticos) pueden ser en ocasiones reemplazados en un modelo económico por poco menos que una neurona, en el que la imitación suele ser un elemento clave del comportamiento de los individuos. Aquí emplearemos indistintamente el término autómata celular o agente para referirnos a estas unidades. El Juego de la Vida queda definido por el tablero de células (nuestros agentes) y las reglas de cambios. No es casualidad que aparezca el término «autómata» de nuevo, aparentemente muy lejos de los autómatas mecánicos de los que hablábamos al principio. Pero ambos comparten cierta simplicidad básica en la ejecución de unas reglas que les hacen responder de forma previsible. En el Juego de la Vida, por ejemplo, lo que suceda en el siguiente instante sólo depende del estado actual del sistema. Cualquier otro evento previo es ignorado.

Los autómatas (como el de Conway) se definen mediante reglas de interacción que suelen ser muy simples. En este sentido, los modelos que simulan un problema dado se basan en una simplificación extrema de las reglas reales (que pueden ser desconocidas). Los detalles, por lo tanto, se dejan de lado para quedarnos con lo esencial. He aquí una de las tareas más difíciles: ¿qué es importante y qué no lo es? Lamentablemente no hay una respuesta fácil. Einstein señaló en una ocasión que «los modelos deben ser tan simples como sea posible, pero no más simples». En otras palabras, la idea básica es que debemos renunciar a tantos detalles como podamos, pero no dejar de lado aquello que, de alguna forma, constituye la esencia del problema. Una de las grandes ventajas de la simulación por ordenador es que podemos probar un modelo y lo que aprendamos de su comportamiento y su similitud con la realidad nos permite corregirlo y modificarlo. Podemos no sólo recrear el comportamiento de un ecosistema, un tumor o el cerebro, sino también extraer aquellos factores que realmente explican su funcionamiento. La simulación es así una forma de acercarse a la realidad distinta de la observación y de la teoría pura. Permite hacer experimentos imposibles por su magnitud o singularidad, como recrear la explosión de estrellas, la formación de galaxias o de agujeros negros, pero también nos acerca a sistemas que, por sus propiedades especiales, no permiten observar lo que ocurre en las escalas más pequeñas. Un tumor en desarrollo representa un desafío para la observación directa: tenemos una masa de millones de células tumorales que interaccionan entre sí y con el tejido sano, mutando y adaptándose a los retos que encuentran y explotando recursos del organismo, como por ejemplo sus vasos sanguíneos. Sabemos que todo eso ocurre, pero es muy difícil saber de qué manera. Combinando lo que biólogos moleculares, oncólogos y patólogos han aprendido, y haciendo algunas hipótesis razonables (recordemos la advertencia de Einstein) sobre lo que es esencial, ha sido posible plantear modelos explicativos del crecimiento tumoral y sus respuestas a los tratamientos.

Los modelos de autómatas suelen definirse, como ocurría en el ejemplo del Juego de la Vida, sobre un tablero cuadrado. En general, el elemento que ocupa una casilla (si no está vacía) puede poseer varios «estados» distintos. Si tratamos con células, pueden ser, por ejemplo, cancerosas o sanas. Si se trata de especies en un ecosistema, pueden corresponder a individuos de distintas especies, como presas y depredadores. Por otra parte, necesitamos definir la forma en que estos elementos interaccionan entre sí. Las reglas son, de hecho, la parte fundamental del problema, ya que realmente recogen las leyes subyacentes. Algunas reglas pueden ser evidentes: un depredador se encuentra a una presa y la devora, con lo que ésta desaparece, o dos sustancias químicas entran en contacto y forman dos productos de reacción nuevos o se aniquilan entre sí.

Uno de los aspectos más interesantes de la complejidad, ya sea biológica o social, es la presencia de propiedades emergentes. Ésta es la característica definitoria de lo complejo: la existencia de propiedades nuevas a cierta escala que no son reducibles a las propiedades de los elementos (agentes) del nivel inferior. La vida, por ejemplo, no es simplemente el ADN de la célula, ni la lista de proteínas que hacen sus tareas de transporte o mantenimiento, ni tampoco la membrana que define la frontera con el mundo externo. La vida es el resultado emergente de la combinación e interacción entre estos tres componentes, ninguno de los cuales por sí solo puede explicar la naturaleza de lo vivo. Del mismo modo, nuestros pensamientos no son reducibles a lo que hacen las neuronas individuales ni la sociedad a sus individuos componentes. De hecho, una de las características más destacadas de la forma en la que se comportan los sistemas complejos, y que los modelos de simulación han podido explicar en muchos casos, es la presencia de autoorganización: la aparición de estructuras espaciales o temporales cuyo tamaño o duración es muy superior al de los elementos constituyentes. La autoorganización es por tanto la «explicación» dinámica de las propiedades emergentes.

Para ilustrar un proceso de creación de orden espontáneo a partir de las interacciones de autómatas, consideraremos un proceso biológico en el que células de distintos tipos dan lugar a un tejido complejo. Este ejemplo nos ayuda a comprender una serie de observaciones experimentales muy interesantes y proponer el mecanismo explicativo para éstas. Los experimentos originales que nos llevan a este problema revelan la existencia de una asombrosa capacidad para la regeneración por parte de algunas especies de organismos. El caso paradigmático es el desarrollo de embriones de erizo de mar. Éste es uno de los llamados «modelos animales», esto es, organismos muy bien conocidos y que, por sus propiedades especiales, permiten comprender y analizar en detalle los procesos que determinan su desarrollo. Puede resultar poco atractivo emplear un organismo aparentemente tan alejado de nosotros como punto de referencia, pero no debemos olvidar que compartimos con cualquier ser vivo una buena cantidad de material genético y de numerosos ejemplos de moléculas y mecanismos moleculares que se han conservado a lo largo de millones de años. Las lecciones que extraigamos del erizo nos pueden ser de enorme ayuda para comprendernos a nosotros mismos, nuestra evolución y la naturaleza de la enfermedad.

Este organismo en particular atraviesa diversas fases de desarrollo características a medida que crece, entre ellas, fases larvarias en las que miles de células forman un primer estado del futuro animal adulto. Imaginemos que tomamos esta larva y la disgregamos por completo, separando todas sus células, que colocaremos en una placa de Petri. Dado que la larva es el resultado de un proceso de divisiones sucesivas a partir de una única célula y de una historia de cambios en los estados de estas células, parece lógico esperar que el orden anterior se haya perdido por completo. Lo que muestra el experimento es algo totalmente inesperado: las células inician un lento pero inexorable proceso de reorganización que termina con la completa reconstrucción de la larva, que sigue entonces el desarrollo habitual hasta alcanzar el estado adulto. Esta observación nos habla de una extraordinaria plasticidad para regenerar información perdida, y se da en otros muchos casos.

En general, si mezclamos células previamente aisladas a partir de tejidos diversos y las colocamos en el mismo lugar, observaremos un proceso parecido, en el que las células se agrupan en formas bien organizadas, formando capas y tubos dentro de lo que algunos han llamado «microórganos». Estos órganos artificiales microscópicos son como pequeños agregados de tejidos ordenados según formas que recuerdan los tejidos dentro del organismo. Así, los tipos de células que suelen estar en la zona exterior o interior del órgano tienden a mantener esta posición, mientras que las que forman cavidades tienden a distribuirse juntas formando pequeñas cavidades. ¿De dónde surge este orden espontáneo?, ¿hay algún tipo de información compleja que permite a las células decidir de qué forma deben crear estructuras? Un modelo simple demuestra que la tendencia de cada tipo de célula a adherirse a los otros tipos explica lo que observamos.

Imaginemos que planteamos nuestro modelo considerando para empezar sólo dos tipos de células, que indicaremos por simplicidad como áreas blancas y negras (figura 1.6). Cada tipo de célula puede tener mayor o menor afinidad por las células de su mismo tipo o del otro. Asimismo, las células pueden encontrarse mejor o peor en contacto con el medio externo, con lo que pueden tender a evitar el contacto con éste. Al principio, igual que ocurre con los experimentos, nuestras células artificiales están distribuidas al azar. Dado que las células reales poseen una tendencia intrínseca a moverse alrededor cuando están aisladas, dejaremos que las células virtuales se desplacen al azar por el tablero. Tarde o temprano, entrarán en contacto con otras células iguales o distintas. Supongamos que hemos inventado una tabla de números que miden hasta qué punto nuestra célula se considera rodeada de

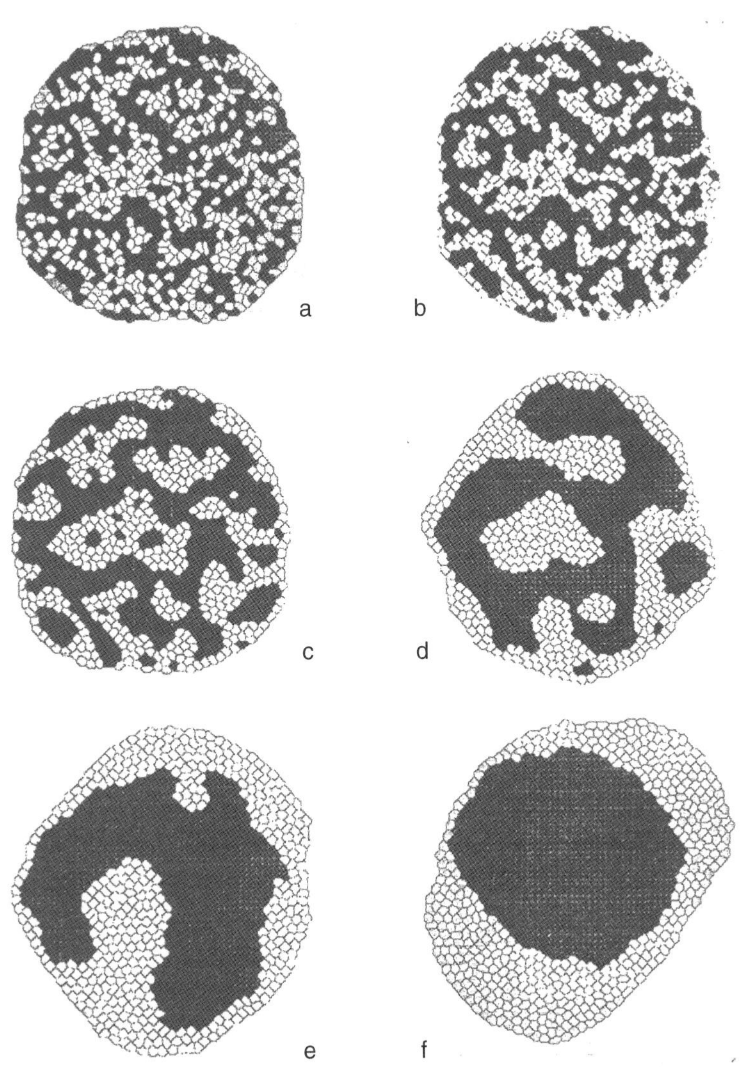

Figura 1.6. Autoorganización de tejidos virtuales. En esta secuencia vemos cómo una masa inicial (a) compuesta de dos tipos de células (indicadas por elementos blancos y negros) cambia en el tiempo (b-f) mostrando una segregación constante entre ambos tipos, que forman conjuntos separados, si bien al final uno engloba al otro (f). Este proceso es el resultado de interacciones celulares en las que los grupos homogéneos son más estables. (Imágenes de James Glazier.)

los vecinos adecuados para dejar de moverse. Supongamos que las células blancas tienden a quedarse cerca de las de su mismo tipo y evitar las negras y la exposición al medio, mientras que las negras se agregan a la vez que pueden adherirse (con menor intensidad) a las blancas. ¿Cuál es el resultado de este escenario? Como muestra la figura 1.6, el agregado que se forma termina en una esfera en la que las células se distribuyen de forma concéntrica creando un objeto ordenado en el espacio. Si las intensidades relativas son distintas, obtendremos distintos tipos de complejos multicelulares. Estos microórganos pueden ser más complejos si incluimos más tipos celulares. Sin más información que las preferencias de cada célula por permanecer o no en un lugar, y basando estas preferencias en el estado de los vecinos más cercanos, podemos generar una estructura global ordenada a partir del desorden inicial. Como dijo Ilya Prigogine, el orden surge del caos microscópico. La forma esférica es el resultado de minimizar las interacciones indeseables y, con argumentos puramente físicos, puede demostrarse que es la forma estable.

¿Dinosaurios sintéticos?

La capacidad de reconstruir tejidos a partir del intercambio de información entre células no se limita a la generación de estructuras más o menos ordenadas. En el ejemplo anterior, hemos visto cómo un conjunto de células ya diferenciadas se reorganizaban formando tejidos. Pero durante el desarrollo no sólo se dan estos procesos de redistribución en el espacio: el propio estado de las células cambia como resultado de sus interacciones, de modo que se produce un diálogo entre el proceso de construcción del tejido y su composición. Un experimento desarrollado en 1980 nos muestra de forma espectacular hasta qué punto es así. Una de las características de los vertebrados es la presencia de dientes. Los dientes son estructuras antiguas, que emergieron por primera vez hace millones de años y desaparecieron del programa de desarrollo de las aves hace al menos 70 u 80 millones de años. En el embrión en crecimiento, los dientes se forman y desarrollan a partir de la interacción entre distintas capas de tejido. Para que un embrión de ave «construya» un diente completo, basta con poner en contacto células del mesodermo de ratón (que están en zonas más profundas, debajo de la superficie) con células epiteliales del embrión de pollo en el momento adecuado de su desarrollo. En condiciones normales, el mesodermo y epitelio de ave interaccionan entre sí sin producir la formación de dientes. Pero al cambiar las señales reguladoras, podemos recuperar la capacidad de generar no sólo dentina (el material precursor de los dientes) sino incluso dientes completos. Reconocemos no sólo el tipo de células que los forman, sino pura y simplemente su aspecto, como si alguien los hubiera colocado allí. Estudios posteriores llevados a cabo por Matthew Harris en la Universidad de Wisconsin demostraron que es posible inducir la formación de dientes sin manipular tejidos, actuando directamente sobre las señales moleculares. Tras activar la llamada beta-catenina en los embriones, éstos desarrollaron dientes. Los dientes obtenidos eran inconfundiblemente reptilianos, con una forma característica de los arcosaurios (un grupo al que pertenecen los cocodrilos). El potencial para construir el diente se halla así presente, aunque podríamos decir que dormido.

Una de las historias más interesantes acerca de este potencial tiene que ver con la huella que la evolución ha dejado en nuestro genoma y que, a veces, nos permite rescatar fenómenos y estructuras que se dieron en un pasado muy remoto. Tomemos por ejemplo los dinosaurios. ¿Qué no daríamos por devolverlos a la vida? ¿Será capaz la biología, mediante la ingeniería genética, lograr algo así? Aunque el escenario de *Parque Jurásico* está muy lejos de ser real algún día, podemos recrear algunas piezas del puzle si somos lo bastante hábiles para unirlas. El ejemplo de los dientes no es una simple anécdota. En 1999, Neda Nikbakht y John McLachlan presentaron un estudio experimental en el que demostraban la posibilidad de inducir la formación de dedos en las alas de aves, empleando para ello factores de crecimiento. En este sentido, la observación de las fases iniciales del desarrollo de un embrión de ave nos da indicaciones del potencial dormido. El ala del embrión cambia con el desarrollo desde una estructura similar a la de *Archaeopteryx,* con los dedos separados, a la estructura adulta en la que éstos se han fusionado (figura 1.7). Los dedos adicionales formados en las alas de los embriones manipulados muestran rasgos que se han hallado en fósiles de dinosaurios y su estructura es la de un dedo anatómicamente distinguible.

Terminemos indicando que en otra serie de experimentos, Lars Larsson y sus colaboradores de la Universidad de McGill, en Canadá, han observado que un tercer ingrediente, común en los dinosaurios alados pero desaparecido en las aves modernas, parece estar también dormido: la cola de sus antecesores reptiles no existe en la contrapartida aviar, pero su breve aparición durante el crecimiento del embrión nos sugiere que esta propiedad también sería recuperable mediante una adecuada manipulación. La observación de estos investigadores es concluyente: al seguir con atención el crecimiento y desarrollo de embriones de ave, vieron que en la zona de la cola se muestra en cierto momento la formación de estructuras vertebrales que sin lugar a dudas son el remanente de las antiguas colas. Pero después de un breve periodo de desarrollo, estas estructuras son reabsorbidas y simplemente desaparecen. Su aparición momentánea es un recordatorio más del pasado evolutivo y de su marca. El poder evocativo de estos experimentos y observaciones ha llevado al famoso paleontólogo Jack Horner (que inspiró a Michael Crichton para su personaje de la novela *Parque Jurásico)* a sugerir la posibilidad real de crear un —llamémosle así— dinosaurio artificial. El libro de Horner, *How to Build a Dynosaur,* es sugerente. Horner es un entusiasta de esta posibilidad, como no podía ser de otra forma, aunque él mismo admite que será difícil

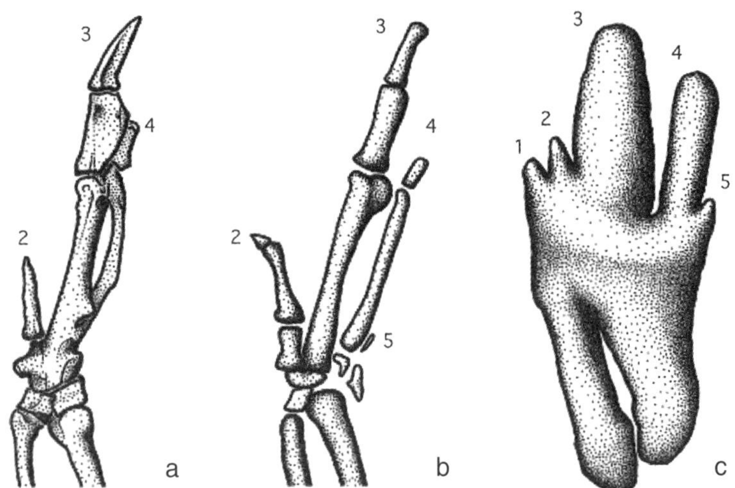

Figura 1.7. La presencia de los procesos de formación de una extremidad completa con cinco dedos, que se daba en los dinosaurios y que se transformó a lo largo de la evolución de las alas de las aves, se pone de manifiesto durante el desarrollo de un embrión de pollo. Los dibujos (adaptados de Nikbakht y McLachlan, 1999) presentan varios estados del desarrollo del ala de pollo. Aquí vemos: (a) el ala del adulto, que presenta tres dedos fusionados, (b) el ala del embrión a los ocho días, con cuatro dedos visibles y (c) el mismo sistema en etapas muy tempranas, en el que se aprecian cinco condensaciones óseas correspondientes a los cinco dígitos.

conseguir que una institución financie un proyecto semejante. Y aunque es cierto que se necesitará de una buena cantidad de dinero, sospecho que, en el peor de los casos, aprenderíamos mucho de los mecanismos de construcción de organismos y su conservación a lo largo de eras geológicas. En el mejor (y apuesto a que posible) escenario, podríamos acercarnos tanto como podamos a recrear criaturas que fueron borradas de nuestra biosfera hace millones de años, antes de que el largo verano de los dinosaurios terminara. Pocos momentos serán tan excitantes para un científico como aquel en que el recién llegado desde el mundo de la vida sintética empiece a golpear con su pico (lleno de dientes) el cascarón del huevo en el que procesos de construcción hasta entonces dormidos habrán vuelto a la vida.

Memento mori

Los autómatas mecánicos siguen llamando a la puerta de nuestra imaginación. Ya en los inicios de la revolución industrial algunos pensadores, como Samuel Butler, reflexionaron acerca de lo que podría ocurrir en el futuro, cuando las máquinas pudieran imitar la evolución de la vida. Butler escribió un ensayo titulado *Darwin entre las máquinas,* en el que ya reflexionaba en profundidad sobre lo que cabía esperar si las máquinas terminaban por dominar el mundo. Estas ideas fueron precursoras de lo que la ciencia-ficción, siempre avanzada a lo que la tecnología podía generar, desarrollaría a lo largo del siglo xx. Butler escribía en 1863 acerca de nuestra subordinación a las máquinas, profetizando que, tarde o temprano, «tendrán la verdadera supremacía sobre el mundo y sus habitantes».

Butler estaba convencido de que los objetos tecnológicos, las máquinas en particular, formaban una especie de reino similar a los reinos animales y vegetales. En este dominio de lo no vivo, destacan los robots, que definen la fase última —aunque no el final— del árbol de la evolución artificial y a la que volveremos en el capítulo 3. Pero también las criaturas realmente vivas que se pueden diseñar y construir en un laboratorio. Con el comienzo del siglo xxi asistimos a la imparable emergencia de nuevas formas de retomar, probablemente con éxito, los sueños y esperanzas que los constructores de autómatas plantearon hace siglos. Desde la ciencia y la ingeniería más avanzadas, nuestra comprensión de la vida pero también de sus alternativas posibles, crecen a diario. Inspirados en el funcionamiento del cerebro, podemos desarrollar robots que aprenden a comunicarse, cooperar o mentir. Es posible construir bacterias que incorporan en su interior genes humanos y que llevan a cabo tareas que la evolución nunca planeó que fueran capaces de hacer. Mientras tanto, ya hay robots exploradores que recorren la superficie de Marte y sondas automáticas que trazan mapas de los confines de nuestro sistema solar, más allá de lo que incluso Galileo habría soñado jamás. En centros de investigación de todo el mundo se dan pasos pequeños, pero seguros, hacia nuevas formas de introducir comportamientos complejos en sistemas artificiales. Existen ya máquinas que simulan emociones y, aunque lejos de nuestra complejidad mental, empiezan a desafiar nuestra capacidad de discernir lo natural de lo artificial. A medida que sabemos más del funcionamiento de la mente y el potencial para simular su comportamiento crece con el avance de la tecnología, las fronteras se hacen más tenues. En este libro nos acercamos a esta zona aún por definir que separa lo real de lo artificial, lo biológico de lo sintético, la vida de la no vida.

La idea de crear vida artificial que traza la historia de los autómatas es sólo un hilo en una madeja mucho más compleja formada por distintos hilos a menudo entrelazados entre sí. El autómata es una representación de lo humano, y en ciertos aspectos manifiesta la esencia de lo que somos. Pero los autómatas son también simulacros de vida y como tales nos remiten al viejo problema de la posibilidad de *crear* vida. Y más profundamente, como simulacros de la realidad, los autómatas podrían considerarse las primeras simulaciones de sistemas vivos. Hoy en día, la simulación por ordenador representa —por paradójico que parezca— una de las más importantes formas de aproximarnos a la realidad. Con las máquinas que hemos inventado podemos recrear otras máquinas aún más fascinantes. En el interior de nuestros ordenadores yace el potencial para soñar realidades alternativas y mundos que no existen. Pero también el laboratorio esencial para ayudarnos a comprender el mundo y sus fragilidades. Son una herramienta imprescindible para predecir los cambios que experimenta nuestro clima y los posibles escenarios futuros, algunos de los cuales debemos evitar antes de que sea demasiado tarde. Nos permiten diseñar puentes, aviones u ordenadores. Nos asoman a la complejidad de enfermedades que aún no entendemos, capacitándonos para ver aquello que sólo podemos intuir. Al imitar la vida, nos acercamos a su esencia y a las preguntas que hasta hace apenas unas décadas formaban parte de la filosofía. Preguntas que a veces nos impiden dormir de noche y nos hacen soñar de día, navegando tal vez a través de la oscuridad de los museos de autómatas, donde los androides descansan en su noche sin sueños.

2
A través del espejo

Llevado por aquel estado de ánimo, me lancé a la creación de un ser humano.

Mary Shelley,
Frankenstein o el moderno Prometeo

La vida nunca es algo material, como una sustancia moldeable. Es el principio del cambio, renovándose constantemente, cambiando y transfigurándose a sí misma.

Boris Pasternak, *El doctor Zhivago*

Entrevistador: Algunos dicen que están jugando a ser dioses.
Craig Venter: ¿Quién dice que estamos jugando?

Entrevista a Craig Venter en TED Talks

La dimensión desconocida

Existe una zona gris que separa lo vivo de lo no vivo. Un lugar del que aún desconocemos casi todo y que oculta un secreto que los científicos han perseguido durante siglos. Un secreto que los alquimistas buscaron obsesivamente y que ha inspirado a escritores y artistas de todos los tiempos. El secreto no es otro que el de la receta para generar el aliento de la vida o traerlo de vuelta cuando ha abandonado un cuerpo muerto. No debe sorprendernos que las grandes religiones hayan basado una parte de su mitología particular en la resurrección y en dar salidas a la incertidumbre acerca de lo que nos espera cuando la mente se apaga definitivamente. Incluso una ficción como la que nos propone José Saramago en *Las intermitencias de la muerte* resulta turbadora: un mundo sin muerte sería tan inviable como inadmisible. Lo único cierto es que, por muy cotidianos que sean la vida y su reverso inevitable, el punto en el que ambas se encuentran traza la frontera entre dos mundos en apariencia distintos.

Sabemos mucho de las posibilidades de la química y también de lo que ocurre en el interior de nuestras células, pero aún no hemos sido capaces de comprender la naturaleza exacta de la frontera que separa una sopa de moléculas inertes de un sistema capaz de reproducirse a sí mismo. El mundo de la química ofrece multitud de ejemplos extraordinarios, de estructuras y procesos que emergen espontáneamente como consecuencia de las interacciones entre moléculas, dando lugar a fenómenos a veces inesperados. En algunos experimentos, se forman ondas químicas regulares que son observables a simple vista, pese a que las moléculas químicas que las generan (a través de reacciones microscópicas) habiten la escala atómica, totalmente alejada de lo que nuestros sentidos jamás podrán captar. En otros casos, la mezcla de polímeros en ciertas condiciones da lugar a estructuras espaciales organizadas como esferas, capas paralelas, espumas o estructuras peculiares de gran orden. Pero ninguno de ellos contiene esa extraña propiedad de los sistemas vivos: la capacidad para autorreplicarse de forma indefinida.

Este problema ha fascinado a filósofos y científicos por igual a lo largo de siglos. Mucho antes de que la racionalidad y el discurso crítico formaran parte del método de estudio de la naturaleza, el propio concepto de vida permaneció en la oscuridad y la búsqueda de la eterna juventud o de sistemas de crear vida espontáneamente estuvieron basados en todo tipo de prejuicios e ideas irracionales. Sólo con la llegada de la biología moderna, empezando con Pasteur (que demostró el absurdo de la generación espontánea) y con la lenta invasión de las ideas evolucionistas, comenzaron a cristalizar las primeras sugerencias de que la vida podría obtenerse de forma artificial. La posibilidad misma de que existiera algo en la química pura capaz de alentar la vida ha surgido una y otra vez a lo largo de la historia. No es casualidad que Mary Wollstonecraft Shelley, cuando a los dieciocho años de edad escribe su magnífica novela *Frankenstein o el moderno Prometeo* (1818), introdujera a un científico que, a través de una fuente de «energía», devuelve la vida a su criatura. En aquella época, a principios del siglo XIX, el galvanismo y algunas de sus derivaciones menos rigurosas hacían furor.

Cuando apenas contaba catorce años, la escritora había visto las demostraciones públicas de experimentos químicos del famoso Humphry Davy, y se ha sugerido que éste podría haber inspirado el personaje de Waldman, mentor de Victor Frankenstein en la novela. Por entonces, Giovanni Aldini, sobrino del famoso Luigi Galvani, estudiaba el efecto de las corrientes eléctricas suministradas mediante pilas de la época sobre cadáveres humanos (figura 2.1). Estos cadáveres provenían de ejecuciones, y el relato de lo que ocurría en esos experimentos es como poco inquietante. En ocasiones se abría un ojo o la boca, a veces una mano se cerraba como un puño, el brazo se alzaba, el muerto se incorporaba o incluso parecía volver a respirar. No es difícil imaginar la conclusión: la vida podía depender de algún tipo de energía, así que un suministro adecuado podría devolver lo que la muerte nos había arrebatado. Es interesante saber que, en realidad, mucho hay de cierto en el papel que desempeñan las corrientes de iones en nuestro cuerpo, sin las cuales nuestro corazón dejaría de latir, las neuronas dejarían de comunicarse y el cerebro se apagaría. Para Mary Shelley, aquélla era una materia prima única que no sólo alimentaba la idea del monstruo, sino que parecía apoyar su plausibilidad. Ya en sus cuadernos de viaje, redactados con su marido Percy, se puede apreciar que estaban discutiendo seriamente acerca de la posibilidad de que se pudiera crear vida artificial.

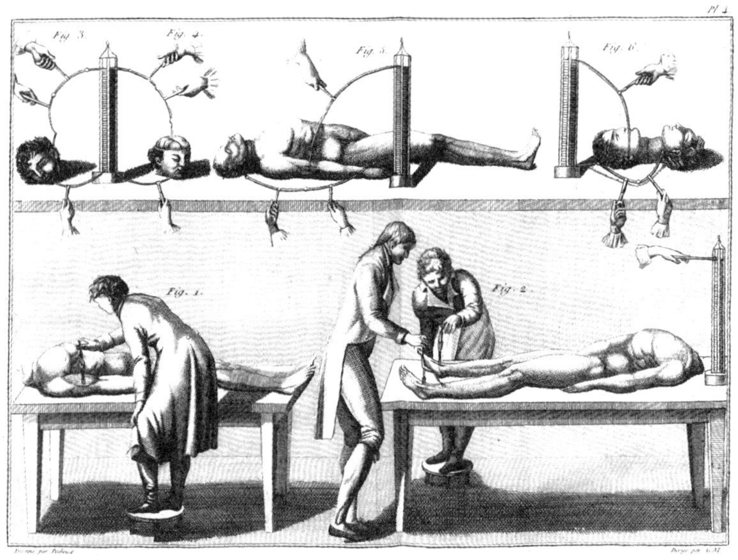

Figura 2.1. Ilustración del libro de Giovanni Aldini titulado *Essai théorique et expérimental sur le galvanisme* (1864), dedicado a la reanimación de cuerpos humanos sometidos a corrientes eléctricas. Los experimentos de Aldini, muchos de ellos ante un público asombrado, generaron enormes controversias y llegaron a oídos de la joven Mary Shelley, la autora de *Frankenstein*.

Nadie ha construido un ser vivo a partir de cadáveres, aunque no me sorprendería que alguien lo hubiera intentado. De hecho, la historia del fisiólogo alemán Johann W. Ritter es digna de la novela de Mary Shelley. Ritter también es conocido por sus trabajos sobre el galvanismo y se vio envuelto en estudios sobre la reanimación que provocaron considerable inquietud. Experimentaba con pilas galvánicas de gran potencia y parece evidente que pretendía ir más allá de lo que nadie había llevado a cabo hasta entonces. Richard Chenevix, un miembro de la Royal Society que había seguido con gran interés los estudios del fisiólogo, sugería en una carta al naturalista Sir Joseph Banks que Ritter podría haber estado manipulando cadáveres con el objeto de reanimarlos, devolviéndolos, quizás, a la vida. Ritter terminó sus días en el año 1810, sumido en la locura y la indigencia. Fuera lo que fuese lo que logró, sus hallazgos se perdieron. En caso de ser posible, las dificultades son tan numerosas y la idea tan disparatada que hacen la empresa cuando menos poco aconsejable. Hay sin embargo un reto en el que la ciencia se ha embarcado hace ya mucho tiempo y que podría verse coronado por el éxito en un futuro. Se trata de crear en el laboratorio, partiendo de ingredientes puramente químicos, una célula artificial. El reto no es pequeño, dado que estamos hablando de crear una protocélula viva a partir de materia inerte y recrear de alguna manera un acontecimiento que tuvo lugar en nuestro planeta hace miles de millones de años. Este acontecimiento se dio en circunstancias particulares y no podemos volver al inicio de los tiempos para comprobar si podrían darse otras «soluciones» a la forma en que la vida se desarrolló en la Tierra. Pero podemos abordar esta cuestión en dos frentes muy poderosos: la simulación y la experimentación. La primera requiere cierta base teórica que podamos trasladar al ordenador para recrear la realidad o inventar realidades alternativas. La segunda, aunque a menudo se desarrolla de forma independiente, puede inspirarse en la primera. A veces, esta inspiración acaba dando sus frutos en el laboratorio.

La primera demostración del poder de la teoría se remonta al trabajo del gran John von Neumann (figura 2.2), uno de los últimos matemáticos de corte renacentista y padre de la arquitectura de la gran mayoría de los ordenadores que utilizamos. Nacido en Hungría en 1903, Von Neumann fue un niño prodigio, capaz de hacer chistes en griego clásico a los seis años de edad. Su creatividad le llevó a hacer contribuciones fundamentales en campos tan diversos como la mecánica cuántica o la teoría de juegos. Al final de su exitosa (aunque breve) vida, Von Neumann se acercó cada vez más a la biología y a sus problemas, y en cierto momento se planteó la cuestión de qué sería necesario para que una máquina pudiera copiarse a sí misma. Hay que hacer notar que este asunto se planteaba varios años antes del comienzo de la biología molecular y por lo tanto nadie conocía la estructura del ADN, su mecanismo de copia o el control de la regulación genética. Se trataba de hallar la complejidad mínima necesaria para que los distintos componentes de la máquina ayudaran a su copia a la vez que se copiaban a sí mismos. Von Neumann encontró una solución que, sorprendentemente, se parece en su lógica a la maquinaria de replicación celular que conocemos. Aunque Von Neumann empleaba sus propios términos para referirse a las instrucciones, los dispositivos de copia o componentes de control, éstos son esencialmente los mismos que vemos en la realidad (figura 2.2, derecha).

Este resultado sugiere algo de enorme relevancia: la posibilidad de que la lógica de la vida descanse en una solución única, una solución que un matemático podría encontrar. Von Neumann captó la esencia de un sistema que poseía un conjunto interno de instrucciones necesario para su propia replicación. La autorreproducción requería este conjunto de instrucciones y la maquinaria necesaria para copiar a la vez máquina e instrucciones. Lo que nunca habría sospechado este matemático, fallecido en 1957, es que los componentes de su máquina, con nombres distintos, serían progresivamente identificados por los biólogos moleculares que protagonizaron la revolución de la biología de la segunda mitad del siglo XX: ADN, proteínas, enzimas o polimerasas se corresponden a la perfección con los elementos de la máquina de Von Neumann. Esta similitud no puede ser fruto del azar. Por el contrario, nos sugiere de forma poderosa una solución, tal vez la única, al problema planteado. Crecer y dividirse necesita de un manual de instrucciones que describa la máquina. Este manual debe incluir la forma en la que la máquina y el propio manual se replican. Así, el ADN codifica la maquinaria y en su secuencia están las instrucciones para generar las proteínas que «leerán» al mismo ADN y también las que permitirán encapsular la molécula dentro de un contenedor que debe crecer hasta alcanzar el doble del tamaño inicial, además de incluir una copia adicional del ADN inicial.

La extraordinaria intuición de Von Neumann para este problema es la última contribución a su leyenda, y su trabajo

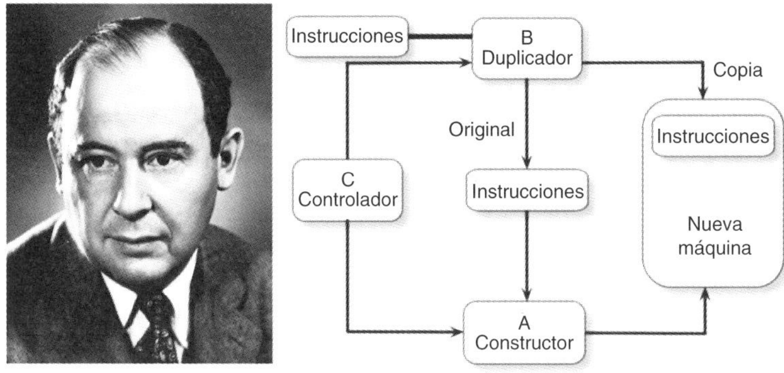

Figura 2.2. John von Neumann fue el primer investigador que consideró el problema matemático de la lógica del proceso de replicación celular. El diagrama de la derecha resume su hallazgo: los componentes lógicos necesarios para hacer que una «máquina» pudiera replicarse a sí misma. Un esquema idéntico define en realidad la lógica de la replicación celular que Von Neumann descubrió una década antes de que fueran tan siquiera conocidos. (Imagen adaptada de Solé, 2009.)

ha servido de inspiración a varias generaciones de científicos y matemáticos. Entre las cosas que se han logrado conseguir, figura el diseño de sistemas robóticos que permiten llevar a cabo el proceso de copiado de una forma similar al que propuso el matemático húngaro. La idea de Von Neumann tiene un innegable atractivo, pero no aclara demasiado de qué manera podemos llevar a la práctica su propuesta en el contexto de la síntesis de células artificiales basadas en procesos químicos elementales.

Las células modernas son máquinas moleculares de una exquisita elaboración, y sus genomas controlan todo el proceso de manera cuidadosa y predecible. La mejor ilustración de esta precisión nos la da el proceso de construcción de un organismo complejo a partir de una única célula (figura 2.3). En el microscopio, podemos apreciar de diversas formas cómo el material genético se duplica junto al resto de moléculas y estructuras. Este proceso ocurre una y otra vez durante generaciones, y comprender cómo tiene lugar y sus formas de control ha sido uno de los retos de la biología molecular que ha culminado con éxito. Pero esta complejidad es ya el

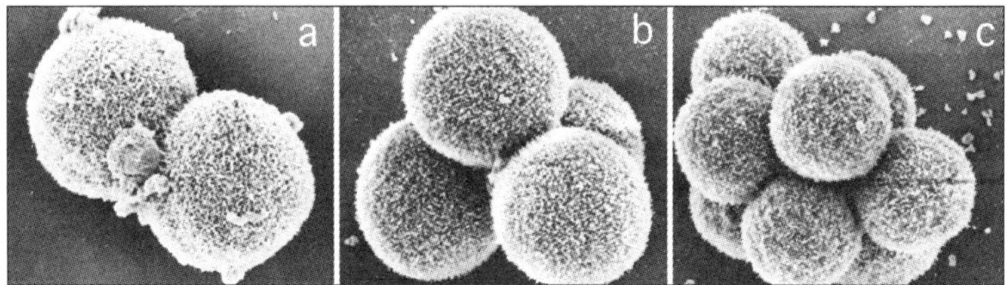

Figura 2.3. La división celular es un proceso de gran complejidad que ocurre constantemente en nuestra biosfera. Toda célula procede de una célula anterior y de ésta forma se construyen los organismos complejos. Aquí vemos tres imágenes del proceso inicial de crecimiento de un embrión de hámster, con dos (a), cuatro (b) y ocho (c) células. Cada ciclo de división se encuentra precisamente regulado y sometido a)múltiples controles. (Modificado de Suzuki *et al*. 1999.)

resultado de millones de años de evolución, y no nos permite acercarnos a la lógica de la vida artificial de forma útil. El problema de la aparición de un sistema protocelular incluye sobre todo el de la física y química del proceso de división. Para dividirse, una célula debe extraer de su entorno materia que transformará adecuadamente en componentes celulares. Para ello necesitará extraer también energía y emplearla adecuadamente. El sistema en sí es lo que los físicos llamamos un sistema alejado del equilibrio, y no se da de forma espontánea. Una célula viva o nosotros mismos, un ecosistema o la sociedad son sistemas alejados del equilibrio. Aunque de forma natural un conjunto de moléculas (lípidos) pueden dar lugar a una esfera perfecta que nos recuerda a una célula viva, hacer que esta esfera crezca y se parta por la mitad cuando dobla su tamaño requiere algo que no se da de forma espontánea. Y sin embargo, de algún modo, la vida encontró su camino a través del espejo que separa la química de la vida. ¿Fue éste un fenómeno extremadamente raro? Tal vez combinar de forma adecuada las moléculas exactas requirió de unas condiciones muy especiales que nunca podremos llegar a conocer. Si es así, entonces los esfuerzos que durante décadas han dedicado tantos científicos a intentar sintetizar vida en el laboratorio serían necesariamente estériles y la vida sería un fenómeno raro (quizás único) en el universo. Puede que debamos cruzar una barrera de complejidad mínima tan improbable que requiera un milagro. Pero lo cierto es que muchos de los requisitos necesarios para crear las bases de un sistema vivo parecen estar disponibles en el universo, apoyando la idea de que por lo menos algunos pasos en el camino a la aparición de la vida no son tan improbables. El químico catalán Joan Oró fue el primer científico que propuso la idea de que una buena parte de la sopa molecular necesaria para iniciar el salto a la vida procedió del espacio. En 1961 Oró, que había participado en las misiones Apolo y Viking, y que contribuyó decisivamente al desarrollo del estudio del origen de la vida, publicó un artículo muy influyente en el que presentaba evidencias muy claras de que los cometas serían esenciales como portadores de grandes cantidades de moléculas orgánicas precursoras de la vida. Una Tierra bombardeada por miles de cometas se habría convertido, en su momento, en el caldo prebiótico del que surgió la vida. Aminoácidos, nucleótidos y lípidos habrían sido proporcionados por millones de años de reacciones en el frío espacio interestelar y recocinadas en la superficie de un planeta entonces enormemente activo.

¿Es posible crear la vida en el laboratorio? Tarde o temprano, la experiencia responderá a esta pregunta, llena de connotaciones filosóficas. Conseguirlo representará un paso más en nuestra capacidad de interrogar con éxito el universo que habitamos. Su síntesis nos colocará una vez más en esa cadena de avances en el conocimiento que nos alejan progresivamente de la creación divina. La chispa de la vida dejará de formar parte de aquellos atributos reservados a un ser sobrenatural y formará parte inexorable de nuestra historia intelectual. Pero como dijo el físico Richard Feynman, «si no puedo construirlo, no puedo entenderlo». Diversos laboratorios en todo el mundo han intentado e intentan lograr este objetivo, combinando moléculas diversas bajo innumerables condiciones físicas y químicas. Una de las dificultades en este difícil camino es nuestra aún limitada comprensión de la ciencia de las células primitivas o protocélulas. Algún día dispondremos de ecuaciones y teorías que darán cuenta de la lógica de la vida celular, tal vez revelando al fin si el hallazgo de Von Neumann es la señal de una ley fundamental. Pero aunque nos encontremos a mitad de camino, podemos obtener algunas respuestas gracias a los conocimientos de física que ya poseemos y creando células sintéticas virtuales. En las décadas que siguieron a la muerte de Von Neumann, el interés por la vida artificial y su posible creación no han dejado de crecer. Muchos de los estudios desarrollados hasta la fecha han empleado métodos matemáticos o simulaciones para acercarse al problema. En paralelo con estos avances, un número creciente de científicos lo han intentado en el laboratorio.

Una ventana a lo posible

El revuelo que causó la novela de Mary Shelley fue enorme y reactivó en círculos muy distintos el interés por el problema de la vida artificial. Podemos seguir el impacto de este evento gracias a una herramienta especialmente útil para detectar tendencias culturales. Se trata del programa de visualización Google Ngrams, que permite analizar millones de libros almacenados en diversos idiomas y determinar el número de ocasiones en las que alguna palabra o grupo de palabras fueron empleadas entre los años 1800 y 2000. Supongamos que buscamos la frecuencia de la expresión «vida artificial» en relación con el total de palabras empleadas en cada momento. Encontraremos como resultado de la búsqueda una curva muy reveladora, que se muestra en la figura 2.4.

Al principio, tras la publicación de la novela, comprobamos el ascenso de su impacto, que se sostuvo durante una década para decaer después, si bien nunca dejó de generar interés, como apreciamos en la gráfica. Alguien que desconociera los avances científicos de las últimas décadas se extrañaría ante el rápido ascenso de la frecuencia de la expresión en el último cuarto del siglo XX. Este ascenso es resultado de la

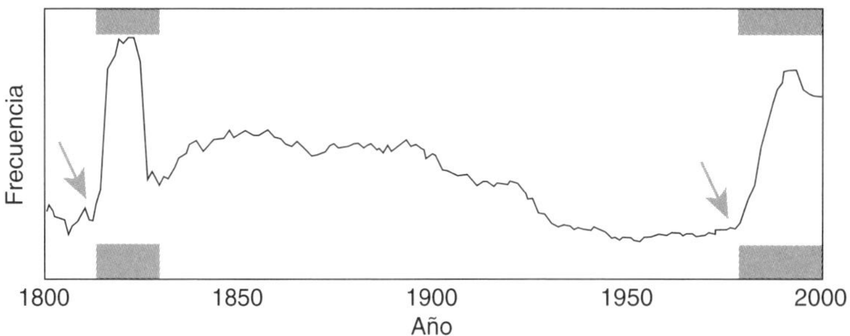

Figura 2.4. Frecuencia relativa de aparición de la expresión *«Artificial life»*, obtenida mediante el buscador Google Ngrams (http://books.google.com/ngrams/). A la izquierda indicamos con una flecha el año 1818, en el que Mary Shelley publicó *Frankenstein*. Durante la siguiente década observamos una alta frecuencia, seguida de una caída posterior, aunque la expresión siguió siendo usada a menudo. Al final de la serie vemos la aparición de un nuevo pico, que inicia su ascensión con la ingeniería genética y la creación de los primeros organismos modificados genéticamente (1973). (Gráfico de Ricard Solé.)

aparición de la ingeniería genética y de los primeros organismos manipulados genéticamente, que fueron creados a principios de los años setenta. La serie de tiempo nos muestra de hecho un ejemplo interesante de un fenómeno que es inicialmente motivo de reflexión filosófica y obra literaria, para acabar convirtiéndose en una realidad cuando la tecnología lo permite. Aunque el diseño de bacterias (1973) o ratones (1974) modificados no parezca tan espectacular como lo que Victor Frankenstein logra en la ficción, lo cierto es que su impacto ha sido enormemente profundo. La creciente relevancia de la ingeniería genética devolvió al primer plano de la ciencia el problema de la creación de una célula artificial, resucitando así el viejo sueño. La ingeniería genética permitió acelerar de forma casi instantánea la introducción de cambios genéticos gracias al aprovechamiento de los sistemas moleculares basados en enzimas que leen, cortan y pegan fragmentos de ADN. Con estos enzimas, fue posible eliminar o añadir genes o fragmentos de éstos, o bien modificar su actividad introduciendo componentes de virus en el interior de bacterias o células de mamífero (también las de humanos) que permitían elevar enormemente la actividad de genes clave o de genes que jamás habían formado parte del patrimonio genético del organismo receptor. De este modo, se consiguió que bacterias modificadas generaran moléculas que normalmente producimos los humanos, como insulina, hormona de crecimiento, albúmina, vacunas o anticuerpos.

Como ya hemos mencionado en el capítulo anterior, la misma tecnología permite interferir en el proceso de envejecimiento y se espera que se convierta en una forma general de tratar enfermedades de origen genético. La posibilidad de alterar la producción de plantas modificadas o su resistencia a las plagas ya se ha hecho realidad. En cada uno de estos casos, podríamos afirmar sin exagerar que se ha creado cierto tipo de célula artificial, dado que se ha modificado el patrimonio genético en modos que la evolución raramente sería capaz de llevar a cabo. Aunque el intercambio de genes entre bacterias es frecuente, y los virus que nos infectan pueden abandonar nuestras células llevando consigo alguno de nuestros genes, las posibilidades de combinación de la ingeniería genética son mucho mayores y la velocidad a la que los incorporamos, incomparable. Pero de alguna manera también es cierto que la tecnología implicada es a su vez una continuación de las prácticas de modificación genética llevadas a cabo por los humanos desde los inicios de la agricultura y la domesticación de los animales, aunque elevada a un nivel muy superior. Una verdadera célula artificial debería ser un sistema esencialmente nuevo, aunque para construirlo empleáramos componentes o materiales que la naturaleza ya ha generado.

En el camino hacia la creación de una célula artificial se pueden seguir dos enfoques básicos. Una aproximación se basa en intentar construir una célula que posea el mínimo genoma capaz de mantener la función celular. La búsqueda de esta célula mínima o genoma mínimo recibió un gran impulso a finales del siglo XX con el desarrollo de técnicas cada vez más complejas y rápidas, pero también se benefició de las herramientas de estudio basadas en la simulación por ordenador.

Una parte del trabajo se basó en buscar especies cuyo genoma fuera ya lo bastante simple como punto de partida. Entre los candidatos más populares se encuentra la bacteria *Mycoplasma genitalium* (figura 2.5).

Esta especie es un parásito que vive en el interior de las células, y su hábitat es el tracto intestinal de los primates. *Mycoplasma* sirvió para que Craig Venter desarrollara en 2010 un experimento enormemente complejo, en el que se realizó el trasplante de un genoma sintético al interior de una célula de otra especie cuyo interior había sido vaciado de todo código genético. El genoma empleado había sido sintetizado químicamente con el apoyo de potentes ordenadores siguiendo el código conocido del microbio natural, pero cambiando diversas partes del mismo. El organismo resultante, bautizado *Mycoplasma laboratorium* por sus creadores, fue perfectamente viable. La prensa (y en parte sus creadores) airearon las conclusiones como la primera célula artificial jamás construida. En las portadas de las revistas de todo el mundo aparecía el famoso fresco de Miguel Ángel en el que, en lo alto de la Capilla Sixtina, Dios toca con su dedo el dedo del hombre, aunque con algunas variaciones, como intercalar una célula entre ambos o simplemente sustituir a Dios por una célula. Pero no cabe duda de que algo había cambiado. Tal y como ha señalado Venter, este experimento rompe una línea invisible que conecta a todas las células entre sí. Como afirmó en una ocasión el biólogo alemán Virchow, «toda célula procede de otra célula». Bien, al menos eso ha dejado de ser cierto. La célula creada por estos investigadores no ha sido el producto de una división celular y su existencia misma es una singularidad que la coloca en un camino aparte. Sin embargo, su construcción ha implicado un proceso de copia química de un genoma ya conocido, de cuyo funcionamiento sabemos bien poco, pese a su aparente pequeño tamaño. En cierto sentido es como haber copiado un libro escrito en un lenguaje no descifrado.

El diseño y construcción de una célula mínima desde la segunda aproximación, de la química a la vida, podría permi-

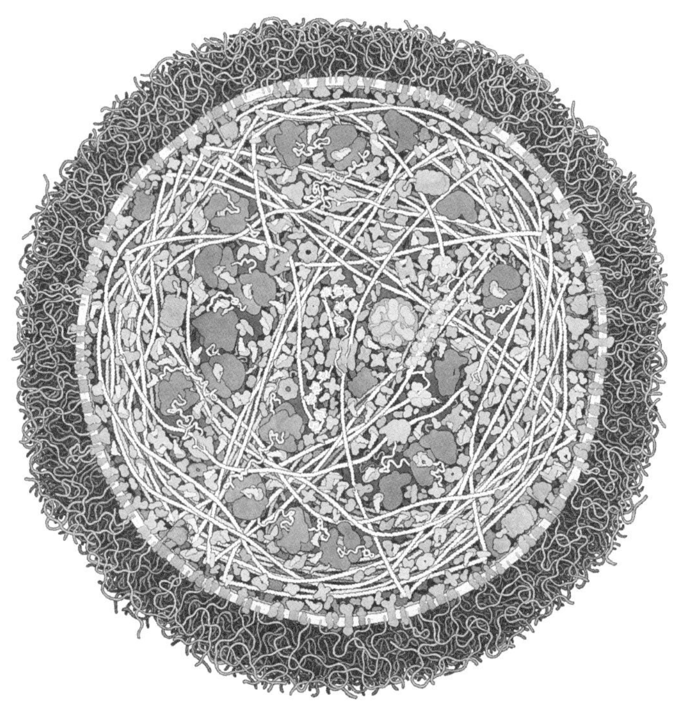

Figura 2.5. Incluso las células más simples que viven en la actualidad son máquinas moleculares de enorme complejidad. En el diagrama (cortesía de R. Goodsell) vemos una representación de *Mycoplasma genitalium,* una de las células más conocidas. Empleando esta especie como punto de partida, el biólogo estadounidense Craig Venter y su equipo lograron trasplantar el genoma creado en un ordenador al interior de una célula que había sido vaciada de todo su contenido genético. El nuevo sistema demostró que era posible crear una célula sintética que no procedía (por primera vez desde el origen de las primeras células) de otra célula anterior.

tirnos dar el salto a la vida artificial sin perder por el camino nuestra comprensión del fenómeno. ¿Cuál es el mayor obstáculo para la construcción de una célula artificial basada en una química y física mínimas? La síntesis de una protocélula requiere superar algunos obstáculos aparentemente simples, pero que son lo bastante importantes para que debamos detenernos a reflexionar sobre su naturaleza. Supongamos que deseamos crear vida artificial a partir de un conjunto de componentes químicos esenciales. Podemos emplear componentes moleculares procedentes de sistemas vivos actuales o bien recurrir a materiales ajenos a la biología. Lo que sí debemos hacer es elegir los componentes con el criterio adecuado para que la «máquina» molecular resultante sea capaz de crecer y en cierto momento dividirse. Nadie lo ha logrado hasta ahora, aunque el descubrimiento bien vale un Nobel y varios grupos compiten por llegar los primeros a la meta. Las implicaciones científicas de este descubrimiento irán a la par con sus implicaciones filosóficas y no cabe duda de que dará lugar a una nueva biología.

Los intentos de alcanzar este objetivo han sido numerosos, y destacan entre los pioneros el italiano Pier Luigi Luisi, los americanos Jack Szostak o David Deamer y el danés Steen Rasmussen. Buena parte de los intentos han considerado el empleo de materiales orgánicos biológicos y el uso de moléculas con capacidad de almacenar información (ADN o ARN), así como enzimas capaces de copiar estos materiales. También se ha logrado introducir elementos del metabolismo o intercambio de energía gracias al empleo de macromoléculas ya existentes que se ensamblan con facilidad con otros componentes del sistema. En este largo camino se ha logrado un buen número de resultados, entre ellos, un rápido aumento en nuestra comprensión de ciertos tipos de materia, algunos procesos de crecimiento de agregados moleculares y una mejor intuición de los problemas que debemos resolver antes de llegar a nuestro destino. La lista no parece muy impresionante, pero hay que tener en cuenta la magnitud de lo que se pretende lograr. Una parte esencial —creo que el mayor obstáculo— tiene que ver con uno de los elementos aparentemente indispensables para lograr el objetivo: el compartimento que define las fronteras de la protocélula. Imaginemos que deseamos crear este compartimento esférico dentro del agua. Podríamos creer que diseñar una esfera de moléculas es ya una hazaña de ingeniería en sí misma, pero en realidad esta parte es relativamente simple.

Existe toda una familia de moléculas que poseen la propiedad de sentir a la vez afinidad y repulsión por el agua. Los lípidos en particular tienen una estructura que podemos describir como una «cabeza» que es atraída por el agua y una «cola» más o menos larga que tiende a evitarla. Si disolvemos moléculas de este tipo en agua, observamos, cuando su número es lo bastante elevado, la formación espontánea de esferas cerradas en las que las cabezas están en el exterior y las colas orientadas hacia dentro. Estas esferas, ya sean huecas o rellenas en su interior (dependiendo de si permitimos que quede agua dentro), son muy estables y su formación está favorecida dado que corresponden a estructuras de baja energía: una regla básica que nos dice qué cosas ocurrirán de manera espontánea se basa en reducir la energía del sistema. En la figura 2.6 se muestra un ejemplo de «micela» (a) que define una esfera compacta, formada por un agregado de lípidos (b) cuyas cabezas se agrupan en el exterior, en contacto con el agua, mientras las colas se ocultan de ésta en el interior.

Otro tipo de estructura muy frecuente es una vesícula, en la que una membrana formada por dos capas de lípido (o bicapa) dejan un espacio en el interior. Un sistema especialmente importante son los llamados «liposomas», que se emplean ampliamente en diversas aplicaciones por su capacidad de llevar en su interior moléculas o incluso genes, a la vez que pueden ser enriquecidos con diversas moléculas ancladas en su superficie. Parecería que esta espontaneidad casi mágica es una ventaja: ¿una membrana esférica perfecta para empezar, y gratis?, ¿no estamos ya cerca de la solución? Lamentablemente la respuesta es que no. De hecho, la esfera perfecta es nuestro enemigo principal en el camino hacia la célula artificial. Dividir en dos esta esfera da lugar a dos esferas idénticas y de menor tamaño, pero la suma de sus energías es superior a la de la esfera inicial, así que la división espontánea está prohibida por la física. El obstáculo principal que debemos resolver para lograr nuestro objetivo es superar esta barrera energética prohibida. Para hacerlo es preciso que el sistema incorpore algo más que lípidos. Debe ser capaz de hacerse inestable y hacer que esta inestabilidad le lleve a dividirse. Pero

76

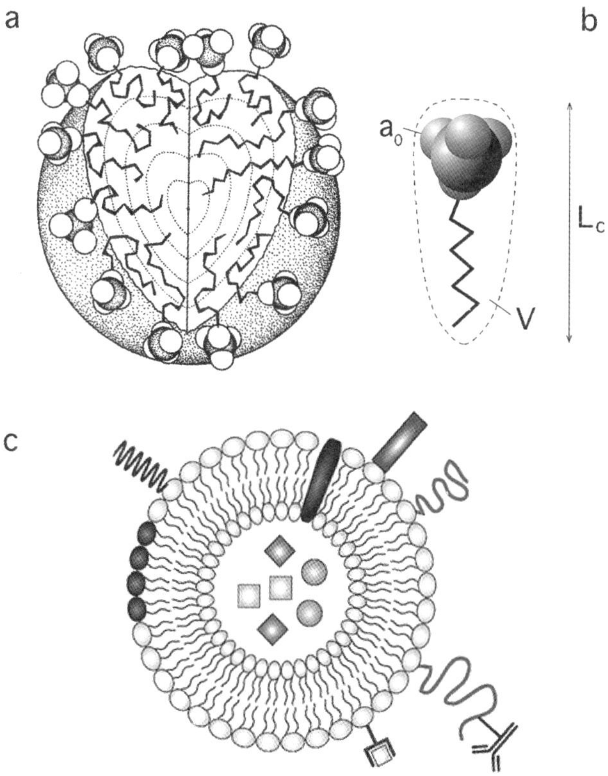

Figura 2.6. Micelas y vesículas como modelos mínimos de compartimentos moleculares. Aquí se muestra un esquema (a) de una micela, formada por cierto número de lípidos (b), cada uno de los cuales posee una cabeza que es afín al agua mientras la cola (línea en zigzag) presenta repulsión hacia ésta. El resultado es que los lípidos tienden a formar agregados esféricos bien definidos y estables. Un escenario similar implica lípidos o polímeros con las mismas propiedades pero capaces de crear membranas dobles y formar vesículas. Éste es el caso de los liposomas (c) que se emplean en muchos contextos como sistemas estables capaces de transportar moléculas en su interior o bien en su exterior. (Imágenes de Ricard Solé.)

lo cierto es que ninguno de los experimentos llevados a cabo hasta ahora lo ha conseguido. Ello no significa que sea imposible, aunque tal vez el problema resida en la ausencia de un verdadero conocimiento de lo que cabe esperar cuando combinamos diversos componentes a la vez. En otros campos de la ciencia, la teoría o la simulación nos pueden guiar, sugiriendo qué cosas son posibles y cuáles no, y en qué condiciones podremos tener éxito. En ausencia de esta teoría, daremos palos de ciego con facilidad sin llegar a ninguna parte. Como anécdota, es interesante recordar el comentario que Victor Frankenstein hace en relación con la necesidad de integrar distintos campos cuando vamos en busca de las claves de la vida:

> Pero no por ello he abandonado las otras ramas de la ciencia. Mal químico sería el que se limitara exclusivamente a esa porción del conocimiento humano. Si su deseo es ser un auténtico hombre de ciencia [...] le aconsejo encarecidamente que se dedique a todas las ramas de la filosofía natural, también las matemáticas. (Shelley 2005, 48.)

Un buen consejo. El problema de comprender el proceso de la división de sistemas moleculares simples y de recrear en el ordenador una protocélula mínima capaz de autorreplicarse consumió muchas energías de mi Laboratorio de Sistemas Complejos de la Universidad Pompeu Fabra, en Barcelona. Uno de los objetivos que nos planteábamos desde el principio era establecer un marco teórico que nos permitiera responder, de alguna forma, a la siguiente cuestión: ¿podría construirse una célula mínima en el laboratorio sin necesidad de probar una infinidad de combinaciones de moléculas químicas? Dicho de otro modo: ¿tendremos éxito en la creación de vida artificial en un futuro próximo o su absoluta improbabilidad hará imposible semejante empresa? Dar una respuesta a esta cuestión requería plantear las condiciones físicas y químicas más esenciales que sería preciso lograr para generar una protocélula artificial. Una respuesta positiva apoyaría la idea de que la vida no es un fenómeno extraño e improbable. Una alternativa negativa nos indicaría que la vida celular puede ser un accidente improbable que tal vez sólo se ha dado en circunstancias únicas.

En 2005, cuando iniciamos nuestra exploración, no existían modelos de este tipo, dado que la idea de simular físicamente una célula desde el punto de vista de la física del problema en tres dimensiones no se había planteado de forma seria. Gracias a una mezcla desigual de talento, intuición y visiones complementarias, pudimos plantear algunos de los primeros modelos de división celular y responder a la pregunta anterior. Una de las soluciones, probablemente el modelo más simple existente que pueda imaginarse, lo desarrollé en colaboración con mi colega Harold Fellermann, que por entonces vino a mi laboratorio a pasar unos meses para llevar a cabo su proyecto de final de carrera. Harold se ganó inmediatamente nuestro respeto y amistad. Su formación científica, pese a ser un estudiante recién graduado en Ciencia de Sistemas por la Universidad de Osnabrück (Alemania), era ya excepcional. Poseía una visión científica envidiable que combinaba muy diversos elementos de física, química, biología e informática. Dada la variada composición de mi grupo y cierta predilección por el humor absurdo, encajó con rapidez. Su aspecto de poeta romántico y una personalidad más que abierta a discutir y compartir ideas facilitaron aún más las cosas y al final Harold se quedó un par de años, completando así su tesina de licenciatura. Diré también que Harold se ajusta bien al prototipo de sabio despistado y que se mete en problemas con cierta facilidad. En una ocasión hizo noche en Nueva York, camino del Laboratorio Nacional de los Álamos y como no había reservado habitación, decidió buscarla al azar en algún «lugar barato». De modo que terminó en un hotel algo decrépito de Harlem en el que el recepcionista se sorprendió de que alguien quisiera pasar allí más de media hora. Fue, al parecer, una noche muy, pero que muy larga.

La receta para una protocélula debe incluir aquello que consideramos los elementos clave que definen un sistema celular abstracto. Necesitamos un compartimento que ayude a que las reacciones entre moléculas ocurran con facilidad y que permitan hacer crecer el sistema hasta que éste se vuelva (si hay suerte) inestable. Alguien añadiría un elemento que parece imprescindible para remedar la vida: la información genética. Aunque es cierto que la vida tal y como la conocemos está íntimamente ligada a la vida celular de nuestro mundo, aquélla no es estrictamente necesaria para nuestro propósito. El motivo es, en el fondo, simple. El mayor obstáculo para alcanzar nuestro objetivo es lograr que un agregado molecular crezca y se divida. La reproducción puede ser guiada o dirigida por la información, como ocurre en nuestros días. Pero hace miles de millones de años, cuando la vida celular compleja era aún impensable, y cuando la información genética apenas se abría paso, es concebible que lo primero en la lista fuera generar sistemas protocelulares capaces de crecer y dividirse. Así que los ingredientes realmente imprescindibles son dos: moléculas para el compartimento y moléculas necesarias para el metabolismo. Todas las moléculas que participan deben estar sumergidas en agua, y la forma en que se relacionan con el agua es importante, como veremos. Con Harold decidimos simular, de forma realista, un sistema que partiera de una sopa homogénea de moléculas precursoras junto con algunos lípidos. El sistema no pretende ser un modelo explicativo del origen de las primeras protocélulas. Por el contrario, se trata de buscar el mínimo sistema artificial que pueda completar un ciclo de crecimiento-división y mantenerlo. Las moléculas precursoras serían los elementos básicos, adecuadamente preparados y proporcionados desde el exterior. Para reducir al máximo la descripción del sistema, empleamos una única reacción química como metabolismo, muy lejos de los miles de reacciones que se dan en las células actuales.

La lógica básica del ciclo celular que queríamos obtener se muestra en la figura 2.7. Partimos de un tipo de lípido cuya «cabeza» era lo bastante grande para formar micelas de pequeño tamaño, bien empaquetadas. Para simplificar, los lípidos se indican con dos bolas distintas (T-H) conectadas entre sí. Las micelas resultantes, como ya sabemos, son estables. Ahora, imaginemos que introducimos moléculas precursoras en el medio en el que flota una de nuestras micelas. Los pre-

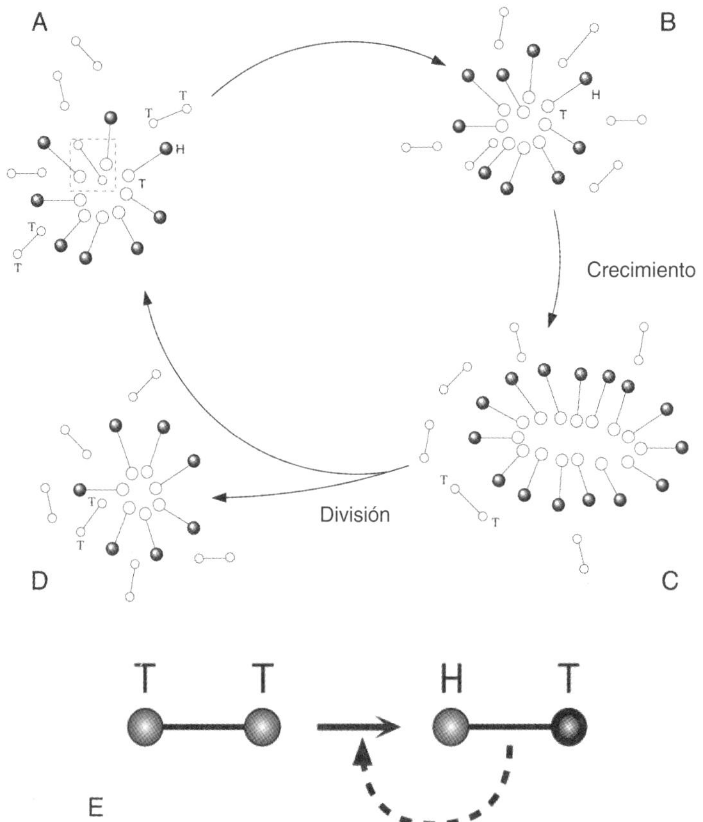

Figura 2.7. El ciclo celular más simple, diseñado para una protocélula formada por un solo tipo de molécula que puede regenerarse a partir de un precursor. Cuando este precursor alcanza las proximidades de la protocélula (A) se transforma a su vez en un lípido, con lo que hace aumentar el tamaño de la micela (B). Cuando ésta alcanza cierto tamaño, se hace inestable (C) y da lugar a dos nuevas protocélulas (D). En (E) se indica la interacción entre lípidos y precursores: los primeros se obtienen mediante una reacción (flecha a trazos) que transforma a los precursores en nuevos lípidos. (Imagen de Ricard Solé.)

cursores se indican ahora mediante dos bolas idénticas (T-T) también conectadas. Supongamos que éstas, en las proximidades de lípidos (y por tanto micelas), pueden reaccionar químicamente dando lugar a nuevas moléculas de lípido (figura 2.7, abajo). Dado que los lípidos tienden a agregarse, los nuevos lípidos se unirán a la micela y la harán crecer. Este proceso puede dar lugar a estructuras que se alargan sin parar dando tubos conectados. Pero también pueden hacer crecer la esfera y hacerla inestable, aunque tal vez lo que ocurra es que simplemente crezca sin parar o deformarse y dar lugar a capas planas u otras estructuras. ¿Qué podría ocurrir?

Harold desarrolló un algoritmo de simulación basado en la física y química básicas; decidimos de qué manera deberían ocurrir las interacciones y sólo quedaba fijar los parámetros que darían un peso a cada parte del proceso. Incluso en un modelo simple como éste, existían numerosos parámetros que no sabíamos hasta qué punto serían importantes. Un grupo de ellos resultó ser crucial: los que determinan la *forma* de los lípidos. Como se indica en la figura 2.6b, la forma de una molécula de la membrana viene determinada por una combinación de parámetros que miden el volumen del objeto, el tamaño de su cabeza y su longitud. Así, es posible generar un «parámetro de empaquetamiento» que une todos estos números en uno y está relacionado con la forma del lípido. Lo que no tardamos en descubrir es que, para obtener micelas con facilidad, necesitábamos emplear un parámetro de empaquetamiento que diera lugar a lípidos cuya forma podemos imaginar como un cono alargado. No es difícil ver que si colocamos cierto número de estos conos formando una esfera, con las caras planas en el exterior, crearemos una estructura compacta y cerrada. Si lo hiciéramos con un modelo de conos de madera, que permitieran construir una esfera del tamaño de una pelota de tenis, podríamos comprobarlo sujetándolos con ambas manos. Con el número adecuado de conos, la bola se mantiene fácilmente compacta. Esto es lo que ocurría al simular los lípidos con estos parámetros: se generaban esferas estables. Ahora le toca el turno a la química: supongamos que dejamos ir precursores dentro del medio en el que flota la micela.

Lo que descubrimos al cabo de poco tiempo fue que, para conjuntos de parámetros muy amplios, los precursores se unían con éxito a la esfera, haciendo con ello crecer su volumen, hasta que el número de lípidos alcanzaba aproximadamente el doble del tamaño inicial. En ese momento, se producía la división. El resultado es de gran relevancia, dado que podría haber ocurrido que muy pocos parámetros, o tal vez ninguno, dieran lugar al ciclo de división. De ser así, tal vez el modelo habría resultado ser insuficiente para acercarse al problema, o peor aún: hubiera apuntado hacia la posibilidad de que el proceso mismo fuera altamente improbable. No fue así, y el porqué resulta claro cuando pensamos en la geometría de la micela y lo que le ocurre a medida que la hacemos crecer. Al llegar los precursores a ésta, la reacción química los convierte en lípidos, y las cabezas se unen a las demás mientras la cola se sumerge en el interior. Hemos añadido un cono a nuestra bola anterior, que aún podemos sujetar bien, pero más y más resbaladiza a medida que crece. En cierto momento, el objeto esférico empieza a ser muy inestable. En nuestro modelo, lo que ocurría era precisamente esto: al llegar a cierto número de lípidos «cónicos» dentro de la misma micela, ésta ya no podía mantenerlos en un agregado ordenado y se producía una división (figura 2.8).

El proceso se repetía una y otra vez, sin mayores misterios. Nuestro resultado sugería con fuerza que cuando la lógica de los componentes fuera la correcta, su naturaleza exacta podría ser menos relevante que una adecuada serie de reglas de interacción. Fuera lo que fuese lo que ocurrió sobre nuestra biosfera hace miles de millones de años, no tuvo por qué ser excepcional ni único. Ocurrió posiblemente en numerosas ocasiones y debería ser posible repetirlo en el laboratorio. La célula artificial debería estar a nuestro alcance y la simulación virtual de su comportamiento nos ofrece posibles formas de lograrlo.

Ordenadores vivos

La construcción de una célula artificial desde la materia inerte es una hazaña que tarde o temprano se completará.

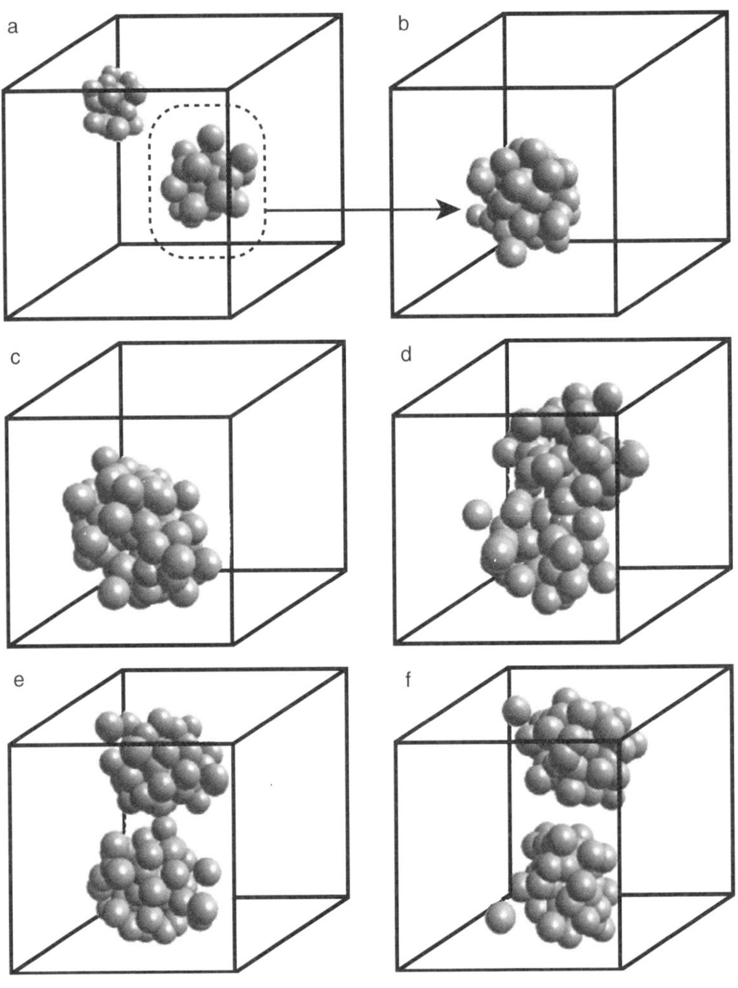

Figura 2.8. Un ejemplo del ciclo celular obtenido en el modelo simple de protocélula discutido en el texto. Por claridad, aquí sólo se muestran las cabezas de los lípidos, que aparecen como esferas grises. Las moléculas de agua y las de precursor no se incluyen para poder visualizar adecuadamente las micelas. Partiendo de un pequeño agregado (a, marcado con un cuadrado), lo seguimos a lo largo del tiempo (b-f) a medida que crece (c-d) hasta que se divide (e), completando así el ciclo de crecimiento-división (f). (Imágenes de Ricard Solé.)

Esta hazaña forma parte de una exploración ambiciosa de la materia viva y sus límites sintéticos. Con el final del siglo xx, y a caballo de los avances desarrollados durante décadas en el campo de la ingeniería genética, la posibilidad de manipular células e incluso organismos para que éstos lleven a cabo tareas determinadas se convirtió en una realidad. Este potencial dio paso a una nueva disciplina científica: la llamada «biología sintética», que representa la cristalización de numerosos avances dentro del campo de la ingeniería genética, la simulación por ordenador y diversos modelos teóricos y computacionales. En este sentido, su posición es un tanto peculiar dentro del marco científico, en el que teoría, experimentación y simulación han definido los tres ejes de avance durante décadas. La biología sintética requiere experimentar, pero no simplemente medir y observar la biología real, sino intervenir drásticamente sobre la misma. No es simulación, pero en cierta forma la posibilidad de crear criaturas sintéticas puede verse como el paso extremo en nuestra capacidad de recrear no sólo la realidad, sino también sus alternativas. Y aunque no es una disciplina teórica, su potencial le permite plantear nuevas preguntas de carácter fundamental así como posibles pruebas experimentales. Es por lo tanto un campo interdisciplinar que se encuentra en la encrucijada entre las tres piezas esenciales, y define a su vez una cuarta vía para explorar la lógica de lo viviente.

A medida que la biología sintética avanzaba, se hizo patente que estaba en disposición de alcanzar algunas de las grandes hazañas de la ingeniería, sólo que a nivel celular y molecular. El salto incorpora una visión funcional de la célula como un sistema complejo que se explota con el objetivo de que la célula modificada lleve a cabo funciones no previstas y no sólo las síntesis de moléculas útiles. ¿Por qué no diseñar un sistema celular capaz de detectar una sustancia tóxica y neutralizarla?, ¿podríamos hacer biosensores que permitieran marcar la localización de minas antipersonas?, ¿sería posible diseñar células capaces de restituir la función de un tejido enfermo? Algunas de estas preguntas ya tienen respuesta afirmativa, y el campo evoluciona con gran rapidez. Con ello, damos un salto cuantitativo muy importante en relación con la ingeniería genética, dado que el diseño no afecta sólo a uno o más componentes que son añadidos al sistema. Con la llegada de la biología sintética nos planteamos modificar la lógica misma de los programas celulares, transformando el comportamiento en forma compleja. Si tenemos en cuenta que estos cambios pueden implicar a diversos genes a la vez, afectando a la red de interacciones existente y que el diseño implica que el organismo es capaz de actuar de formas totalmente nuevas (pero predecibles), comprenderemos el alcance del campo y su impacto potencial. La biología sintética representa un punto de inflexión en el curso de la evolución de la vida. El físico Freeman Dyson lo ha expresado en estos términos:

> El entreacto darwiniano ha durado dos mil o tres mil millones de años. La evolución darwiniana es lenta debido a que, una vez establecidas, las especies cambian muy poco. Con raras excepciones, la evolución darwiniana requiere que las especies se extingan para que otras nuevas las reemplacen. Ahora, después de tres mil millones de años, el entreacto ha terminado. (Dyson 1999.)

El entreacto al que se refiere Dyson no es otra cosa que la historia de la vida en nuestro planeta, con todos sus accidentes y limitaciones. Las mutaciones y su impacto sobre las especies en evolución han tenido lugar a lo largo de millones de años y los cambios asociados son en general lentos. Las posibilidades de generar cambios de mayor calado han surgido de hecho en ocasiones en las que el clima, el impacto de asteroides o grandes cambios geológicos han generado grandes extinciones. Después de estos acontecimientos de destrucción, la vida resurge y con ella nuevos diseños e innovaciones. Así ocurrió por ejemplo al final del Pérmico, hace 250 millones de años, cuando la vida estuvo a punto de desaparecer. Ahora, nosotros somos el motor del cambio.

Los éxitos de la biología sintética incluyen el diseño de multitud de circuitos moleculares. Muchos de estos circuitos son réplicas vivas de pequeños componentes lógicos que encontramos en circuitos electrónicos. Hay una motivación intrínseca en dar este paso si tenemos en cuenta las similitudes entre una célula y —digamos— una radio. Esta analogía ha sido explorada por Yuri Lazebnik, un experto en los mecanismos de muerte celular y autor de un artículo provocador titulado: «Can a biologist fix a radio? Or, what I learned while studying apoptosis» [«¿Puede un biólogo construir una radio? O qué aprendí mientras estudiaba apoptosis»], en el que sugiere que los circuitos, cables y componentes que encontramos dentro de una vieja radio no difieren mucho de los circuitos moleculares, si bien en este caso los mecanismos de transferencia de información se apoyan en moléculas que se desplazan en un medio fluido. Lazebnik sugiere que si alguien dañara un componente de la radio, cabría estudiar este daño como una mutación. Con ello, podríamos quitar componentes dados y ver su impacto sobre el funcionamiento de la radio. De este modo, aunque no supiéramos nada de cómo opera una radio, sería posible deducir las posibles funciones de cada componente.

Si descendemos a un nivel más bajo, considerando elementos lógicos simples, comprobamos de qué manera un componente electrónico puede ser rediseñado dentro de una célula. Un ejemplo de estas posibilidades nos lo ilustra el diseño mediante bacterias de un dispositivo detector de bordes en una imagen. Éste es uno de los problemas más arduos en el procesamiento de imágenes digitales y, muy brevemente, consiste en determinar de forma automática los bordes que separan distintas partes de una fotografía en la que deseamos que un programa encuentre los límites de una cara, una mesa o cualquier otro objeto. Podemos lograrlo mediante un ingenioso sistema, gracias a bacterias que detecten luz y que emitan una señal. Supongamos (figura 2.9) que tenemos un cultivo de estas bacterias sobre una placa de Petri (un disco plano) y que cubrimos la placa con un papel opaco en el que hemos recortado cierta forma, supongamos una estrella. Iluminamos la placa con una fuente de luz, de forma que unas bacterias se hallan directamente sobre ésta mientras el resto está en la oscuridad. Lo que queremos es que el cultivo sea capaz de detectar el borde de la figura y para ello las bacterias se han programado genéticamente para que, en caso de que no reciban luz, generen una señal química, que es simplemente una molécula producida dentro de las bacterias y que puede difundir al medio exterior. Además, las bacterias poseen un detector de esta molécula, y se ha añadido al circuito diseñado un componente adicional, que hace que, si una célula detecta la señal química y se encuentra en el dominio iluminado, produce entonces un pigmento. Allí donde el pigmento sea sintetizado, tendremos el borde de la imagen. El experimento es una forma simple de ilustrar la capacidad de programar una función que requiere considerar diversos aspectos dentro de una misma célula. El programa, que puede resumirse mediante diagramas similares a los de circuitos electrónicos convencionales (figura 2.9d-e), se ejecutará como se espera con cada uno de los estímulos que se le presentan a las células.

Este ejemplo y muchos otros demostraron la posibilidad de obtener circuitos, vivos formados por células, capaces de ejecutar funciones muy básicas. En la gran mayoría de los casos, la inspiración para estos circuitos se basa en la electrónica digital convencional. En este campo, un ingeniero puede construir circuitos de enorme complejidad combinando un conjunto limitado de unidades básicas, denominadas «puertas lógicas». Por ejemplo, una puerta, puede ser un inversor: si el sistema no recibe una señal, genera una él mismo. Si la recibe, se apaga y no da ninguna señal de salida. Esta puerta se denomina puerta NOT, dado que «niega» (dándole la vuelta) el valor de entrada. También tenemos puertas que reciben dos entradas y tienen una salida. Cada entrada puede ser 0 o 1, y lo mismo ocurre para la salida. La puerta OR da una salida 1 siempre que al menos una de las entradas sea también un 1. La puerta AND, por el contrario, sólo dará una salida 1 cuan-

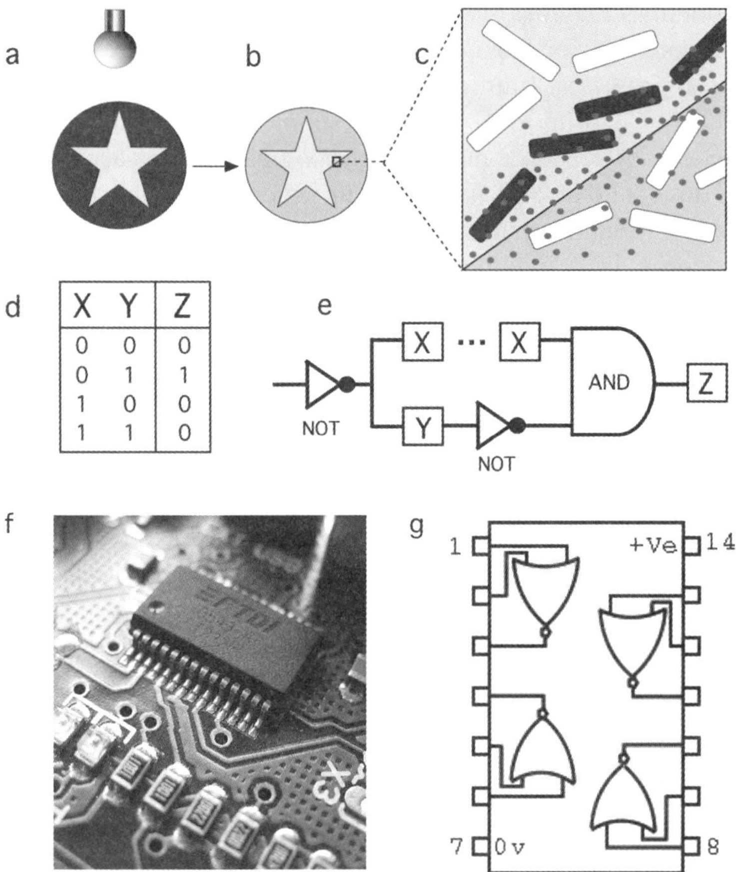

Figura 2.9. Detector de bordes de una imagen basado en un diseño sintético de bacterias que pueden captar la luz y emitir o detectar cierta señal química. Se somete en primer lugar al cultivo, sobre el que se ha colocado una plantilla con un recorte interno en forma de estrella, a la luz (a) y se observa posteriormente la respuesta (b) al nivel de las células que se encuentran en la frontera. El diseño del circuito celular (basado en la lógica estándar) hace que las bacterias que se hallan en la frontera entre la zona iluminada y la oscura terminen secretando un pigmento, indicado en (c) por las células oscuras. La señal química (círculos grises) sólo se produce en los límites de la figura. El circuito resultante puede resumirse mediante una tabla (d) en la que se resume su lógica: en función de las entradas (X, Y) sabremos cuál es la salida (Z). En (e) se indica además el circuito básico equivalente. Si deseamos ir más allá, e imitar diseños más complejos (f) debemos enfrentarnos al problema de conectar adecuadamente todos los componentes. En chips electrónicos (g) esta tarea es fácil, dado que cada conexión es un cable del mismo tipo. En biología cada cable posee una identidad. (Imagen de Ricard Solé.)

do ambas entradas sean a su vez unos. Podemos crear todas las combinaciones posibles y, con éstas, circuitos de complejidad arbitraria. Entre otras cosas, podemos construir un ordenador o, a un nivel algo más simple, dispositivos capaces de tomar decisiones más o menos complejas. Para acercarnos al desarrollo de algo parecido a un ordenador basado en sistemas biológicos, parece razonable seguir con la inspiración que nos da la ingeniería. Los circuitos electrónicos son el gran triunfo de la tecnología del siglo XX y a la invención del transistor, que permitía reducir el tamaño de los elementos de forma espectacular, siguió una transformación acelerada de los dispositivos que adquirían más funciones a un coste menor. Esta tendencia se vio acelerada por la creciente capacidad de combinación de los componentes electrónicos, lo que favoreció una rápida expansión de los diseños (figura 2.9f). Al cabo de apenas unos años, los nuevos ordenadores de pequeño tamaño realizaban operaciones que hasta entonces sólo podían ejecutar máquinas gigantescas. El transistor fue una invención clave para favorecer la revolución electrónica y, en última instancia, la revolución digital. ¿Podríamos esperar algo parecido de la biología sintética? Los circuitos más simples que hemos presentado son los primeros pasos en esa dirección, y algunos investigadores sugirieron que el progreso de la biología sintética llevaría de forma natural a imitar los diseños electrónicos y, tal vez, a sistemas computacionales complejos. Pequeños chips (figura 2.9g) que son comunes en las placas de nuestros ordenadores y otros sistemas podrían construirse conectando entre sí células diseñadas.

Pero después de una década de estudio intenso del problema, semejante posibilidad permanecía estancada y la nueva pregunta era: ¿es realmente posible construir un ordenador biológico artificial? La pregunta no debe entenderse en el sentido de rivalizar con nuestros ordenadores convencionales. No tendría sentido imitar su función, dado que ya son rápidos y fiables. Pero sí puede interesarnos crear sistemas vivos complejos, diseñados para tomar decisiones en escenarios distintos y tal vez cambiantes, donde puedan ser programados y reprogramados. Ejemplos de esta situación serían enfermedades en las que se dan interacciones entre diversos componentes celulares y moleculares y que implican detectar concentraciones y estados de actividad y responder a éstos de manera controlada. Dicho de otra manera, debería ser posible que el programa que hemos diseñado se ejecute como está previsto. También imaginamos futuros escenarios en los que ecosistemas sometidos a contaminación o cambios debidos al deterioro del medio ambiente se rescaten mediante una intervención adecuada. En ambos casos, es vital que nuestra maquinaria celular haga aquello para lo que fue diseñada.

En colaboración con mi colega el físico Javier Macía, tuvimos la oportunidad de hacer realidad la idea de crear las condiciones necesarias para construir un ordenador biológico, dando una solución eficiente pero a la vez inesperada. Javier es una de las personas más brillantes que he conocido, y su capacidad para encontrar una solución elegante a un problema difícil le convierte en un investigador realmente singular. Sus compañeros del laboratorio suelen bromear al respecto, comentando que, si alguna vez le propusiéramos construir una máquina del tiempo, contestaría con su habitual «me lo pensaré», para aparecer al cabo de unas semanas con un artefacto lleno de interruptores y luces. La posibilidad de diseñar un ordenador basado en células vivas surgió cuando Francesc Posas, un colega de nuestro flamante centro de investigación (el Parque de Investigación Biomédica de Barcelona), nos propuso colaborar en un proyecto de estudio de células de levadura que incluyera modelos teóricos. Francesc es una autoridad mundial en los sistemas moleculares de respuesta de este organismo, y su laboratorio estaba sólo a un tramo de escaleras del mío. La levadura no sólo sirve para fabricar cerveza, sino que también es uno de los sistemas estrella de la investigación en biología celular, que ha permitido, gracias a su complejidad y facilidad de cultivo, entender multitud de fenómenos que comparten nuestras propias células. Por ejemplo, la conservación, a lo largo de la evolución, de la gran mayoría de las proteínas que son comunes a levaduras y humanos hace posible que puedan extrapolarse muchos resultados experimentales entre ambos sistemas.

La posibilidad de desarrollar un proyecto conjunto entre teóricos y experimentales era muy atractiva, pero necesitábamos una buena idea. Hace muchos años, Javier y yo mismo estuvimos jugando con algunas formas poco convencionales de diseñar sistemas computacionales paralelos. La idea de fondo era intentar encontrar la forma de crear circuitos basados en elementos muy simples cuyas conexiones resultaran fluidas y fácilmente modificables para llevar a cabo distintas tareas. Un sistema semejante estaría compuesto por múltiples «células» básicas, muy simples, conectadas a través de una malla que podría hacerse y deshacerse cada vez que deseáramos resolver un problema distinto. Era una idea muy abstracta y en aquel momento no supimos qué hacer con ella. ¿En qué contexto sería relevante?, ¿serviría de alternativa a otros tipos de diseño de circuitos? Habíamos vuelto en varias ocasiones a pensar en aquellas ideas, que parecían prometedoras pero no terminaban de encajar con nada que conociéramos. Un día, Javier apareció en el laboratorio con la respuesta: tal vez nuestros circuitos no encajaran con nada relacionado con la electrónica, pero las células de levadura podrían ser el componente que buscábamos. Más aún: podría ocurrir que aquel modelo alejado de la electrónica convencional fuera la clave de la solución al problema que planteaba hacer un ordenador biológico. Dibujamos algunos diagramas básicos que representaban células de levadura manipuladas y conectadas entre sí. Muy pronto resultó evidente que la idea podría funcionar y que el problema del diseño de circuitos complejos tenía una solución, aunque muy poco convencional.

El resultado principal de nuestra aproximación incorporaba dos elementos importantes. Por una parte, el empleo de varios tipos de células —en lugar de una sola—, cada una de las cuales sería modificada genéticamente de forma simple y dis-

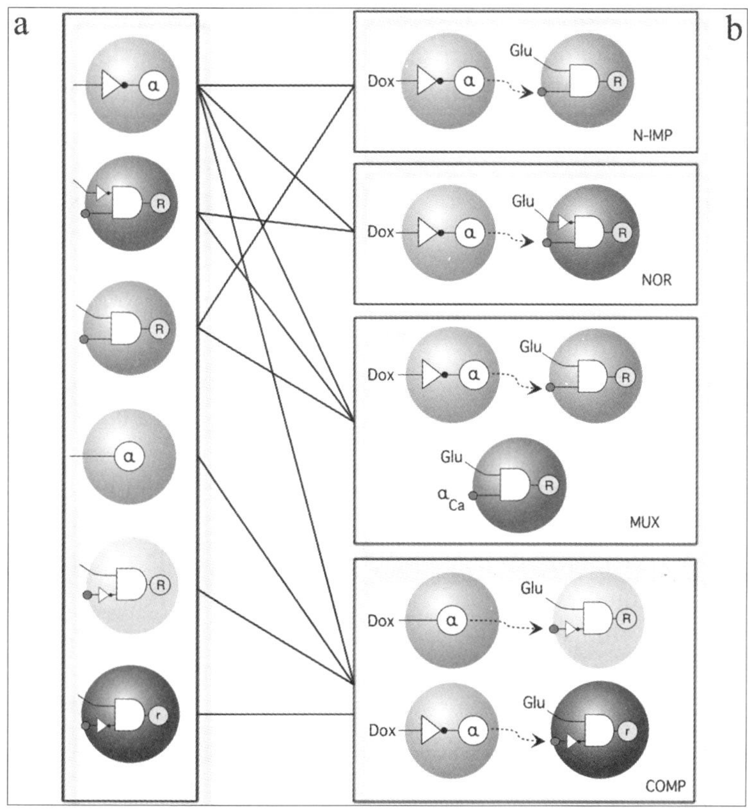

Figura 2.10. Mediante el uso de una librería de células modificadas genéticamente (a) cada una de las cuales define una puerta lógica simple (responde a una señal o señales enviando o no generando una señal a su vez) y suponiendo que la «salida» del «circuito» que deseamos construir puede ser generada por distintos tipos de célula, es posible combinar esta librería de formas múltiples y construir sistemas que, con el diseño convencional, serían inviables. En (b) se muestran tan sólo algunas aplicaciones, que incluyen otras puertas simples pero también circuitos complejos (MUX, COMP) que permiten seleccionar canales o comparar señales. (Imagen de Ricard Solé.)

tinta. Se tendría así una «librería» de células (o tipos celulares) que se habría preparado para poder detectar distintos conjuntos de señales externas y a la vez responder internamente con una nueva señal (figura 2.10a). Ésta a su vez podría ser reenviada al exterior de la célula y ser detectada de nuevo por otras células, o bien podría ser tan sólo la señal de salida, que normalmente es una proteína fluorescente detectable con facilidad al microscopio. La segunda parte del diseño es la más extraña. En un circuito convencional, tenemos una unidad de salida que nos dice el resultado del proceso de cómputo. Podemos imaginarlo así como una bombilla. Ésta se enciende si el resultado final es «1» y permanece apagada en caso contrario. Pero nadie dice que sea una regla inamovible, y a menudo es necesario cuestionarse aquellas premisas que parecen evidentes para poder avanzar. Supongamos, pues, que distintos tipos de células pueden dar lugar a la señal de salida y ser empleadas dentro del mismo circuito celular. En nuestra analogía de la bombilla de salida, sería como si el dispositivo que empleamos diera la salida correcta, digamos «encender», encendiendo una o varias bombillas en lugares diversos del circuito, con lo que el sentido exacto de «unidad de salida» pierde su sentido. Está claro que en la electrónica convencional esta sugerencia carece de sentido. Pero en nuestro caso, romper con la regla que parecía evidente resultó la clave de todo. En cuanto eliminamos esta restricción, descubrimos que era posible no sólo generar puertas lógicas diversas combinando nuestros elementos básicos, sino que podíamos ir mucho más lejos que nadie, creando circuitos complejos sin tener los problemas de cableado que habían limitado los trabajos anteriores (figura 2.10b). Nuestras células modificadas, combinadas de forma adecuada, podían actuar como un multiplexor (MUX en la figura 2.10b), que se emplea en una gran parte de los dispositivos electrónicos como sistemas de elección de canales, o un comparador (COMP en la figura 2.10b), que decide si dos cifras de entrada son iguales o no, o un sumador, que como su nombre indica lleva a cabo una suma numérica.

El multiplexor y el comparador son dos ejemplos de circuitos relevantes para diseñar sistemas capaces de detectar la concentración de moléculas presentes en el ambiente y cambiar el estado de la célula detectora en función de lo que deseamos que haga. En cuanto dispusimos de los primeros tipos celulares, fue posible empezar a combinarlos y el número de circuitos creció con rapidez. Por primera vez también, era posible cumplir con algo que sólo era un deseo: combinar, como en un juego de Lego, múltiples partes de forma flexible y de forma eficiente. Y en el camino hasta esta solución, pudimos aprender una lección importante: si los seres vivos son ordenadores biológicos, podríamos comprenderlos con una teoría distinta a la que empleamos en nuestra visión de los ordenadores convencionales.

La computación que llevan a cabo nuestras células diseñadas fue bautizada como «computación distribuida», con el objetivo de enfatizar la distribución de la señal de salida sobre distintos tipos de células. Su potencial es enorme, dadas las posibilidades que abre el poder diseñar sistemas de gran complejidad, que puedan por ejemplo tomar decisiones frente a situaciones que requieran algo más que detectar una toxina y secretar un aviso. En un futuro, sistemas celulares distribuidos podrían formar parte activa en el diseño de terapias celulares necesarias para tratar enfermedades complejas. La complejidad del cáncer, que ya hemos discutido en el capítulo anterior, ofrece un buen ejemplo de un sistema cambiante que puede plantear también retos cambiantes a las terapias diseñadas para combatirlo. Pero también se podrían emplear en otras circunstancias, como en problemas ambientales en los que el estado del sistema se ve afectado por contaminantes o por otras variables físicas, biológicas o químicas. Se ha sugerido por ejemplo que una forma de abordar los problemas de gran escala en situaciones medioambientales difíciles de manejar sería emplear una ingeniería en la que la biología sintética podría ser un componente esencial.

Rachel Armstrong, una diseñadora de sistemas sostenibles basados en nuevas formas de abordar problemas medioambientales inspirándose en la biología, ha sugerido que los problemas que experimenta Venecia, construida sobre pilares de madera y cuya célebre laguna se ha degradado notablemente, podrían tratarse construyendo un arrecife artificial sembrado de células diseñadas para responder de forma inteligente a los cambios, devolviendo el equilibrio al sistema. Aunque la propuesta es todavía hipotética, no se puede negar su atractivo conceptual. Si bien es cierto que existen mil dificultades para hacer realidad esta visión (por no hablar del problema de liberar organismos modificados), lo cierto es que podría constituir en un futuro un punto de partida para atacar los problemas que, inevitablemente, surgirán a caballo del cambio climático. Dada la escala de los procesos que se han puesto en marcha con el calentamiento global, tal vez sólo una intervención basada en un sistema vivo pueda dar soluciones a una situación que, con el paso de los años, se nos escape de las manos.

Noche en San Servolo

Tal vez la vida fue un accidente enormemente improbable. Tal vez nuestro planeta, ese pálido punto azul —como lo llamaba Carl Sagan— visto desde los confines del sistema solar, fue sólo el escenario afortunado de una lotería casi imposible de ganar. De ser así, si las posibilidades de combinación de la química sólo permitieran que un número entre miles de millones sea el afortunado, nunca podríamos saber cómo ocurrió y menos aún llevar a cabo un experimento similar. Pero las evidencias y aquello que entrevemos a partir de los modelos teóricos y las simulaciones por ordenador sugieren algo muy distinto. Las posibilidades de crear una célula artificial desde este lado del espejo tal vez no sean tan remotas, aunque el proceso que hay que seguir requerirá grandes esfuerzos y muchas vías muertas. Andrew Wiles, el ya legendario matemático que resolvió la conjetura de Fermat (uno de los grandes desafíos de la matemática durante siglos), describe así el proceso de búsqueda que debe seguir cualquier investigador:

entras en el primer cuarto de una mansión y lo encuentras completamente oscuro. Avanzas tambaleándote, tropezando con el mobiliario, pero gradualmente vas aprendiendo dónde está cada cosa. Finalmente, más o menos después de seis meses, encuentras el interruptor de la luz, la enciendes, y repentinamente todo queda iluminado. Entonces, ves exactamente dónde estabas. Luego, pasas al cuarto siguiente y pasas otros seis meses en la oscuridad. (Wiles 2000.)

Quizá debería añadir que en ocasiones, al encender la luz, ves que la habitación no conecta con ninguna otra. Hay que volver atrás y buscar de nuevo. La búsqueda de las claves para comprender la naturaleza de la frontera que separa lo vivo de lo no vivo ha necesitado de muchos investigadores que han abierto puertas y encontrado lámparas e interruptores que iluminan las habitaciones. Sin embargo, pese a todos los avances, el camino parece aún largo y tortuoso. La misma naturaleza de la transición entre la química y la vida se nos escapa. ¿Lograremos alcanzar este objetivo? ¿Conseguiremos acercarnos lo bastante a la solución como para verla y hacerla realidad? Todos los que hemos estado o estamos implicados en esta aventura científica hemos pensado en la posibilidad de éxito (con todas sus implicaciones) y en las dificultades —tal vez insuperables— de que el proyecto pueda fracasar.

Hace años, cuando empezábamos a explorar este problema en mi laboratorio, nos unimos a un gran proyecto europeo (el PACE Project), en el que se proponía un intento de ataque bajo el liderazgo entusiasta del físico danés Steen Rasmussen. El proyecto representó, para los que participamos en él, una época de exploración fascinante y nos sirvió para comprender la magnitud de las dificultades, pero a la vez las posibilidades de que, tal vez, tuviéramos éxito. Por si el proyecto PACE no fuera lo bastante interesante, añadiré que nuestro cuartel general era el Centro Europeo de Tecnología Viva (European Centre for Living Technology), situado en un antiguo *palazzo* veneciano. Recuerdo la noche en la que llegué para nuestra primera reunión, en la diminuta isla de San Servolo, situada en mitad de la laguna. Al llegar, agotado por el viaje y la excitación, me fui a descansar a mi habitación, un lugar espartano donde los haya. Unas horas más tarde, el hambre me animó a buscar algún restaurante en el que comer un sabroso plato italiano. Andando por los pasillos de mi edificio, pregunté al único ser humano que encontré a aquellas horas sobre algún lugar para cenar, y descubrí que San Servolo es una especie de enorme residencia de la universidad y que allí no había restaurantes. Ya era demasiado tarde para acercarme a la ciudad, así que la única posibilidad que me quedaba era comer lo que ofrecían dos máquinas expendedoras de chucherías. Una bolsa de patatas fritas con Coca-Cola y un bollo. Después pensé que aquél era un mal comienzo para un proyecto tan apasionante, por lo menos no el que yo había esperado. Algo desanimado, decidí salir a tomar el aire, refrescar la mente y las ideas. Caminé hasta el embarcadero y allí solo, con el único sonido del agua de la laguna golpeando suavemente los troncos, pude ver al otro lado, entre una tenue neblina, la cúpula de Santa María della Salute y la silueta esbelta del Campanile. Era una visión casi mágica, algo irreal incluso para aquella Venecia que parecía congelada en el tiempo. Las luces de la ciudad no parecían muy distintas de las que nos llegan desde el cielo en una noche estrellada, parpadeando a lo lejos como velas encendidas en la oscuridad. En aquella ciudad que se moría lentamente íbamos a intentar comprender cómo crear la vida. Y no importaba demasiado si lo lográbamos o no. Nos disponíamos a entrar en una de las habitaciones inexploradas de las que hablaba Wiles y buscar a tientas el interruptor. Puedo decir que, al cabo de cuatro años, cuando nos reunimos por última vez, ya habíamos conseguido iluminar varias de las habitaciones. Por mi parte, aquella imagen de Venecia, mágica y dormida, nunca me ha abandonado. Desde entonces, cuando pienso en la frontera que aún debemos cruzar, recuerdo la laguna de noche y las luces a lo lejos. Y espero de verdad que alguna vez logremos alcanzar la otra orilla y ver qué hay más allá.

3
Diseños darwinianos

> Las tecnologías más esenciales son aquellas que desaparecen. Se funden con el tejido de la vida cotidiana hasta que se hacen indistinguibles de ésta.
>
> Mark Weiser

> No hay emoción más intensa para un inventor que ver una de sus creaciones en funcionamiento. Es la emoción que hace que uno se olvide de comer, de dormir…, de todo.
>
> Nikola Tesla

Volando con Leonardo

Algunos de los recuerdos de mi adolescencia se pierden en aquellos veranos que pasaba en Can Pineda, una antigua casa de Torelló, en la provincia de Barcelona, en la que me acogían Esteve Subiranas, su mujer Pepita y un ejército de gatos. Esteve era un payés tradicional, que todavía trabajaba la tierra con un arado, arrancaba las patatas con el azadón y empleaba el carro y el caballo para todas las tareas imaginables. Nos levantábamos todos los días al amanecer, desayunábamos en abundancia y pasábamos la mañana de duro trabajo en el campo. Sólo nos deteníamos de vez en cuando para tomar algo de vino de una bota desgastada y volvíamos de nuevo al tajo. Uno de los mejores momentos, en la época de la cosecha, era ir tumbado sobre los costales llenos de cereal, dejando vagar la mente al compás del traqueteo del carro.

Aquélla era también mi época de naturalista aficionado, y las tardes las dedicaba a vagar por los alrededores en busca de insectos, ranas, libélulas o problemas. Uno de aquellos veranos conocí a un par de individuos de mi edad que me acompañaban a menudo en mis excursiones. Una tarde nos encontramos un montón de maderas que alguien había tirado, entre las que había una especie de cajón largo con dos ruedas en un extremo. Enseguida se me ocurrió la absurda idea de construir un avión: el cajón daba para encajar en su interior a tres cretinos como nosotros, sentados uno tras otro con las rodillas encogidas. Bastaría con añadir una rueda adicional, unas alas y una cola en la parte posterior, buscar un lugar con la pendiente adecuada para adquirir velocidad, y «dejar que Newton hiciera el resto». Me sonaba vagamente que Leonardo da Vinci había resuelto el problema del vuelo con herramientas que no podían ser más toscas que las nuestras, así que sólo era cuestión de un poco de trabajo con los clavos y el martillo.

Mis compañeros de fatigas, tan ignorantes como yo entonces sobre física elemental o ingeniería, acogieron entusiasmados la idea y nos pusimos inmediatamente manos a la obra. Al cabo de un par de días, nuestro diseño estaba terminado. Las alas eran tan sólo una larga madera plana, que se levantaba por encima del cajón mediante unos palos clavados y la cola tenía un pequeño timón que controlaba también la rueda trasera. La verdad es que, pese a lo disparatado de nuestro propósito, el aparato tenía una apariencia externa creíble. Lo llevamos a lo alto de una colina que tenía suficiente pendiente y que terminaba de forma abrupta sobre un campo sembrado que quedaba a un par de metros más abajo. Afortunadamente para todos, alguien tuvo la idea de ponernos unos cascos y de forrar el interior del avión con restos diversos de colchones, ropa usada y paja (por si las moscas). El sentido común, sin embargo, no estaba en la lista de cosas imprescindibles.

Llegó el día. Era una mañana clara y el cielo azul que debíamos surcar con nuestro aparato estaba manchado por unas pocas nubes blancas. Pusimos el avión en posición, inclinado en dirección al campo, atado por la cola con una cuerda sujeta a un árbol y nos colocamos en el interior del cajón, bastante apretados pero poseídos por el júbilo del momento. Soltamos la cuerda y empezamos a descender, ganando velocidad con rapidez a medida que nos acercábamos al abismo. Si alguien tuvo alguna duda acerca de la viabilidad del proyecto (o sobre cómo íbamos a aterrizar) nunca lo expresó y sólo por un instante pasó por mi cabeza la posibilidad de que estuviéramos cometiendo un error. Pero sí recuerdo dos cosas con claridad: los gritos de excitación que fueron *in crescendo* al bajar por la colina y los de espanto cuando, llegados al final, el pesado avión y sus ocupantes caímos en picado y nos estrellamos. El resultado de nuestra ingenuidad quedó hecho trizas y nosotros no salimos mucho mejor parados. Uno de mis colegas se dislocó un hombro y se hizo unas feas heridas en las rodillas, el otro se golpeó en la cara con el ala y yo me quedé en estado de shock durante varios minutos. Derrotados y vencidos, abandonamos nuestro fallido proyecto y regresamos a nuestras casas cabizbajos y en silencio.

Nunca volvimos a intentar nada parecido (ni a hablar de ello) y mis compañeros de armas de aquel verano de aventuras desaparecieron y han perdido su nombre. Pero a pesar del desastre y el ridículo, debo decir que aquellos momentos de alegría infinita que experimentamos al descender a toda velocidad en nuestro breve viaje hacia lo desconocido no tienen precio, aunque me alegro de no haber logrado convencer a nadie para construir un pequeño submarino durante el siguiente verano en el mar (aunque lo intenté). De la debacle aérea pude extraer dos conclusiones importantes. La primera, que es bueno pensar las cosas al menos dos veces. La segunda es que crear de la nada un aparato volador que realmente funcione no es asunto fácil. Aunque lo ignorábamos entonces, Otto Lilienthal u Octave Chanute habían dedicado años a diseñar sus sistemas de planeo, y los hermanos Wright tardaron lo suyo en poner a punto un avión de motor que volara apenas cien metros llevando a un solo tripulante y con los medios de la época. Y antes que éstos, muchos fueron los que soñaron con volar, imitando a las aves o recurriendo a diseños innovadores aunque, en último término, erróneos.

La tecnología nos ha permitido controlar la naturaleza, extrayendo de ésta su energía y sus recursos, generando materiales artificiales que no existían antes de nuestra llegada y que nos han permitido volar incluso hacia otros mundos. La misma tecnología nos ha convertido en exploradores de las entrañas de la materia. A diferencia de cualquier otra especie, nuestra capacidad de percibir y acceder al universo no se encuentra limitada por unos órganos sensoriales resultantes de la evolución. Nuestros ojos no son más que un portal por el que asomarse al vértigo de los átomos o al abismo de las galaxias lejanas. ¿Existe siempre una solución posible a un reto tecnológico?, ¿es nuestra tecnología el resultado único del proceso de creación? Como veremos, es posible crear diseños innovadores, incluso revolucionarios, sin emplear para ello una mente consciente. En lugar de nuestro cerebro, emplearemos un ordenador y las ideas básicas desarrolladas por Charles Darwin. Descubriremos que las máquinas pueden inventar y llegar a lugares que nuestra imaginación nunca podría alcanzar.

Diseño y evolución

La evolución de los diseños generados por la mente humana nos recuerda en muchos aspectos la evolución biológica, si bien la tecnología parece en ocasiones menos útil de lo que las necesidades reales de supervivencia requieren. El filósofo Ortega y Gasset lo indicó muy adecuadamente al señalar que la tecnología es «la producción de lo superfluo», dado que podríamos sobrevivir sin mayores problemas prescindiendo de la gran mayoría de los inventos tecnológicos que nos rodean. Como ocurre con la generación de nuevas estructuras, de vez en cuando una innovación irrumpe en el diseño dominante de un objeto y lo reemplaza. Los tenedores, por ejemplo, con sus cuatro puntas típicas: ¿cómo surgieron?, ¿fueron inventados sin más con esta forma? Lo cierto es que su evolución es ilustrativa de la naturaleza del cambio de muchos de los objetos cotidianos que nos rodean. Inicialmente, sólo se empleaban los cuchillos para manipular los alimentos que debían comerse. Con el tiempo, surgió un precursor del tenedor moderno con dos puntas, que se empleaba para sujetar la comida mientras se cortaba con el cuchillo. Este utensilio, al parecer inventado en Constantinopla, fue llevado a Francia en el siglo XI, donde se hizo lentamente popular. En Inglaterra se veía como algo afeminado y no fue generalmente aceptado hasta entrado el siglo XVIII, cuando acabó siendo común en todas las mesas. Más adelante, el añadido de una tercera punta permitiría un mejor control y manipulación, hasta que por último culminó en el de cuatro puntas.

Estas innovaciones no eliminaron el resto de posibilidades: los tenedores de dos y tres puntas siguen ahí, aunque su relevancia es considerablemente menor y su papel es más especializado. Cada vez que se producía uno de estos cambios se daba una explosión de formas que de alguna manera nos sugieren que los inventores y diseñadores exploran sin saberlo el espacio de posibilidades. Es algo parecido a lo que se observa en el registro fósil de la vida: cuando surge algo nuevo, la novedad viene acompañada por explosiones de variantes alrededor del patrón básico. En la figura 3.1 lo ilustramos con algunos ejemplos de otro utensilio común: la tijera. Aunque el diseño básico contiene dos piezas que se deslizan la una sobre la otra con el objeto de cortar, la variedad de formas es muy notable (y éste es sólo un pequeño subconjunto del total).

En el marco de la teoría de la evolución, no sólo biológica sino también tecnológica, estas posibles variaciones con mejor o peor capacidad de proporcionar una respuesta adecuada se suelen representar mediante un «paisaje adaptativo». Para entender la motivación de esta forma de visualizar la eficacia de distintos diseños, intentemos emplear el ejem-

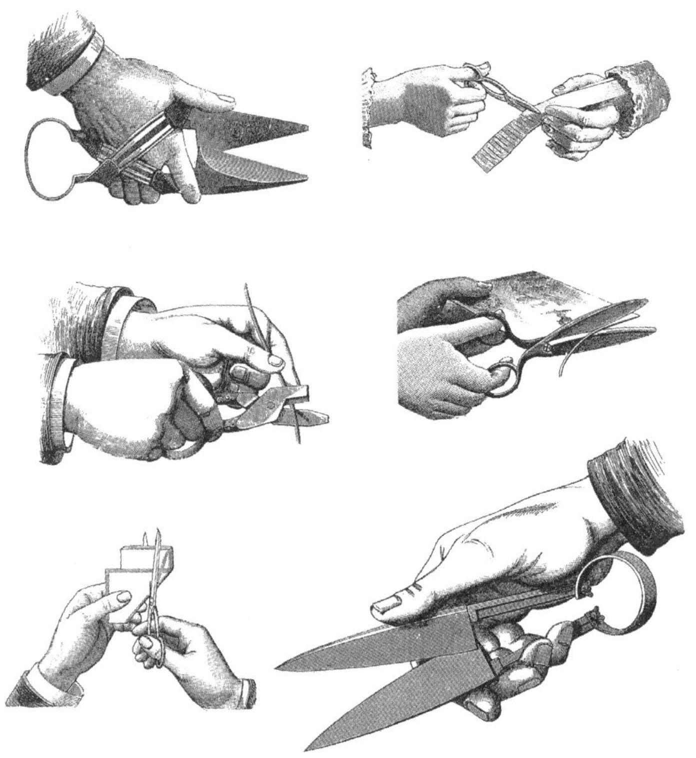

Figura 3.1. Variedad dentro del diseño de un artefacto. En estos grabados se muestran diversos diseños de tijera, que representan un amplio espectro de estructuras dentro de la lógica del objeto original.

plo del tenedor. Supongamos que el número de puntas (N) es una variable relevante. Ésta tomaría valores 1, 2, 3, 4, 5... hasta infinito. Supongamos que suministramos distintos tenedores con distintos números de puntas a cierto número de personas que los emplean para comer, para que puedan compararlos de forma práctica. Imaginemos que, en un espectro de puntuaciones de 0 a 10, cada persona asigna un número (F) al diseño que ha empleado y que empleamos los datos obtenidos de nuestra población para asignar un valor (de cero a diez) a cada uno de los diseños. Es fácil imaginar el resultado, que dibujamos de forma esquemática en la figura 3.2. La figura nos

104

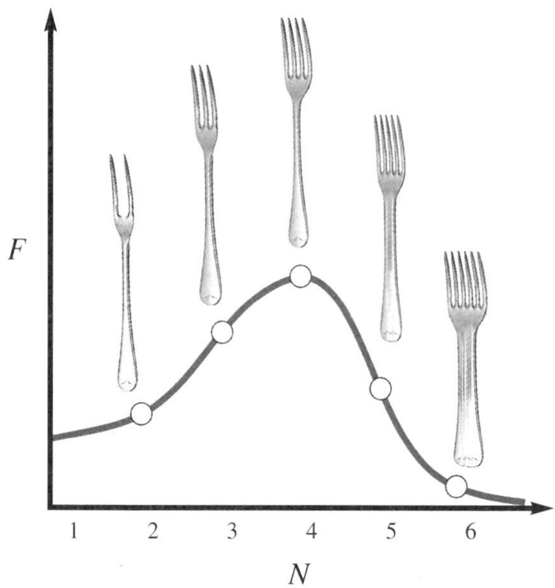

Figura 3.2. Un ejemplo simple de relieve adaptativo, en el que el número de puntas de un tenedor posee ciertas cualidades que lo hacen más o menos eficiente. Si F mide la eficiencia, encontraríamos un máximo en el tenedor convencional de cuatro puntas. (Dibujo de Ricard Solé.)

muestra un «paisaje» en el que se dibuja una montaña con una única cima. Esta cima, que corresponde a la mejor de las soluciones, está asociada al tenedor de cuatro puntas. Los que emplearon los de una o dos puntas se encontrarían a disgusto intentando atrapar los guisantes del plato, aunque podrían servir para cortar y sujetar carne. Los que emplearon los de tres puntas estarían en el límite de la comodidad, y los de cinco empezarían a ser más parecidos a una cuchara y menos apropiados para sujetar o pinchar. Al aumentar el número de puntas, las cosas podrían empeorar, dado que las dimensiones del utensilio se harían incómodas o el gran número de puntas haría más difícil la manipulación de algunos alimentos. Así que más allá de las cuatro puntas se produce una caída rápida. El paisaje de un solo pico es el escenario más simple que podemos definir para un problema cualquiera de optimización, y posee una solución concreta que define la cima. Se suele decir que el problema (en este caso, encontrar el mejor diseño de tenedor) posee un «óptimo global», indicando que sólo hay una forma de alcanzar la mejor solución, que es la única existente. Cada problema suele tener un mayor número de factores para tener en cuenta, que no hemos considerado aquí. Por ejemplo, hemos ignorado otros atributos del objeto, como su longitud. Está claro que un tenedor con un mango demasiado corto sería bastante incómodo, y que uno demasiado largo (de dos palmos) sería igualmente absurdo. Si dejamos de lado a Hobbits y masoquistas, para que un ser humano pueda emplearlo adecuadamente, el número de puntas y la longitud del tenedor deben ser adecuadas. Dibujemos de nuevo nuestro paisaje teniendo en cuenta ahora estas dos variables. El resultado se muestra en la figura 3.3, en la que en este caso vemos no un perfil, sino una superficie. En un eje tenemos como antes el número de puntas, mientras que un nuevo eje mide ahora la longitud. El eje vertical, como antes, mide la eficacia del diseño, que ahora considera dos factores distintos. De nuevo, el resultado es una montaña de una única cima, que señala el lugar en el que se encuentra nuestro tenedor cotidiano. La mejor solución.

El caso anterior sólo es nuestra entrada a todo un universo de posibles paisajes. El lector habrá empezado a sospechar que el ejemplo del tenedor es un tanto simple. Y así es, aunque nos ha servido para presentar los elementos imprescindibles. El paisaje adaptativo tiene un gran poder evocador y capta la esencia del cambio evolutivo en una sola imagen. Podemos incluso emplear este paisaje para dibujar sobre él posibles caminos seguidos desde los inicios de la invención hasta llegar al óptimo. Algunos de estos caminos se dibujan en la figura 3.3 como una trayectoria más o menos decidida que representa cómo el diseño en evolución escala nuestra montaña camino de la cima, en la que se quedará atrapada. Una vez allí, cualquier cambio implica perder eficiencia, así que la escalada termina necesariamente en este punto. Pero las cosas se complican a

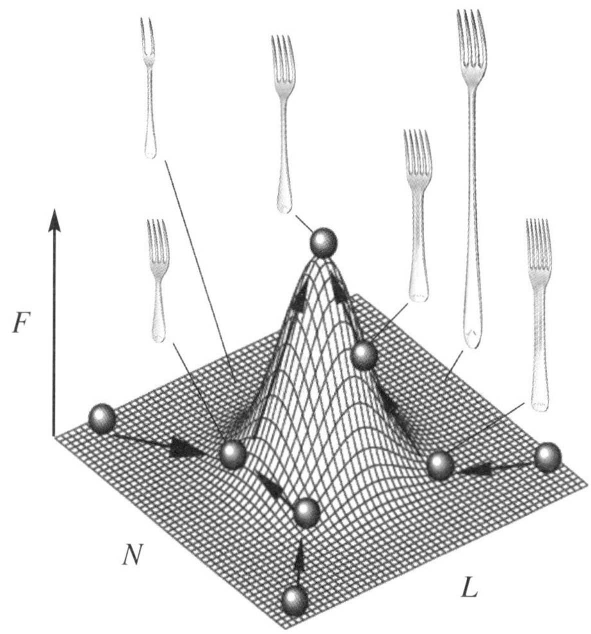

Figura 3.3. El paisaje relieve asociado al ejemplo anterior puede generalizarse añadiendo una dimensión adicional, aquí indicada por L, que mide la longitud del tenedor. Los tenedores muy cortos o muy largos son poco funcionales y su eficiencia es baja. El diseño óptimo corresponde al pico en el que se situaría nuestro objeto cotidiano. (Dibujo de Ricard Solé.)

menudo, dado que en muchos casos existen diversas soluciones para un mismo problema, que pueden ser igualmente válidas. En general, si nuestro sistema es complejo y puede alcanzar el óptimo en muy diversas formas, tendremos un gran número potencial de soluciones. Ésta es una situación esperable, y que encaja con nuestra experiencia al manejar un problema en el que tenemos la posibilidad de mejorar simultáneamente distintas partes de un mismo sistema.

Supongamos que queremos modificar nuestro viejo coche, para lo cual disponemos de cierta cantidad de dinero (y conocimientos para ello). Supongamos que deseamos un motor mejor, menos ruidoso, pero también mejorar su aspecto externo. Una buena capa de pintura y arreglos en la chapa abollada lo harían parecer menos anticuado. Pero nuestros recursos limitados nos obligan a llegar a compromisos. Tal vez nos conformaremos con un motor nuevo sin importarnos el resto, o seamos algo más superficiales y cambiemos su aspecto externo por completo, pintando algo espectacular sobre el capó. Pero es probable que nos inclinemos en mejorar un poco de esto y de lo otro. Las posibilidades no son independientes entre sí. En el caso que acabamos de describir, suponemos que el paisaje subyacente tendría dos picos. En uno de ellos nuestro coche tendría un aspecto externo magnífico pero con un motor renqueante mientras que el coche del segundo pico evidenciaría su antigüedad pero arrancaría a la primera con un suave zumbido. En este caso, si partimos de una condición inicial en la zona del valle entre máximos, tendremos dos formas distintas de mejorar. Podemos elegir el máximo de la derecha o el de la izquierda, conectados por un valle de soluciones intermedias (y cierta frustración). Ninguna de estas posibilidades es ideal, y adoptar una implica renunciar (esencialmente) a la otra (figura 3.4a).

Si fuéramos buenos ingenieros y quisiéramos ir más allá, tal vez decidiéramos cambiar partes del motor con el objetivo de mejorar distintas características. Podríamos tal vez modificar el sistema de alimentación, el encendido, la refrigeración o incluso la cámara de combustión. Cada uno de estos elementos tiene efectos sobre los demás, así que —como bien saben los ingenieros— cada cambio debe hacerse teniendo presente que una mejora en un componente puede llevar a una pérdida de eficiencia en otro. En general, existirá cierto abanico de posibles óptimos y por lo tanto un paisaje rugoso. El número de picos suele estar relacionado con el número de características que pueden ser modificadas y sus interacciones. Tal y como descubrió mi colega el biólogo teórico Stuart Kauffman, a medida que el número de dependencias entre distintas partes del sistema aumenta, también lo hace la rugosidad del paisaje adaptativo (figura 3.4b). Pero a su vez, la altura de estos picos se reduce: a mayor número de relaciones

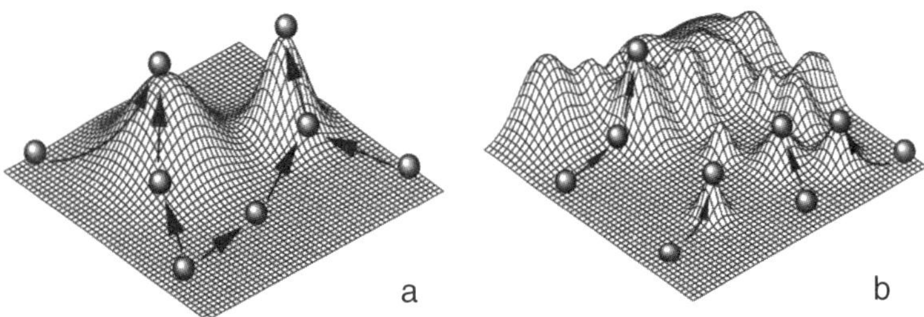

Figura 3.4. A medida que el diseño se vuelve más complejo, distintas partes del sistema empiezan a ser interdependientes y una mejora en un componente puede provocar un empeoramiento en otro. Esto es especialmente cierto cuando existen limitaciones físicas o de recursos que imponen límites a los cambios. En ese caso, el relieve adaptativo presenta varios óptimos posibles (llamados «óptimos locales»). En (a) vemos el caso más simple, en el que el relieve posee dos picos iguales, a los que la evolución puede acceder, tal y como indican las flechas. Un caso más general (y realista) nos lo da la figura (b) en la que vemos un paisaje con muchos óptimos posibles. (Dibujos de Ricard Solé.)

posibles, más difícil es conseguir que todas ellas sean adecuadamente satisfechas. Por el contrario, cambios en una parte del *hardware* tienen consecuencias en otras partes y las posibilidades de encontrar soluciones se disparan. Ninguna de ellas será capaz de mejorar simultáneamente todas las características del sistema, pero en cambio será fácil encontrar soluciones que, al menos hasta cierto punto, resulten satisfactorias.

Esta situación se da de forma muy generalizada y está íntimamente asociada con la capacidad de los sistemas vivos para evolucionar. Imaginemos por ejemplo el virus de la inmunodeficiencia humana, VIH o virus del sida. El VIH ha sido un dolor de cabeza constante para los miles de científicos que, a lo largo de décadas, han buscado una solución para erradicarlo de los pacientes infectados. Es un virus de pequeño tamaño, formado por siete genes bien empaquetados y que a primera vista no parece un gran rival para nadie. Y sin embargo, ha resultado ser una de las peores pesadillas, de la que no nos hemos librado tras décadas de investigación. Se introduce en las células del sistema inmunitario que deberían protegernos, se inserta en sus genomas y puede pasar desapercibido durante años mientras invade nuestro cuerpo y cambia sin cesar. Nuestro sistema inmunitario está constituido por todo un ejército de células que, como ya discutíamos en el capítulo 1, definen cierto tipo de cerebro fluido, con memoria y capacidad de aprendizaje. Como tal, está magníficamente preparado para detectar a todo un universo de posibles agentes extraños, que es capaz de identificar como tales. Cuando ello ocurre, se produce una respuesta celular que consiste esencialmente en que la célula capaz de detectar el virus se divide de forma muy rápida, generando toda una estirpe celular que permite una eliminación sistemática de todas las copias. El problema es que las copias pueden cambiar: cada vez que un virus se reproduce, su nuevo genoma puede poseer una mutación o más, lo que lo hace distinto. En la mayoría de los casos las copias mutantes serán similares a las anteriores, tal vez algo mejores, peores o simplemente incapaces de funcionar. Pero también las habrá capaces de seguir infectando, aunque con una estrategia algo distinta de la del virus progenitor.

En términos del paisaje adaptativo, estas múltiples posibilidades se pueden describir con un relieve con muchos picos y valles. Un virus que posea un relieve rugoso, con muchos picos y buenas conexiones entre éstos será capaz de escapar de la presión del sistema inmune. En caso contrario, como afortunadamente ocurre en muchos casos, si posee picos estables en los que puede quedar atrapado sin una salida fácil, será eliminado tarde o temprano. Así que podríamos decir que la estructura del paisaje es determinante para la capacidad de evolucionar del sistema. La evolución es el proceso que tiene lugar sobre este relieve, casi siempre rugoso e intrincado. Escalar sus cimas y hacerlo de la forma adecuada es la clave del éxito.

Genomas y máquinas

Una de las ideas más poderosas, elegantes y sólidas de la historia de la ciencia es la teoría de la evolución por selección

110

natural desarrollada por Charles Darwin. A lo largo de décadas de reflexión y análisis de numerosas evidencias, Darwin recorrió un largo camino desde aquel estudiante conflictivo y amante de la caza que decidió hacerse clérigo hasta el científico maduro y brillante que revolucionaría nuestra visión de la humanidad, dejando en el camino al Dios que había sido desde siempre invocado como creador de todo. Entre otras cosas, Darwin había observado que existía una gran variabilidad potencial en las especies, tal y como revelaban los métodos de selección artificial con los que los criadores de palomas o perros han logrado, a lo largo de siglos, generar variedades enormemente dispares de animales (figura 3.5). Todas las razas de perro, desde las más diminutas hasta las mayores, proceden de un mismo antecesor domesticado por seres humanos (como sabemos ahora) hace unos 30.000 años.

El procedimiento para obtener la variedad con los rasgos deseados consiste en tomar un grupo de animales y elegir aquellos que presentan una mayor tendencia a mostrar aquello que queremos mejorar. Si se trata de obtener animales de mayor tamaño, nos quedamos con aquellos ejemplares que destacan en ese rasgo. Pero tal vez queremos perros más pequeños o palomas con plumas más espectaculares. Y esta selección de rasgos puede afectar en principio a caracteres muy diversos, desde el color de la piel hasta el comportamiento. También puede afectar a la producción, como ocurrió hace miles de años cuando los humanos que desarrollaron la agricultura llevaron a cabo los primeros experimentos de mejora genética con el maíz. Tomemos algunos de estos individuos especiales y obtengamos una nueva generación de cachorros o pichones que resultan de cruzar a sus progenitores elegidos previamente. Los descendientes de estos individuos tienden a heredar rasgos de sus progenitores, entre otros, aquellos que nosotros elegimos. El maíz silvestre, por ejemplo, con sus pequeñas mazorcas y que apenas podía sostener una nutrición adecuada fue transformado en variedades cada vez más productivas durante la revolución que llevó a la agricultura. Las

Figura 3.5. La selección artificial permite poner de manifiesto la presencia de una enorme variabilidad potencial sobre la que extraer propiedades específicas. La enorme variedad de razas de perros, derivadas de un único antecesor domesticado, ilustra este potencial.

variedades modernas son espectacularmente más productivas que sus predecesoras, y permiten que un cultivo típico produzca grandes cosechas, capaces de sostener a un grupo humano numeroso. Aunque Darwin desconocía la naturaleza exacta de aquello que determinaba la variabilidad y permitía su herencia, pensó su existencia como un componente clave del proceso. Hoy sabemos que esta diversidad individual reside en cambios inevitables que ocurren constantemente en el genoma y que generan cientos o miles de pequeñas variaciones, algunas de las cuales afectan a caracteres particulares. Esta variabilidad era observable en la gran riqueza de especies conocidas y todo parecía indicar que también en el registro fósil. Ya antes de Darwin, estudiosos como Robert Chambers, autor de un polémico libro titulado *Vestigios de la historia natural de la creación,* sugerían que las especies podrían no ser inmutables. Esta idea era muy polémica, y chocaba de forma brutal con la visión bíblica del cosmos, en la que el mundo era básicamente inmutable.

En 1838, Darwin leyó «como distracción» la obra de Thomas Malthus titulada *Ensayo sobre el principio de la población,* en la que éste exponía la tesis de que el crecimiento demográfico está necesariamente restringido por la presencia de recursos finitos. En otras palabras: en presencia de recursos limitados y un exceso de individuos, no todos pueden sobrevivir. Aquella lectura casual tuvo un enorme impacto y nos demuestra una vez más la afirmación de Pasteur: «El azar favorece a una mente preparada». La lucha por la existencia que trazaba Malthus en su ensayo era la pieza del engranaje que faltaba en la teoría que Darwin había buscado. Darwin hizo entonces lo que nadie había hecho, o sería mejor decir que vio lo que nadie había visto, con la excepción de un joven naturalista llamado Alfred Russell Wallace, quien (literalmente al otro lado del mundo) también había leído a Malthus y alcanzado las mismas conclusiones, aunque con menos pruebas. Darwin comprendió que el principio de Malthus debía de estar operando constantemente en la naturaleza, aunque de forma inconsciente. El razonamiento es el mismo que el que plantea Malthus, sólo que ahora aparece combinado con la presencia de una fuente de variación que hace que los supervivientes posean aquellas características que les hagan más capaces de dejar descendientes.

Imaginemos que cierta especie de roedor habita un ambiente dado que empieza a cambiar, haciéndose cada vez más frío. La idea es que, aunque todas las parejas fértiles dejaran descendencia, aquellas que posean una mayor cantidad de pelo tendrán más oportunidades de tener descendencia, con lo que sus descendientes, que heredan la propiedad deseable, serán selectivamente más aptos para sobrevivir y dejar a su vez más descendientes. Se da por lo tanto un proceso de «selección natural» que genera cambios sucesivos que transforman una especie. Darwin dio un salto intelectual enorme al proponer que nuevas especies serían creadas a través de este proceso. Aunque aún hoy debemos completar la revolución que inició el naturalista inglés, sabemos que el proceso de selección opera en el mundo real y lo hace constantemente.

Aunque los perros y las palomas o el maíz son los ejemplos habituales que ilustran la historia de la teoría evolutiva, la selección natural es responsable de un gran número de procesos que afectan a nuestras vidas, entre otros, la evolución de patógenos que ponen nuestra salud en peligro. Bacterias y virus son responsables de multitud de enfermedades contra las que respondemos con vacunas, antibióticos o una buena higiene. La invención de los antibióticos marcó un punto de inflexión en la medicina moderna, pero también puso en marcha la evolución de las bacterias sobre las que actuaban. A medida que los antibióticos pasaron a formar parte del arsenal de defensas contra la infección, también las bacterias empezaron a desarrollar sus propias defensas, que en algunos casos las han hecho inmunes al tratamiento, lo que nos obliga a buscar otras formas de combatirlas. Así, las bacterias que por azar han adquirido algo de resistencia a cierto antibiótico son capaces de dejar más descendientes, con lo que el rasgo especial pasará a la siguiente generación. La selección darwiniana opera en este nivel con gran rapidez. Nuestra lucha contra estos patógenos, y nuestra capacidad para vencerlos depende en gran medida de lo difícil que nos lo ponga su potencial para evolucionar. En la partida que jugamos contra nuestros enemigos casi invisibles el resultado es a veces una gran victoria —como la erradicación de la viruela— y en otros algo así como tablas, como es el caso del virus del sida, cuando la solución consiste en mantener a raya al adversario, dado que no es posible erradicarlo.

Si nos detenemos a pensar sobre la actuación de la selección, veremos que se trata en realidad de un sistema de búsqueda de soluciones bajo la presión de ciertas demandas externas. El espacio de búsqueda (que poseerá un paisaje adaptativo) es en general muy vasto, y por lo tanto el proceso requiere una gran eficiencia para poder encontrar las soluciones deseadas. Supongamos, por ejemplo, que descendemos al nivel molecular y queremos encontrar la estructura de una proteína. Las proteínas son las moléculas que definen el *hardware* celular, y llevan a cabo todo tipo de tareas, desde la síntesis del ADN hasta la comunicación entre células y dentro de éstas. Cada proteína está formada por una cadena de aminoácidos (el alfabeto que define sus bloques básicos), pero la función que lleva a cabo no está determinada por esta secuencia, sino por la forma en la que la cadena se pliega sobre sí misma. Pero ¿qué ocurre si deseamos encontrar una variante de esta molécula, capaz de llevar a cabo cierta función especial? Un bioingeniero podría desear que fuera mucho más eficiente, permitiendo una mayor producción de, digamos, cierta vitamina. Un oncólogo podría desear bloquearla, haciendo así que ciertas células anómalas detuvieran su proliferación. En cualquier caso, necesitaremos modificar la secuencia inicial cambiando al menos un aminoácido. ¿Cuántas posibilidades existen?

El biólogo John Maynard Smith fue el primero en hacer notar las dimensiones hiperastronómicas del espacio de secuencias. Si imaginamos que nuestra proteína posee, digamos, 200 aminoácidos (un número pequeño en general) y tenemos en cuenta que hay unos 20 aminoácidos distintos que pueden combinarse formando distintas cadenas, existen 20^{200} posibles formas de combinarlas, lo que quiere decir unas 10^{260} secuencias. Este número es increíblemente mayor que el número de átomos del universo (unos 10^{80}). Si debemos encontrar una solución concreta en este espacio, ¿cómo podremos hacerlo si el tiempo que necesitaríamos para explorar incluso una pequeña parte es prohibitivo? La primera idea que surge frente a este problema es la de cómo elaborar algún procedimiento de búsqueda sistemática que pueda, tal vez, explorar parte del espacio posible (una *muy pequeña* parte) y hallar en esta parte las mejores soluciones. Pero si nos detenemos a reflexionar, vemos que resulta impracticable. Si desconocemos la forma en la que se distribuyen las buenas soluciones, no será posible asegurar que estemos explorando la región adecuada, pero sólo si exploramos el espacio podremos tener alguna idea de dónde están los óptimos.

La solución al problema que planteamos se basa en aplicar los conceptos de la evolución darwiniana al problema considerado y dejar que una población de posibles soluciones «busque» alguna que sea cercana a un óptimo. La primera dificultad es saber convertir el problema en cuestión en un genoma virtual. De alguna manera, este genoma, que será simplemente una cadena de ceros y unos, debe incluir en su interior cierta descripción de la función o estructura que deseamos optimizar. En el estudio de los sistemas complejos, esta relación entre el *genotipo* (la secuencia) y el *fenotipo* (la función o estructura) es uno de los problemas más difíciles de resolver, dado que en la mayoría de los casos ignoramos su relación exacta.

Para simplificar, imaginemos que nuestros objetos que hay que optimizar se representan por esferas de distintas propiedades (figura 3.6). El aspecto de cada esfera (el fenotipo) viene determinado en alguna forma por su secuencia asociada (el genotipo). Cada uno de los fenotipos a su vez determina la eficiencia de la función que debe ser llevada cabo. Si el fenotipo que representa una posible «solución» tiene que ver, por ejemplo, con el número de células receptoras de luz de un órgano de visión, cuantas más células o cuanto más eficientes sean, mayor será la eficiencia global de la solución en nuestro genoma virtual. Si el número de unos de la secuencia determina, por ejemplo, el tono de grises del organismo y éste debe pasar desapercibido a los depredadores en un entorno dado, la selección debería favorecer un incremento en el número de unos (y por tanto esferas más oscuras) a lo largo del tiempo. Puede ocurrir también que exista más de una propiedad afectada por el genoma virtual. Supongamos que, además de oscurecer el tono del organismo, un mayor número de unos hace que sea menos capaz de regular su temperatura. En este caso, tendríamos un conflicto entre dos características que optimizar: un número bajo de unos sería bueno para el metabolismo pero malo debido a que los depredadores detectarían con facilidad a los individuos con este genotipo. A su vez, un número alto de unos lo harían menos visible, pero su metabolismo inefi-

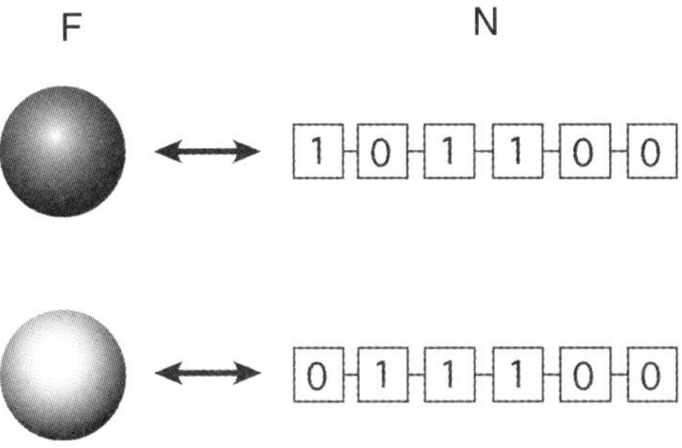

Figura 3.6. La evolución artificial orientada a buscar soluciones óptimas a problemas puede ser abordada considerando que las propiedades de un sistema pueden ser descritas mediante genomas artificiales. Por simplicidad, aquí empleamos esferas de distintos tonos de gris para indicar distintas propiedades, pero podría tratarse de cualquier otra característica, como tamaño, eficiencia metabólica, complejidad, etcétera. Cada esfera posee un genoma asociado que dibujamos en forma de una cadena de unos y ceros (derecha). (Dibujo de Ricard Solé.)

ciente podría ser letal. ¿Qué ocurre en este caso? El genotipo debe ser intermedio, permitiendo un compromiso entre las dos propiedades necesarias pero que se hallan en conflicto. Esta situación es la que encontramos más a menudo: no podemos optimizar a la vez varias propiedades sin que las influencias relativas entre éstas interfieran en el proceso.

Imaginemos que el problema que deseamos resolver posee un único óptimo. En este caso, como ya sabemos, el relieve adaptativo es sencillo y queda representado por una montaña con una cima bien definida. Supongamos que nuestra secuencia permite definir dos propiedades básicas que corresponden a los ejes de un plano, tal y como hemos visto anteriormente. Imaginemos que al principio la población de posibles soluciones está esparcida al azar, ya que, al desconocer por completo cuál es la solución, hemos obtenido los genomas lanzando monedas cada vez que queríamos generar un elemento de la secuencia. En la figura 3.7 vemos un resumen de la forma en que se aplican las reglas del algoritmo genético. Una vez que el problema en cuestión se «escribe» como una secuencia de ceros y unos, queda definido como cierto tipo de genoma que contiene la información acerca de posibles

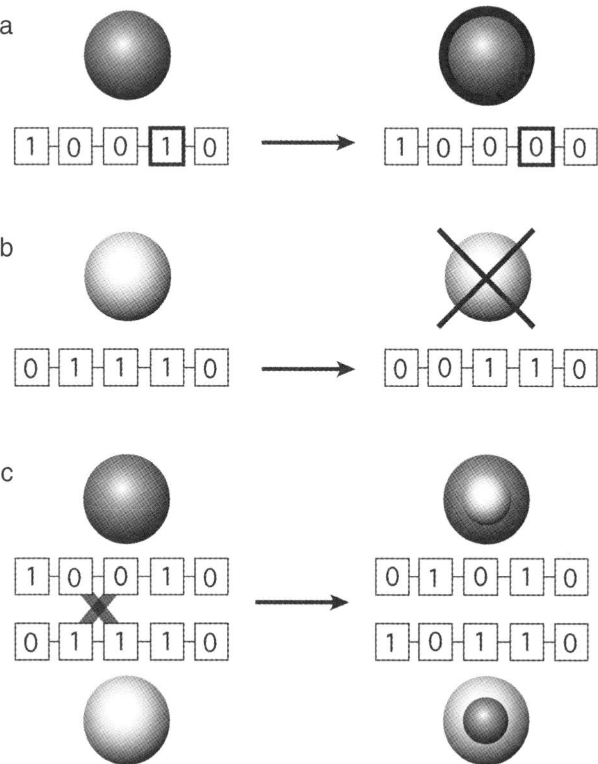

Figura 3.7. Las reglas básicas de cambio que afectan a las «soluciones» posibles que compiten entre sí en el algoritmo genético incluyen mutaciones que pueden dar lugar a cambios (a) o a la muerte de la cadena (b). Además, dos cadenas pueden intercambiar sus secuencias mediante recombinación (c). En cuanto se establece un punto de intercambio, la recombinación permite acelerar el proceso evolutivo más allá de los cambios lentos asociados a mutaciones puntuales. El resultado de la recombinación puede ser más complejo que una simple mezcla. Aquí indicamos los recombinantes mediante esferas encajadas. (Imágenes de Ricard Solé.)

soluciones. Distintos genomas representan por lo tanto distintas soluciones cuya eficiencia podemos determinar. La evolución de la población de cadenas debería ser capaz de detectar la presencia de soluciones que mejorasen esta eficiencia, que debe ser cuantificable.

Inicialmente, se parte de una población de cadenas generadas al azar. Lo esperable es que ninguna de ellas sea especialmente buena, así que ninguna de estas cadenas nos dará la solución óptima. Podemos imaginarlas esparcidas por nuestro relieve adaptativo (figura 3.8). Podemos medir la eficacia para cada una de ellas y saber cuáles son las mejores, que serán las que se encuentren en las proximidades del óptimo. Nos quedaremos con éstas y eliminaremos todas las demás. A continuación, emplearemos las cadenas que sobrevivieron para crear nuevas cadenas, que no serán copias exactas de sus progenitores (dado que entonces no habría cambios) sino copias modificadas de éstas. Para ello basta con que las nuevas cadenas contengan algún cambio en un elemento concreto (un cero convertido en uno o al revés). Estos cambios se corresponden con mutaciones específicas y permiten variaciones pequeñas. Además, podemos introducir recombinación: tomamos dos cadenas, las colocamos alineadas en paralelo y elegimos al azar un punto dado que nos sirva para decidir el intercambio entre fragmentos. De esta manera (que nos conecta con la reproducción sexual, en la que el intercambio de material genético es la regla) damos saltos más rápidos gracias a la mezcla de bloques enteros de ceros y unos. Al final del proceso, vemos que el sistema ya no mejora, dado que las soluciones generadas están, en su gran mayoría, en la cima.

La idea de algoritmo genético como sistema de búsqueda de soluciones en espacios de gran dimensión es elegante y poderosa. Representa además una prueba indirecta, desde el mundo sintético de los ordenadores, del poder de la selección natural como forma de explorar el universo de diseños que cualquier problema de optimización nos plantee. Ha sido empleada con éxito en contextos muy distintos, entre los que se encuentra el diseño de proteínas, el cálculo del camino más corto que une cierto número de localidades en un mapa, la predicción de fluctuaciones en los mercados, el control de procesos o la búsqueda de estrategias ganadoras en teoría de juegos. Aunque John Holland desarrolló sus ideas hacia 1970, su trabajo pasó inadvertido hasta finales de los ochenta, cuando se llevó a cabo la primera conferencia internacional sobre el

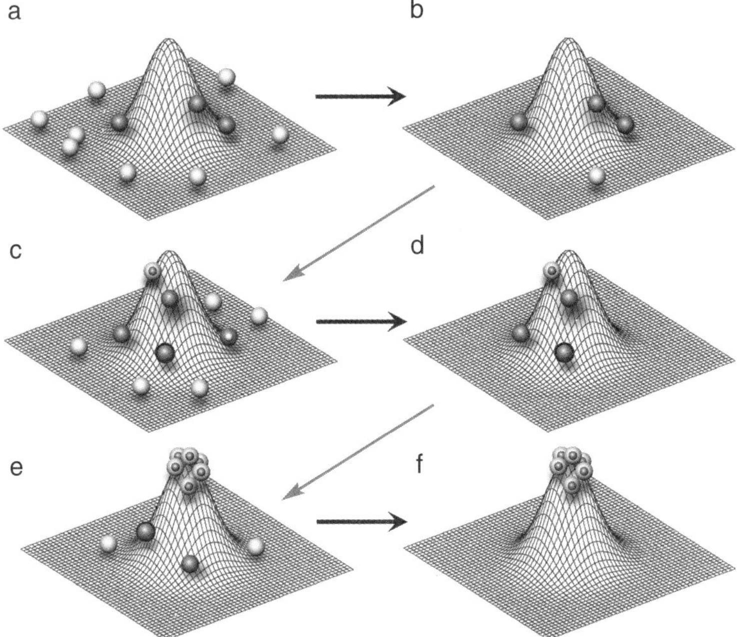

Figura 3.8. Un algoritmo genético evolucionando sobre un paisaje con un único pico. Empezando por una condición inicial (a) con cadenas aleatorias esparcidas al azar, se determina cuáles de ellas poseen mayor eficacia (medida por la altura en el paisaje) y se eliminan todas las demás (b). A continuación, se generan nuevas cadenas mediante las reglas apuntadas en la figura anterior. Tendremos una nueva población más cercana en promedio a nuestro objetivo (c) y repetimos el proceso de eliminación de los menos eficientes (d). Al cabo de unas generaciones (e-f) la gran mayoría de las cadenas habrán encontrado el óptimo. (Imágenes de Ricard Solé.)

tema. Desde entonces, el campo ha crecido y ha incorporado otras disciplinas como parte de los métodos de optimización. En la actualidad es una herramienta poderosa que se ha difundido a casi todos los dominios científicos y técnicos y que se emplea de forma generalizada. En ocasiones, los algoritmos genéticos no sólo nos sirven para obtener nuevas y mejoradas soluciones a problemas difíciles. A veces nos revelan los propios límites de nuestra imaginación.

La antena de Darwin

Uno de los campos de aplicación de los algoritmos genéticos ha sido el diseño evolutivo de circuitos electrónicos. Un circuito electrónico es un dispositivo en el que diversos elementos simples (diodos, transistores, resistencias, etcétera) son conectados de forma que nos permitan llevar a cabo cierta función. Ésta puede consistir en filtrar una señal (dejando pasar sólo ciertas propiedades o eliminando ruido indeseable) o amplificarla, llevar a cabo alguna operación matemática, hacer de sensor de algún tipo de información (por ejemplo, disparar una alarma) o determinar la distancia de un brazo robot a la pared. Si buscamos en cualquier libro de electrónica el esquema básico de diseño de uno de estos circuitos, descubriremos que suelen ser exactamente los mismos en todos los casos. Existen algunas reglas básicas de diseño que explican esta homogeneidad y no entraremos en los detalles. Basta decir que, dado un conjunto de componentes básicos y una función determinada que se desea poner en práctica, las reglas de construcción definen un único camino de diseño que conecta las distintas piezas tratando de minimizar la complejidad del dispositivo final.

¿Qué ocurre cuando generamos circuitos mediante evolución? Podríamos pensar que, dado que los textos de electrónica presentan lo que a todas luces es un diseño óptimo, tal vez único, el algoritmo de evolución encuentre la misma solución. Sin entrar en detalles, digamos que la respuesta es negativa: los circuitos darwinianos tienden a presentar propiedades muy peculiares y arquitecturas que claramente difieren de lo que el ingeniero habría diseñado. Algunos resultan notablemente superiores, hasta el punto de que han sido patentados con éxito. En general, una ojeada a su organización no indica nada especial. Pero lo cierto es que presentan dos rasgos notables. El primero es que la forma en la que llevan a cabo su función puede ser difícil de comprender, como si su lógica escapara a la nuestra. En cierto sentido, son circuitos de otro mundo. Por otra parte, se ha comprobado que presentan un rasgo distintivo de la biología que no es compartido por la tecnología: un considerable grado de resistencia a los fallos en los componentes. En un dispositivo electrónico, la extracción de una pieza o su simple decaimiento puede conducir (y suele hacerlo) a un fallo total. En cambio, los circuitos darwinianos poseen una resistencia interna que sugiere que, más allá de las diferencias, la evolución virtual implica algo esencial de la biología que no forma parte de la praxis ingenieril. El siguiente ejemplo ilustra con claridad esta diferencia.

Imaginemos que un ingeniero quiere diseñar una antena capaz de detectar ciertas señales complejas. Digamos que esta antena irá sobre un satélite que estudiará la llamada magnetosfera: el complejo campo magnético terrestre que es generado por el núcleo de nuestro planeta y que nos protege de la radiación procedente del Sol (entre otras cosas) a la vez que permite a los habitantes del hemisferio norte disfrutar de las auroras boreales. Este campo posee propiedades complicadas y es muy extenso, así que la antena deberá captar información de distintos orígenes y propiedades. El ejemplo no ha sido escogido al azar. Es un proyecto desarrollado por la NASA para la misión ST5 en el que se emplean tres satélites, cada uno dotado de dos antenas que le permiten comunicarse constantemente con las estaciones de seguimiento en la Tierra. Todos hemos visto antenas y la imagen mental es la de un plato o un tubo recto soportando cierto número de tubos perpendiculares. Hay antenas helicoidales, planas, en forma de trompeta, compuestas por una serie de antenas idénticas operando en paralelo o formando simplemente un círculo. La ingeniería de antenas es un campo de enorme tradición, que ha sido capaz de crear sistemas de una precisión extraordinaria. Y sin embargo el problema planteado por este proyecto resulta especialmente complicado, dada la naturaleza de los campos electromagnéticos implicados. La búsqueda de una solución óptima, o por lo menos lo bastante eficiente, resultaba especialmente difícil, de modo que los ingenieros de la NASA recurrieron a una aproximación distinta de la habitual, aunque ya iniciada en 1990 por diversos investigadores en el campo del diseño de antenas. En lugar de diseñar la antena partiendo de esquemas racionales establecidos, supongamos que dejamos la operación en manos de un sistema de evolución por selección natural.

Partamos de un conjunto de antenas inicial, muy simples y generadas al azar (figura 3.9). Estas antenas, generadas al azar con un diseño inicial simple, tendrán muy poca eficiencia. Las «antenas» funcionarán, con toda seguridad, muy mal. Sometemos a cada una a las condiciones que deberá experimentar y vemos qué tal resuelve el problema planteado. Este ensayo se lleva a cabo por simulación, que es perfectamente compatible con lo que ocurriría si estuvieran en el satélite, así que en el fondo lo que hacemos es acercarnos lo más posible a la realidad. Nuestras antenas darán puntuaciones terriblemente malas en el test, pero algunas serán menos malas que otras, de modo que eliminamos las peores y empleamos las supervivientes para repoblar las vacantes. Lo hacemos cometiendo pequeños errores: las copias no serán exactas y se torcerán con distintos ángulos o tendrán más bifurcaciones. Volvemos a probar su rendimiento y repetimos el proceso una y otra vez.

Al cabo de algunas generaciones, tendremos antenas que funcionarán a la perfección. ¿Cuál es su aspecto? La respuesta a esta pregunta la encontramos en la imagen en la que mostramos al triunfador en esta competición por el mejor diseño (figura 3.10). La frase «una imagen vale más que mil palabras» es aquí más que apropiada. En contra de cualquiera de nuestras intuiciones, la antena que mejor funcionará en el espacio es un objeto que escapa por completo a nuestra forma de diseñar. Imagino que un estudiante que presentara algo así como proyecto en su universidad sería objeto de burla, aunque en realidad ningún ser humano sería capaz de hallar esta solución. Al contemplar su diseño experimentamos la sensación de extrañeza que nos produce el contemplar algo definitivamente ajeno a la simetría y simplicidad a la que estamos acostumbrados, aun-

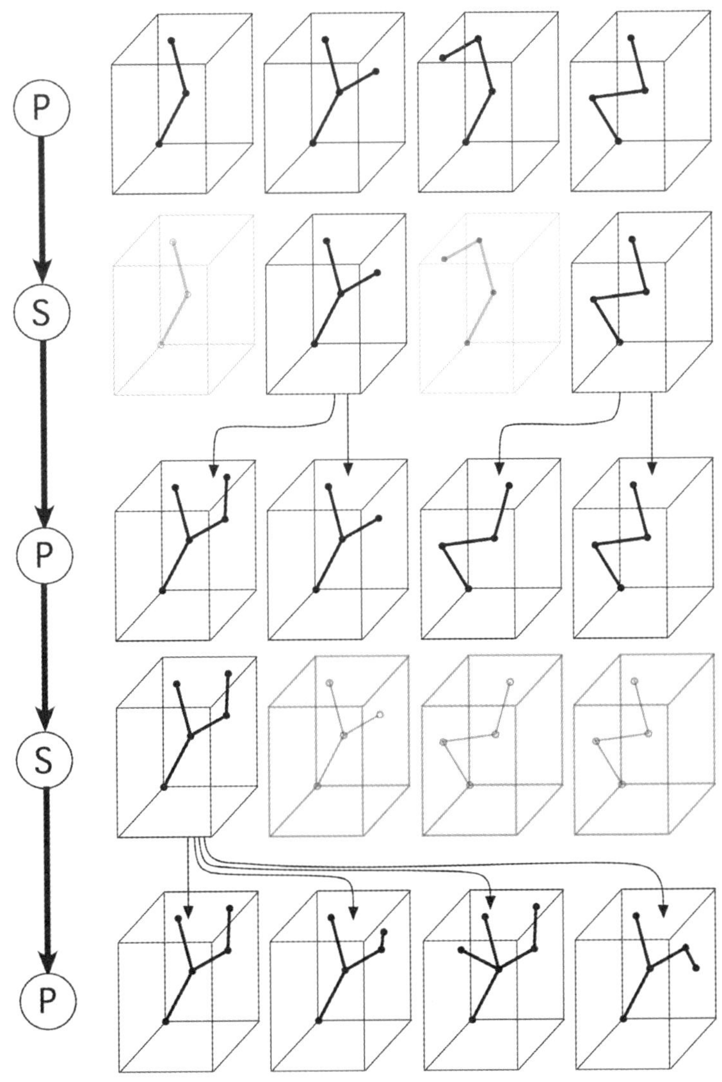

Figura 3.9. Diseño evolutivo de una antena destinada a explorar los complejos campos magnéticos de la Tierra. Partiendo de una población inicial (P, arriba) en la que tenemos varias antenas iniciales generadas al azar, sometemos a cada una a una simulación de las condiciones que se encontrarían en el espacio y medimos su eficiencia. Una vez completado el test para cada antena, las que peor puntúan son eliminadas (S, selección). Una vez hemos eliminado a los perdedores, se rellenan las vacantes con pequeñas variantes de los supervivientes, y tenemos una nueva población sobre la que repetimos el proceso. (Dibujo de Jason Lohn, NASA Ames Research Center.)

124

Figura 3.10. Antena evolucionada siguiendo el algoritmo genético explicado en el texto. El diseño final se aleja enormemente de lo que ningún ingeniero habría diseñado. Una de estas antenas se encuentra en la actualidad en un satélite de la NASA, con lo que se ha convertido en el primer ejemplo de tecnología resultante de la evolución virtual que viaja al espacio. (Imagen de NASA/ST5 mission.)

que a la vez resulta extrañamente elegante. ¿Sería ésta la antena que inventaría un extraterrestre? Tal vez ni tan sólo una inteligencia distinta a la nuestra y más avanzada pueda imaginar esta extraña solución. Y éste no es el único ejemplo de tecnologías creadas a través de la evolución simulada o, como se conoce también, la programación genética. Numerosos dispositivos electrónicos han sido patentados, demostrando su eficiencia por encima de los diseños «clásicos». Los experimentos de simulación, como ocurre con la antena evolucionada, dan lugar muy a menudo a circuitos difíciles de comprender desde nuestra visión racional y nuestra intuición.

Las lecciones de este experimento de evolución que nos ayuda a encontrar una solución que —como humanos— seríamos incapaces de imaginar son muy profundas. La historia de nuestra capacidad para controlar la naturaleza está marcada por múltiples avances acumulados a medida que la ciencia y la técnica han conquistado terreno. Mientras la naturaleza ha requerido de cientos de millones de años para inventar y perfeccionar sus propias criaturas, los seres humanos hemos alcanzado un control de nuestro destino y del medio que nos rodea en tan sólo unos miles de años. La rapidez con la que nuestra capacidad de comprender la naturaleza ha avanzado aumenta de forma acelerada, favorecida por el desarrollo de herramientas que nos permiten acceder a dominios del mundo (desde la nanoescala hasta el universo al completo) que ningún otro ser posee. Podemos literalmente «ver» aquello que hace apenas un siglo ni tan siquiera imaginábamos que pudiera existir. Y aun así, el potencial para el diseño que nos ofrece la evolución y sus reglas escapa por completo a nuestra imaginación.

El diseño darwiniano ocupa una zona muy extensa y básicamente desconocida de lo que es posible construir. Un espacio en blanco en el mapa de los inventos. Como un viajero que puede descubrir lugares únicos sin saber cómo los ha alcanzado, la evolución simulada en el ordenador nos da la oportunidad de llegar allí donde sólo la simulación puede llegar. Por mucho que lo deseemos, lo único que se nos permite en esta travesía a lo desconocido es subirnos a bordo y esperar a que su capitán invisible pero decidido nos lleve a buen puerto.

El sexto reino

Pocas imágenes del proceso de creación tecnológica son tan sugestivas como las que nos ha dejado Leonardo da Vinci en sus famosos cuadernos de notas. Muchos de sus diseños constituyen verdaderos iconos del inventor. Leonardo es sin lugar a dudas el referente más popular del sabio renacentista, creador de máquinas cuyo destino no es sólo resolver problemas cotidianos (aunque fundamentales) como extraer agua o volar. Leonardo soñó con máquinas que nos llevarían muy lejos (más de lo que mi avión fallido lo hizo conmigo y mis pobres amigos) y en autómatas mecánicos. Sus autómatas son bien conocidos, en particular gracias a los cientos de dibujos que Leonardo plasmó en sus cuadernos. Éstos han sido analizados en detalle por los estudiosos del genio italiano, aunque muchos de los mecanismos indicados resultaban un tanto crípticos y otros no vieron la luz hasta bien entrado el siglo XX. Leonardo dejó para la posteridad docenas de páginas en las que aparecen multitud de engranajes conectados por cuerdas o cables, en configuraciones tan variadas como complejas. Aunque podría parecer que estos dibujos eran simples pruebas de ideas embrionarias, los estudiosos han demostrado que en realidad eran las piezas de uno de los puzles más complejos que jamás haya resuelto un historiador.

Un trabajo arduo ha permitido descubrir que Leonardo tenía en mente algo más que máquinas que pudieran moverse siguiendo una secuencia rígida. La última contribución a la merecida leyenda del florentino está a la altura de su talento: en el camino hacia el diseño de sus autómatas, Leonardo no sólo inventó máquinas capaces de moverse de forma elegante e incluso de desplazarse de forma mecánica llevando a un conductor. Sus máquinas eran en realidad robots, y los diagramas de Leonardo han demostrado que éste los ideó con la posibilidad de que pudieran ser programados. Con ello, Da Vinci inventó los rudimentos de lo que hoy llamamos *«software»:* lejos de tratarse de ingenios mecánicos capaces de llevar a cabo una tarea repetitiva, su soldado o el león que le encargó el rey de Francia podían, mediante cambios en la disposición de cuerdas que conectaban distintas partes, hacer distintos tipos de movimientos. Con el mismo mecanismo (el *hardware)* pero variando la forma en que las cuerdas se enrollarían alrededor de distintos engranajes, el león podía caminar a través de las habitaciones del palacio en modos variables, y el soldado mecánico movería sus brazos, piernas o cabeza siguiendo pautas diferentes. Estos autómatas programables, sin embargo, estaban demasiado adelantados a su tiempo. Lo mismo ocurrió mucho después, cuando Ada Lovelace, inspirándose en la máquina de Charles Babbage de la que hablamos en la introducción, describió el primer lenguaje de programación. La ausencia de máquinas calculadoras lo bastante eficientes impidió que la programación pudiera desarrollarse y el concepto mismo de programa no sería recuperado en toda su amplitud hasta mediados del siglo pasado. Hoy nuestra sociedad no podría sostenerse sin la infinidad de programas que controlan todo tipo de sistemas de forma automática, nos permiten acceder a todo tipo de información e incluso... ¡simular nuestra sociedad!

Con el paso del tiempo, inventar ha seguido siendo una de las actividades más fundamentales para hacer avanzar nuestra civilización. Sin invenciones no podríamos progresar, no seríamos capaces de afrontar las enfermedades, el acceso a la energía y la información o el desarrollo de alimentos suficientes para abastecer a un mundo hambriento. La tecnología derivada de la creatividad de siglos ha adquirido dimensiones extraordinarias, y las máquinas de la época de Leonardo, inspiradas en la mecánica y orientadas a desplazar objetos, individuos o líquidos, fueron dando paso a formas insospechadas a medida que nuevas fuentes de energía permitieron cambios en la forma de generar movimiento o procesar materiales, haciendo caer su coste a la vez que la mano de obra requeridas. La aparición de formas de procesar y propagar información aceleró aún más el proceso, y la emergencia de los ordenadores y su uso generalizado marcan la explosión creativa del siglo XX. Con el desarrollo de la tecnología, surgió la cuestión de su propia naturaleza: ¿cómo evoluciona la tecnología? Para responder a esta cuestión es preciso profundizar en la naturaleza misma del proceso de invención. Lo que descubriremos es que, aunque guiada por la inteligencia y la intención, la tecnología parece comportarse como una entidad propia más parecida a la biología de lo que esperaríamos.

Ya en el siglo XIX se apuntó la posibilidad de que las máquinas evolucionaban de forma no muy distinta a lo que ocurre en la naturaleza. En general, los inventos se podrían entender como «especies» de un ecosistema tecnológico que emergen, compiten entre sí e incluso se extinguen. Durante el proceso de creación de nuevas ideas o artefactos, la selección de los mejores quedaría determinada por su eficiencia: sólo aquellos inventos que dieran una solución eficaz y simple al problema planteado lograrían «sobrevivir». Los inventos que logran abrirse camino, sobre todo los que inician un nuevo campo, suelen dar lugar a toda una serie de descendientes, que consisten en mejoras del diseño original o su adaptación a distintas tareas. En este sentido, tal y como señala el paleobiólogo Niles Eldredge, podemos equiparar especies e invenciones si tenemos en cuenta que ambas incluyen en su descripción interna cierto tipo de información capaz de propagarse. La tecnología muestra periodos de cambio lento y rápido, está salpicada de eventos clave que señalaron cambios fundamentales y presenta claros ejemplos de convergencia evolutiva.

Sobre el último punto, es casi una norma el que distintos inventores encuentren de forma casi simultánea la solución a cierto problema, y que ésta sea —con pequeñas variaciones— esencialmente la misma. Se cita por ejemplo a Edison como el inventor de la bombilla incandescente. Sin embargo, el diseño original básico —la lógica del invento— ya estaba en el aire desde hacía mucho tiempo y llegaron a patentarse más de veinte bombillas incandescentes de aspecto similar, si bien con distintas propiedades en cuanto a los materiales, dimensiones, duración y coste. Edison tuvo éxito en alcanzar (tras una infinidad de pruebas con distintas combinaciones) el resultado deseado, demostrando que era posible mantener la luz brillando sin parar durante cuarenta y ocho horas, que terminaron convirtiéndose en días, meses y años.

Resultaría difícil, por no decir imposible, estudiar la historia de las invenciones a no ser por la existencia de un registro escrito y minucioso de su creación y contenidos. Estos documentos, las llamadas patentes, proporcionan un registro cuidadoso de la invención que se desea proteger, con el doble objetivo de poder explotar de forma preferente los posibles beneficios derivados de ésta y evitar así una copia o explotación por parte de otros. Es por lo tanto un documento en el que se describe el invento (con todo lujo de detalles), posibles aplicaciones y derivaciones de la invención y, muy importante para nosotros, con qué otras patentes están relacionadas. Este último punto no parece especialmente clave, pero resulta ser la forma natural de poner en conexión distintas invenciones y trazar así un mapa que permita ver de qué manera contribuyen las patentes previas a las futuras.

El rasgo más evidente que observamos al analizar el crecimiento en el número de patentes a lo largo del tiempo es el dominio de la combinación por encima de cualquier otro mecanismo. La gran mayoría de las innovaciones tienen que ver con tomar de aquí y de allá avances tecnológicos ya presentes y emplearlos para crear algo nuevo. La historia de la tecnología —y en particular la del registro fósil de ésta—, tal y como nos la muestran las patentes, apoya esta hipótesis. Dado que cada patente es, en esencia, un invento, el registro de patentes nos permite dibujar, por ejemplo, cómo crecen en número a lo largo del tiempo. Aunque las patentes en su concepción moderna surgen en Venecia hacia 1474, hasta el siglo XIX no se establecen de forma rigurosa y generalizada. Los datos disponibles del registro de patentes de Estados Unidos (figura 3.11) nos dan una idea de la rapidez con la que el número de invenciones ha crecido a lo largo del tiempo. Esta curva resulta curiosamente similar a la que puede observarse en la evolución a gran escala de la vida en nuestro planeta: también aquí la diversidad ha crecido de forma acelerada durante los últimos 500 millones de años. Incluso apreciamos algunos rasgos interesantes, como caídas en la producción de patentes durante la segunda guerra mundial, que se corresponderían con eventos catastróficos que marcan también el registro de la vida. Por otra parte, si ampliamos la curva y observamos su crecimiento durante la revolución industrial, nos encontramos con una aceleración muy similar. A esta representación general se

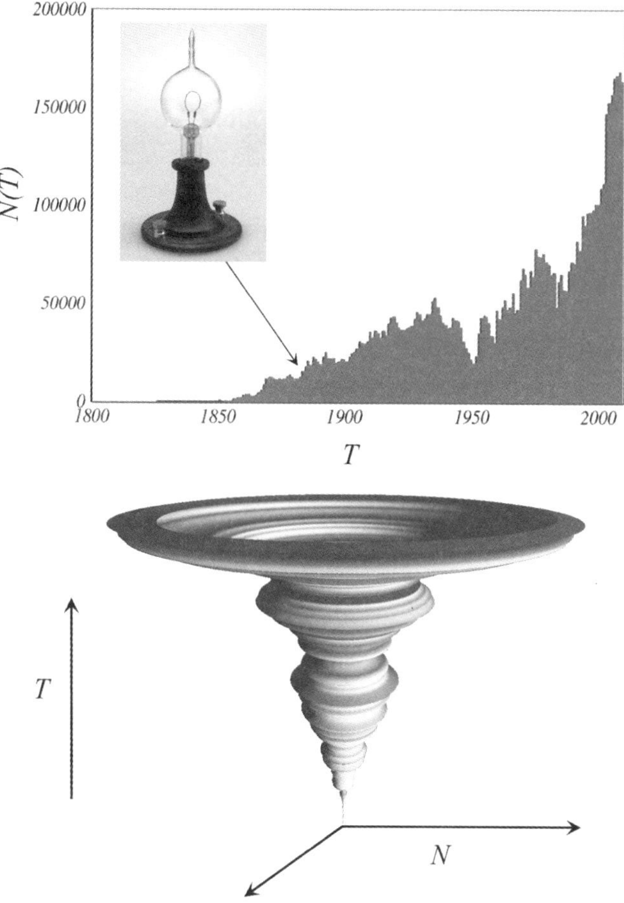

Figura 3.11. El número de patentes registradas en Estados Unidos desde 1800 hasta la actualidad define una curva de crecimiento acelerado en la que indicamos 1880, el punto en el que Edison patentó su diseño de la bombilla incandescente. La figura inferior es una representación alternativa, en la que el eje vertical es el tiempo y el horizontal el número de patentes. El radio de los círculos horizontales es proporcional al número de patentes generadas aquel año. (Imagen cortesía de Sergi Valverde.)

añaden numerosos aspectos cualitativos cuya similitud con los sistemas vivos es notable. Ha experimentado grandes transiciones, muchas de las cuales han tenido que ver con nuevas formas de procesar energía o información. Cada innovación crea nuevos nichos para el desarrollo de otras tecnologías. La gasolina, por ejemplo, fue un medicamento de uso tópico antes de convertirse en el combustible que revolucionó el transporte. Con los vehículos de motor de gasolina se desarrollaron carreteras y autopistas, y con éstas moteles y parques temáticos en lugares a los que el turismo nunca hubiera llegado de forma generalizada. La lista sigue, y estas similitudes han llevado a algunos autores a considerar que la tecnología es algo más que una colección de artefactos artificiales.

En su libro *What Technology Wants,* el escritor y divulgador Kevin Kelly equipara la tecnología con los cinco reinos de la vida y sugiere que aquélla constituye un sexto reino, que ha denominado *Technium*. Kelly apunta que la tecnología, tal vez de forma similar al lenguaje, posee cierta entidad propia y no es tan sólo una extensión de nuestro cuerpo, sino un sistema que cambia con vida propia, algo así como una extensión del mundo de las ideas. Este reino toma partido de las posibilidades de la combinación, expandiendo sus límites sin cesar gracias al potencial para combinar y nuestra capacidad para hacerlo más allá de lo que la evolución ha llevado a cabo. Su rapidez nos da vértigo, y el proceso parece obedecer a una ley inexorable. Tanto, que permite hacer predicciones interesantes: a la velocidad a la que crece la potencia de los ordenadores más avanzados, éstos alcanzarán el potencial de computación de un cerebro humano hacia el año 2020. Aunque este evento no implica en absoluto que podamos disponer de un cerebro sintético comparable al humano, su inevitabilidad refuerza la imagen de la tecnología como un sistema vivo, que continúa su avance inexorable, sostenido por una sociedad con un apetito insaciable por la novedad, propulsada por invenciones cada vez más frecuentes y con mayor impacto.

Una de las implicaciones que sugiere la curva de aceleración es la presencia de una *singularidad:* matemáticamente, si el proceso se mantuviera al ritmo actual, el número de invenciones se haría infinito en cierto punto del futuro. Este punto se situaría alrededor del cambio de siglo, donde algunos visio-

132

narios emplazan un futuro en el que las máquinas serán inteligentes y podremos ser inmortales. Personalmente creo que esta predicción es exagerada, pero no cabe duda de que *Technium* está cambiando con rapidez, y que el siglo XXI será testigo de grandes transformaciones no sólo en la tecnología, sino en nuestra propia relación con ésta. Quizá las próximas décadas no vean el nacimiento de una máquina consciente, pero no hay duda de que, como viajeros en este tren hacia el futuro en el que estamos subidos, habrá que ver qué nos aguarda en la estación 2050.

4
Los sueños de una red neural

> Algunos han nacido para el deleite constante.
> Otros, para una noche interminable.
>
> William Blake, «Augurios de inocencia»

> Terminator: ¿Por qué lloráis?
> John Connor: ¿Te refieres a los humanos?
> Terminator: Sí.
> John Connor: No lo sé. Lloramos. Ya sabes, cuando duele.
> Terminator: ¿Es a causa del dolor?
> John Connor: No, es cuando nada está mal, pero lloras igualmente. ¿Lo entiendes?
> Terminator: No.
>
> *Terminator*

El lado oscuro

En un episodio de la serie *Doctor Who,* sus protagonistas (entre ellos, el doctor) llegan a un planeta que parece estar deshabitado. El planeta silencioso es una biblioteca. Una biblioteca enorme, con millones y millones de libros ocupando interminables estanterías. La idea de una biblioteca de semejantes dimensiones nos produce vértigo. Podríamos pasar nuestra vida entera recorriendo una pequeña parte de sus pasillos, tan sólo mirando de reojo los lomos de los libros sin detenernos para leerlos. La biblioteca, cualquier biblioteca de hecho, es en sí misma un pequeño universo de posibilidades. Ya sea la legendaria biblioteca de Alejandría o la biblioteca de los libros perdidos de *La sombra del viento,* lo que se nos ofrece es una multitud inmensa de posibilidades, de senderos por los que transitar. Sólo algunos de estos caminos posibles formarán parte de nuestra experiencia vital de lectores. La mayoría no serán visitados por nuestra mente, que es al fin y al cabo el vehículo que nos permite viajar por las historias que otros crearon. Como en una de estas bibliotecas, nuestro cerebro, una masa de tejido compacto de algo más de un kilo de peso, almacena infinidad de recuerdos, rostros, músicas o sensaciones. Para cada ser humano, este repertorio es distinto. Nuestra experiencia vital define un escenario único donde se representan nuestras experiencias. Esa misma experiencia personal hace que relacionemos nuestra biblioteca mental de forma también única. En muchos sentidos, el cerebro humano es inalcanzable incluso para nuestra propia imaginación. Una curiosa paradoja, dado que nuestra imaginación es generada por la mente, a su vez resultante de la actividad incesante de la materia gris. Y sin embargo, ahí está, tan lejos y tan cerca a la vez: apenas a un centímetro de distancia de las yemas de nuestros dedos si tocamos nuestra cabeza, pero infinitamente lejos en sus posibilidades.

Lo que puede pensar, imaginar o soñar un ser humano no cabe en ningún ordenador, por complejo que éste sea. Podríamos almacenar todos los libros escritos y aun así sólo contendrían una mínima fracción de todas las historias de amor o terror, de los infinitos cuentos que jamás leeremos y que nos harían reír o llorar (o ambas cosas). Lo que puede imaginarse ocuparía miles de planetas-biblioteca. Joseph Conrad escribió que la mente de un hombre «es capaz de todo, porque todo está en ella, el pasado y el futuro», y la poetisa americana Emily Dickinson, que escribió acerca del alma del mundo desde su retiro permanente en su casa de Amherst, proclamó que la mente era «más grande que el cielo». Así es. Y por ello resulta tan difícil de comprender. Para el científico que intenta penetrar en sus secretos, la mente es una gran biblioteca cuyas puertas apenas estamos empezando a entreabrir. Y para ello empleamos todo tipo de aproximaciones. El estudio anatómico del cerebro reveló muy pronto que se trata de una organización altamente interconectada (figura 4.1) de la que poco a poco se pudo extraer información sobre la importancia relativa de distintas zonas. Tradicionalmente, muchas de las cosas que pudieron aprenderse procedían de la observación de las consecuencias —en ocasiones extraordinarias— de daños producidos en distintas áreas del cerebro. Estas lesiones, ya fueran externas (debidas a accidentes o heridas de guerra) o internas (derrames o tumores), pueden provocar deficiencias en el habla, el movimiento o la visión, pero pueden inducir también pérdidas de memoria, ocasionalmente muy selectivas pero a menudo difusas. Otras lesiones deterioran la capacidad de elaborar pensamientos complejos, nos impiden reconocer una cara aunque podamos identificar partes de ésta o nos hacen sentir en un constante estado de conexión con Dios. En muchos otros casos, el deterioro invisible pero inexorable de las neuronas, su destrucción y la pérdida de conexiones valiosas que sostienen el orden cerebral hacen que la mente se venga abajo. La demencia, el olvido y la confusión reemplazan a la experiencia única y gratificante del pensamiento complejo.

En algunas situaciones límite, como la privación de oxígeno, el agotamiento extremo o un paro cardiaco, nuestros sentidos pueden experimentar las más extrañas alucinaciones. Es posible sentir la presencia de otras personas (o «entidades») o algo tan extraño como la denominada experiencia extracorpórea: la clara sensación de experimentar el cuerpo de uno mismo desde otro lugar. Todo un repertorio de situaciones que emergen de una caja negra de la que sabemos aún bien poco. Situaciones que han llevado a personas inocentes (probablemente a muchos enfermos mentales) a ser quemadas en la hoguera por pertenecer supuestamente a ese cajón de sastre llamado «brujería» y que han servido para apoyar algunas ideas religiosas poco compasivas, a los ideólogos de la Alemania nazi y todo tipo de insoportables programas de televisión dedicados a los fenómenos paranormales. Pero sobre

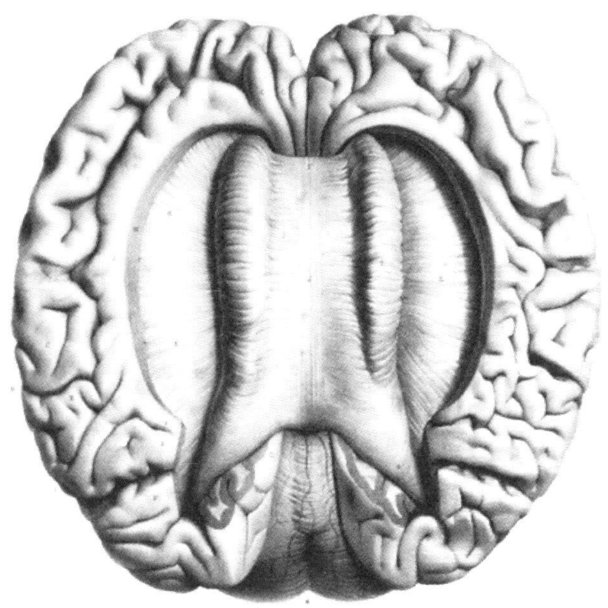

Figura 4.1. El cerebro es el sistema más complejo que conocemos, dominado por grupos de conexiones enormemente densas entre distintas partes. Entre ambos hemisferios, que en cierto modo definen dos cerebros, encontramos el cuerpo calloso, un haz de fibras nerviosas que hace las veces de cableado de conexión entre ambos lados del cerebro. En este grabado los hemisferios se han separado a ambos lados dejando bien visible este haz de materia blanca atravesado por 250 millones de conexiones neuronales. (Grabado de Achille Foville, 1844.)

todo nos han obligado a reflexionar, una y otra vez, sobre la naturaleza misma de la realidad. Es fácil descartar estas experiencias como desviaciones de la normalidad, anomalías irrelevantes o simples fraudes. Pero lo cierto es que esas experiencias están ahí, las han narrado a lo largo de la historia tanto creyentes como ateos, y debido a su extraordinaria singularidad no podemos pasarlas sin más por alto. Su misma existencia nos pone en contacto con los límites de la realidad y su percepción, aunque tal vez sería más apropiado referirnos a los límites de lo real que nuestra mente puede crear.

En el caso de las enfermedades neurodegenerativas, como es el mal de Alzheimer, la destrucción de distintas zonas del cerebro conlleva una lenta pero inexorable trayectoria hacia la disolución del yo. La base biológica descansa en la acumulación de cierto tipo de proteína que se comporta de forma anómala, crea placas que dañan las neuronas y rompen las conexiones entre distintas áreas. El resultado es una larga cadena de cambios en los que la memoria es el elemento preponderante: se olvida un nombre, una cara, una calle, y al final uno se olvida de la propia identidad y de la de los que una vez fueron los seres queridos. En el símil de nuestra biblioteca personal, es como si se hubieran perdido algunos volúmenes, luego estantes enteros y, finalmente, el bibliotecario que nos ayudaba a encontrar los libros extraviados hubiera abandonado su puesto. El vínculo con aquello que nos hace humanos no deja de romperse, hasta que desaparece y nosotros vagamos por la biblioteca en ruinas sin saber siquiera dónde estamos.

El curso e impacto de la enfermedad se pone dramáticamente de manifiesto en la obra del artista William Utermohlen, quien empezó a experimentar los síntomas de la enfermedad a los sesenta años. A lo largo del tiempo, las obras de Utermohlen reflejan sus dificultades de percepción y cierta disociación con la realidad. En su fase final, ya no podemos siquiera reconocer el rostro del artista (figura 4.2).

En la medida en que el cerebro es la sede de nuestra mente, muy poco separa a los enfermos que han alcanzado este estadio final de lo que llamaríamos muerte. Y la lista de enfermedades sigue y es en algunos casos aún más intrigante. En algunas de las enfermedades más comunes, como la esquizofrenia o ciertos tipos de demencia, los síntomas definen un repertorio amplio y difuso, sin una señal obvia y medible de la presencia de fallos estructurales, aunque la evidencia de un componente genético parece más que probada. El cerebro que experimenta una de estas patologías es a menudo indistinguible de un cerebro sano, salvo por ocasionales pérdidas de algunos equilibrios bioquímicos. Sin embargo, las alteraciones de comportamiento o la percepción y la distorsión de la realidad pueden ser enormes. No hay que olvidar en este

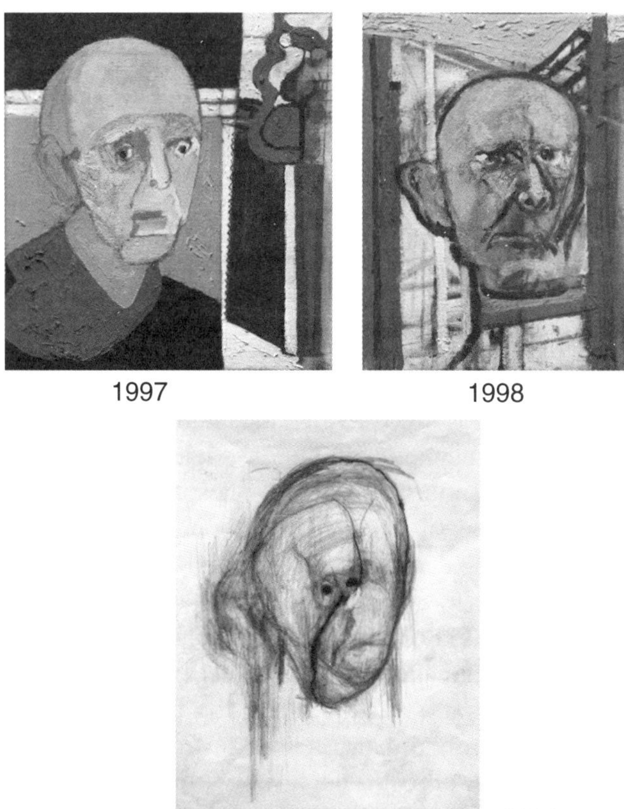

Figura 4.2. Las obras del pintor William Utermohlen dejaron constancia de la devastación de la enfermedad de Alzheimer en sus últimos autorretratos, en los que se aprecian numerosas distorsiones y en último término la pérdida total de las relaciones espaciales. Después del último retrato, el artista dejó de trabajar. (Imágenes cedidas por la galería Beckel Odille Boïcos.)

sentido que la esquizofrenia termina en muchos casos con el suicidio de quienes la padecen. Su desconexión con la realidad y aislamiento, unido a la alta probabilidad de que se hagan daño a sí mismos convierte su vida y la de sus familias en una verdadera pesadilla. ¿Cómo llegar a comprender los entresijos del pensamiento, la naturaleza de la memoria, nuestra psicología? Si nuestra mente es el resultado de la actividad cerebral, si

140

nuestros pensamientos emergen de la complejidad de un cerebro al que es muy difícil acceder, ¿hasta dónde podemos llegar a comprender? La situación ideal sería poder emular el pensamiento, los sueños, la mente en definitiva, en robots complejos u otros simulacros del cerebro a cuyos entresijos pudiéramos llegar con todo lujo de detalles: sistemas que nos permitieran abrir la caja negra de par en par. El camino hasta este objetivo es muy largo, y probablemente se transitará a lo largo del siglo XXI. Detengámonos aquí para apreciar algunos de los pasos dados y las nuevas preguntas que surgen de simulaciones y experimentos en los que intentamos llegar a los entresijos de la red que llevamos dentro.

Ruido mental

Antes de que su vida llegara al cine de la mano de Russell Crowe en *Una mente maravillosa,* John Nash fue un joven matemático cuya mente brillaba con luz propia. En las fotografías de aquella época vemos a un joven apuesto, con una mirada algo arrogante, que llegó a relacionarse, durante su estancia en Princeton, con Einstein y Von Neumann y que en 1950, a los veintiún años de edad, escribió un ensayo de tesis sobre teoría de juegos que tuvo un enorme impacto y del que surgió la expresión de «equilibrios de Nash». En la que seguramente constituye la carta de recomendación más corta de la historia, uno de sus mentores escribió simplemente: «Este hombre es un genio». Aquel trabajo seminal le valió el Premio Nobel de Economía cuarenta y cuatro años después. Pero su talento matemático se puso de manifiesto en otros campos, en particular en la geometría diferencial, por cuyas contribuciones fue nominado a (y casi la consiguió) la prestigiosa Medalla Fields, considerada el Nobel de las matemáticas. Pocos años después de completar el doctorado, el joven Nash se incorporó con pleno derecho al selecto grupo de investigadores de la legendaria RAND Corporation, en la que dedicaría buena parte de su talento a abordar problemas relacionados con la seguridad nacional. Más tarde se unió al Instituto Tecnológico de Massachussets como profesor. En 1957 se casó con Alicia Lardé, una brillante estudiante de física cuya apariencia recuerda a la de la joven Elizabeth Taylor. Todo parecía ir viento en popa, pero Nash empezó a comportarse de forma extraña. La historia del declive de Nash ha sido magníficamente tratada en el libro de Sylvia Nasar. Dado que siempre había mostrado una personalidad peculiar, algo extravagante y antisocial, la mayoría de sus compañeros académicos aceptaron sus rarezas y algún que otro disparate como consecuencia normal de su genio. Sólo su mujer, que empezó a sufrir amenazas y veía de cerca su progresiva obsesión y paranoias, comprendió que algo malo estaba ocurriendo en la mente del matemático.

Nash comenzó a mostrarse cada vez menos interesado por su trabajo y más convencido de que existían conspiraciones internacionales de las que él formaba parte como figura amenazada y casi redentora. En cierto momento decidió abandonar su ciudadanía estadounidense y hacerse «ciudadano del mundo», para lo que viajó a Europa y anduvo merodeando repetidamente por las embajadas de varios países intentando lograr su objetivo. A las buenas palabras le siguieron las amenazas de deportación, y finalmente desistió de su propósito, si bien las paranoias no hacían más que aumentar. El regreso a Estados Unidos supuso un empeoramiento, y Alicia decidió pedir ayuda médica para internar a Nash en un hospital psiquiátrico en el que fuera evaluado su estado mental. Al final, Nash fue tratado con una terapia basada en la inducción del coma mediante inyecciones de insulina, un tratamiento doloroso que se repetía varias veces por semana. Estos tratamientos, al igual que la terapia electroconvulsiva, son una de las últimas cartas que se emplean para mejorar el estado de algunos de estos pacientes, que en la actualidad suelen ser tratados mediante medicamentos antipsicóticos. Nash pasó por aquello con más pena que gloria, y allí empezó su larga travesía del desierto. Su comportamiento errático se hizo famoso en Princeton por vagar de un lado a otro con barba y aspecto descuidado, hablando solo o con las ardillas y escribiendo cartas atropelladas y carentes de sentido a sus colegas de profesión y a cualquier político que le resultara relevante para sus delirios conspirativos.

El Nash que salió del hospital y que se tenía que medicar experimentó lo que él mismo consideraba una pérdida: la vuelta a la racionalidad representaba el adiós a un estado de constante claridad y revelación. Su mente era a veces clara y a veces confusa. Logró completar trabajos matemáticos de alta calidad e incluso presentarlos en congresos, lo que provocó la sorpresa de algunos de sus colegas: «Era como si hubiera salido de la tumba», dijo uno de ellos. Sin embargo, nuestro protagonista recayó y volvió a entrar y salir de hospital en hospital, durante lo que Sylvia Nasar denomina acertadamente «los años perdidos». Al cumplir los cuarenta, su aspecto físico estaba muy deteriorado y estaba solo, tras un doloroso divorcio. Cuando ya todo parecía perdido, en algún momento anterior a 1990, apoyado por su ex mujer y sus amigos, Nash empezó a salir del pozo negro en el que había pasado décadas. La enfermedad empezó a remitir y el genio matemático volvió a resurgir de las cenizas. El propio Nash ha podido dar su versión del cambio, según la cual logró volver a una vida casi normal gracias a un rechazo consciente de los delirios y sus alucinaciones. Gracias a su voluntad para ignorar las ideas absurdas que seguían asaltando su mente, fue capaz de mantenerlas a raya o, como él mismo dice, seguir algo así como «una dieta» en la que conscientemente se renuncia a ciertas cosas. Pocos años después, en 1994, Nash compartió el Premio Nobel de Economía por sus contribuciones a la teoría de juegos.

La historia de John Nash parecerá demasiado singular para extraer de ella lecciones generales, pero nos dice algo importante: la enfermedad mental puede ser derrotada, aunque su superación completa requiera algo más que buenos fármacos. En el caso de nuestro matemático genial, su control a voluntad del estado mental resulta sorprendente, pero tal vez nos sugiera que la visión que poseemos de algunas enfermedades de la mente necesite algo más que bioquímica y farmacología. Y aquí es donde se debe intentar comprender el posible origen de estos trastornos y su significado. Para lograrlo, por lo menos en una primera aproximación, recurriremos de nuevo a un modelo sintético del cerebro, en el que intentaremos localizar los síntomas que hemos mencionado y cómo aparecen. Empecemos por el principio. La esquizofrenia es una enfermedad mental que puede describirse como un conjunto de síntomas de dos tipos, llamados de forma genérica «positivos» y «negativos». Los primeros están asociados con alucinaciones, pensamientos extravagantes y buenas dosis de autoengaño. Los negativos incluyen distracción, movilidad adormecida, estados de apatía, falta de espontaneidad o inhibición del afecto. Si bien los negativos se hallan presentes de forma más o menos constante, los positivos surgen en ráfagas y a estos comportamientos nos referimos habitualmente para hablar de «psicosis». La mente vaga de forma aparentemente desordenada (aunque los que sufren el desorden lo juzgan a menudo como un estado de iluminación) de manera que los pensamientos parecen saltar de un lado a otro. Este comportamiento errático y una capacidad cada vez mayor de simular sistemas neurales han permitido adelantar algunos frentes que podrían explicar los síntomas y las posibles causas de su variabilidad.

El cerebro esquizofrénico presenta una inestabilidad interna notable. Para describirla, primero debemos detenernos en su contrapartida estable. Mucho antes del inicio de la era de los ordenadores, tal y como hemos discutido en capítulos anteriores, científicos y filósofos han explorado la cuestión de hasta dónde es posible llegar en una imitación de ciertas propiedades del cerebro, como su gran plasticidad, la inteligencia o, más aún, del fenómeno mismo de la conciencia (mal llamada «alma» en la filosofía clásica). En este camino hacia un conocimiento de la mente, los modelos matemáticos o de simulación desempeñaron pronto un papel relevante cuya importancia no ha dejado de crecer. Ya en los años cincuenta el desarrollo de la cibernética supuso un punto de inflexión importante, al hacerse evidente que algunas de las ideas para controlar dispositivos mecánicos o eléctricos se podían trasladar al estudio de sistemas fisiológicos.

Numerosos ejemplos de lo que se denominaría «retroalimentación» forman parte de la realidad diaria de los sistemas de control que regulan nuestro organismo y garantizan que responda de forma adecuada a los cambios, ya sean internos o externos. Nuestra temperatura corporal, los niveles de glucosa en sangre y otras variables decisivas se mantienen automáticamente dentro de márgenes bien definidos gracias a un proceso de detección y respuesta que asegura una correcta función. Para ello, la retroalimentación es negativa, de forma que un cambio en una dirección es compensado con un cambio en la dirección contraria: si la temperatura sube, la tendencia será a disminuirla y viceversa. El otro tipo de retroalimentación, la positiva, amplifica los cambios favoreciendo que tengan lugar en la misma dirección. Aunque esta amplificación podría dar lugar (matemáticamente) a crecimientos o decaimientos muy notables, en los sistemas reales siempre hay elementos adicionales que limitan estas fluctuaciones. Pero la presencia de este tipo de regulación es especialmente relevante para el cerebro, ya que subyace a los mecanismos generadores de ondas de activación. Una adecuada propagación de estas ondas de actividad permite que podamos mantener una actividad cerebral normal. La pérdida de estabilidad distorsiona estas ondas y sirven de diagnóstico para determinadas enfermedades mentales.

Nuestro cerebro es una entidad en constante actividad, incluso cuando el cuerpo está en reposo o no pensamos en nada. Esta actividad no es, como sucede en un dispositivo electrónico cualquiera, constante en el tiempo. Cuando registramos los campos eléctricos o magnéticos mediante dispositivos adecuados, podemos comprobar que su intensidad en cualquier punto cambia de forma más o menos regular. Estos cambios van asociados con ondas que se propagan constantemente a través del córtex cerebral. Existen distintos tipos de ondas cerebrales que poseen propiedades diferentes. Una onda puede describirse mediante dos cantidades básicas: su amplitud y su frecuencia. La primera nos dice lo intensa que es la señal. Si se tratara de una ola en el mar, correspondería con su altura. La segunda nos habla de la rapidez con que la onda sube y baja.

En el cerebro se dan distintos tipos de ondas que combinan ambos componentes de modos diversos. Cuando estas ondas son demasiado sincronizadas y de gran amplitud, como ocurre en las epilepsias, el cerebro entra en un estado indeseado de actividad en el que grandes porciones de la corteza, como las dedicadas al movimiento, son sacudidas de forma violenta, lo que se traduce en convulsiones y pérdida de conciencia. Cuando por el contrario se ha producido un gran daño cerebral que da lugar a un coma, las ondas son lentas y de baja amplitud, desapareciendo en caso de daños irreversibles y extensos. Podemos simular la generación de ondas en el cerebro mediante un modelo simple de neuronas conectadas entre sí. Una de las constataciones más interesantes de la neurobiología es que los recuerdos dan oscilaciones de mayor o menor complejidad de rasgos característicos. De alguna manera, podemos decir que el cerebro almacena sus recuerdos o comportamientos específicos en grupos neuronales conectados entre sí en amplias áreas cerebrales. Esta idea puede ser estudiada y analizada a fondo a través de modelos cuyo comportamiento está abriendo nuevas perspectivas para el estudio del cerebro sano y del enfermo.

Uno de los resultados más elegantes y poderosos de la teoría de redes neurales es la idea del *atractor dinámico*. Esta idea es fundamental para conectar pensamientos o recuerdos con estados de actividad del cerebro que de alguna forma las representan. En 1982 el físico John Hopfield publicó un trabajo seminal en el que definía una red neural muy simple (figura 4.3) formada por conjuntos de neuronas conectadas entre sí de forma masiva, y que podía almacenar un conjunto de

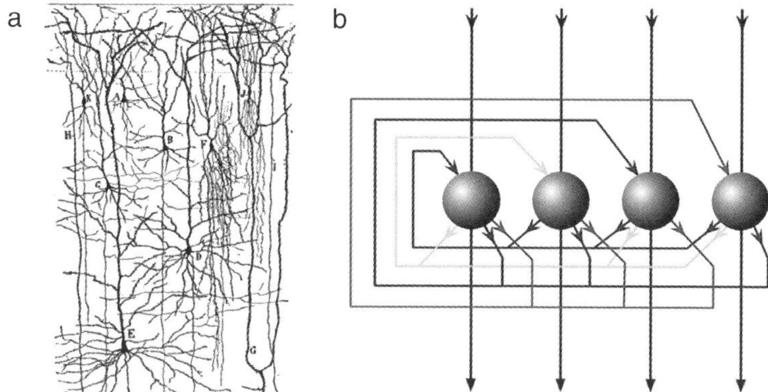

Figura 4.3. Para comprender la intrincada función que llevan a cabo las redes neurales del cerebro, como la dibujada en (a) por Ramón y Cajal, es preciso emplear modelos de simulación simplificados en los que las neuronas (esferas grises) reciben (b) entradas desde el exterior u otras zonas del cerebro (flechas entrantes, arriba) y dan lugar a una salida (abajo) hacia otras áreas. Como ocurre en la mayoría de los casos, las conexiones presentan una reentrada que estimula de nuevo a las mismas neuronas, con lo que pueden darse dinámicas complejas, al modo de ondas cerebrales. (Dibujo de Ricard Solé.)

imágenes o, en general, grupos de ceros y unos. Para hacerlo, se sigue una regla de aprendizaje que parece estar presente en los sistemas neurales. Esta regla, conocida como la regla de Hebb, hace referencia a las conexiones entre neuronas como la sede de la verdadera memoria y establece que, cuando dos neuronas que se hallan conectadas entre sí reciben estímulos simultáneamente, su conexión se verá reforzada. Esta conexión se define como una sinapsis en la que una neurona envía una señal a la segunda. Puede demostrarse que, mediante algo tan simple como esta regla básica, podemos almacenar recuerdos en sistemas neurales artificiales. De forma muy resumida, la idea es que cualquier aprendizaje que experimente el cerebro pasa por almacenar el estado en las conexiones entre neuronas de algún área del cerebro. Si hemos aprendido a distinguir el aspecto general de distintas personas u objetos, esta información quedará almacenada en alguna forma *dentro de la red de conexiones* que se ha formado a medida que hemos aprendido a reconocer estas imágenes. Hopfield demostró que estos recuerdos se corresponden con el fondo de unos valles en un espacio abstracto de muchas dimensiones, que dibujamos de manera idealizada en la figura 4.4a.

Aquí nos limitamos a representar una muy pequeña parte de este espacio, y asociamos diversas siluetas humanas a los mínimos, que serían los recuerdos almacenados. Estos recuerdos son estables, en el sentido de que si se nos presentan de forma incompleta (figura 4.4b) nuestro cerebro es capaz de «reconstruir» la información que falta de forma que podemos reconocer la imagen aunque inicialmente no esté completa (o esté deformada, sometida a ruido o distorsionada de otra manera). Estos modelos permiten reproducir notablemente bien el tipo de oscilaciones que muestra el cerebro y han sido empleados con éxito para arrojar luz acerca de los orígenes de la esquizofrenia. El físico Gustavo Deco, que dirige el Laboratorio de Neurociencia Computacional en la Universidad Pompeu Fabra de Barcelona, ha empleado modelos de redes neurales para demostrar que el puzle de esta enfermedad podría encajar todas sus piezas con una explicación tan simple como relevante en sus implicaciones. Deco y sus colaboradores, particularmente Edmund Rolls, han empleado un modelo de red neural que representa el córtex frontal, una de las zonas más claramente afectadas (junto al córtex temporal y el hipocampo) en esta enfermedad.

En estas redes, las neuronas no sólo reciben señales del medio externo, que pueden así evocar recuerdos almacenados, sino que también se comunican entre sí reenviando señales que vuelven a «entrar» en la red, reactivando las mismas neuronas (figura 4.4b). Además, estos modelos incorporan un factor que a primera vista parece poco relevante: el ruido en las neuronas componentes. Por ruido nos referimos a la presencia de cambios impredecibles, aleatorios, en las señales generadas por los elementos de la red. Estas fluctuaciones al azar son inevitables cuando nos acercamos a las pequeñas escalas y pueden tener su origen en cambios a la escala molecular. Si tenemos en cuenta el relieve en el que almacenamos

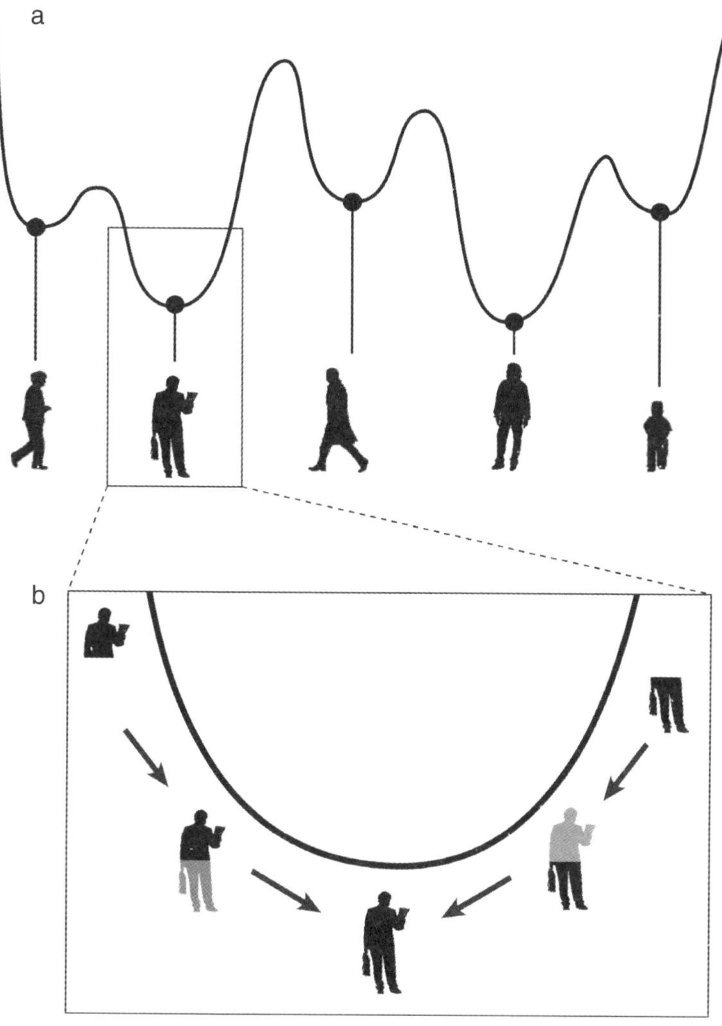

Figura 4.4. Almacenamiento de recuerdos en redes neurales. En estos sistemas, podemos asociar cada recuerdo o idea al fondo de un valle de un relieve complejo (a) con muchos mínimos separados entre sí. Cada componente (en este caso personas) ocupa un valle. Si estamos dentro del valle (b) distintas imágenes inicialmente incompletas son «reconocidas» por la red, que va completando la información de forma dinámica. Las neuronas se comunican entre sí, disparando o quedándose inactivas de forma organizada. El resultado final en un sistema de funcionamiento correcto sería alcanzar el estado de información completa. (Gráfico de Ricard Solé.)

los recuerdos, podríamos imaginar el efecto del ruido como un movimiento constante de pequeña amplitud en el fondo del valle. Así, aunque nuestro recuerdo se vea agitado por pequeñas sacudidas, siempre será esencialmente el mismo, dado que no dejamos de encontrarnos en las proximidades del mínimo.

Si nuestro cerebro funciona correctamente, una señal externa evocará imágenes o recuerdos bien definidos, y podemos imaginar el proceso de recordar como una caída hacia el mínimo correspondiente. En ese mínimo permaneceremos, dando pequeñas vueltas a su alrededor, hasta que algo nos saque de ahí, ya sea un nuevo estímulo o una asociación de ideas que nos lleve a otra parte. Para escapar de uno de estos pozos, también contamos con la ayuda de la propia actividad cerebral espontánea, que nunca deja que el cerebro esté realmente pasivo. Pero una situación distinta es el pensamiento delirante y errático del cerebro esquizofrénico: aquí la actividad natural que nos permite recabar información y a la vez ser flexibles para movernos entre diferentes conceptos, se ve afectada por una aparente amplificación de las respuestas cognitivas.

Deco y Rolls vieron que los cambios bioquímicos que parecen darse en la enfermedad modifican la profundidad de los valles, con lo que se alteran hasta hacer posible que el ruido sea capaz de hacer saltar nuestro estado de un valle a otro. Esta posibilidad se esquematiza en la figura 4.5, donde vemos que ahora se pierde la separación previa y por lo tanto el paisaje resulta menos fiable. Aquí nos hemos limitado a dos atractores vecinos, cuya proximidad, unida al ruido, hace que tengamos transiciones del uno al otro, lo que equivaldría al pensamiento errático. En la figura c podemos ver un ejemplo de los cambios dinámicos en los que la red está explorando dos estados posibles a los que se ve lanzada por el ruido neuronal, sin poder estabilizar su actividad en ninguno de los dos. Lo que vemos son fluctuaciones grandes en la actividad de distintos centros neurales que se hallan interconectados entre sí (líneas negra y gris discontinua). En las redes empleadas por estos autores, distintas partes se activan a la vez que

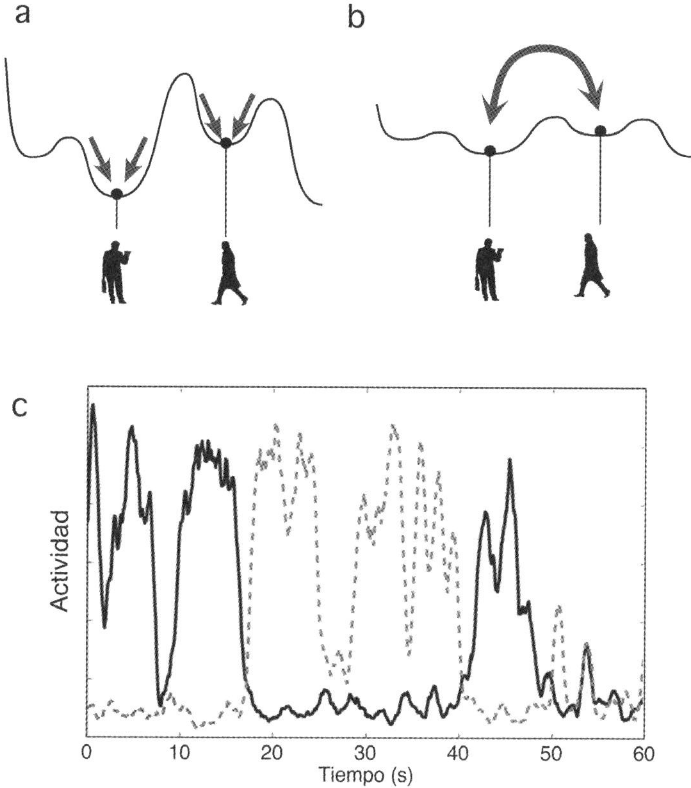

Figura 4.5. Dada una red neural que almacena dos conceptos (a), cada uno de ellos es empleado de manera estable en condiciones normales, con lo que alcanzamos el fondo del valle sin mayores problemas. En el caso de la red neural esquizofrénica (b), los cambios en la bioquímica dan lugar a un aplanamiento del paisaje, con lo que ahora es posible abandonar (con la ayuda del ruido) un estado para ir a parar a otro. Simulando este tipo de comportamientos con modelos realistas de la corteza cerebral, podemos ver las transiciones erráticas entre un estado y otro (c, adaptado de Loh *et al.* 2007). Las dos gráficas corresponden a dos zonas distintas.

inactivan las otras. Se trata de un sistema de competencia entre partes del córtex cerebral, que en condiciones normales daría como resultado la convergencia a uno de los dos estados posibles. Aquí vemos que esta convergencia no tiene lugar: el sistema experimenta cambios constantes que lo apartan del equilibrio, obligándolo a saltar de un atractor al otro.

151

Una de las limitaciones del estudio de la esquizofrenia es la gran dificultad de acceder al cerebro y disponer de datos detallados y fiables de cómo funciona. Las redes sintéticas sirven para cerrar un poco esta brecha existente entre teoría y realidad clínica. Una nueva aproximación ha surgido sin embargo del empleo de la ingeniería genética (de la que hemos hablado en los capítulos 1 y 2) en la reprogramación de células. Esta técnica permite manipular células adultas, digamos que de la piel, y convertirlas en células madre, capaces entonces —en condiciones adecuadas— de regenerar cualquier otro tipo de célula. En una investigación que representa un punto de inflexión en el estudio de las enfermedades mentales, el equipo del biólogo Fred Gage, del laboratorio de genética del Instituto Salk de La Jolla, California, logró generar neuronas que podían cultivarse en el laboratorio (figura 4.6). Una de estas muestras procedía de un joven esquizofrénico de veintidós años que se suicidó y cuya familia estaba marcada por la enfermedad, que afectaba a varios de sus miembros, lo que una vez más nos recuerda la trágica realidad de estas dolencias.

Al crecer en el cultivo, los investigadores comprobaron que las neuronas de pacientes esquizofrénicos se desarrollaban de forma parecida a los normales, mostrando una actividad individual similar, pero presentaban anomalías que eran conocidas por otros medios, como la autopsia; por ejemplo, una conectividad reducida entre neuronas y diversas alteraciones bioquímicas. Sobre estos cultivos es posible ensayar medicamentos y comprobar directamente su eficacia. Se daba el caso de que un tipo de medicación antipsicótica empleada como tratamiento habitual era capaz de elevar notablemente la abundancia de conexiones neurales, con lo que ofrecían una prueba directa de su utilidad y modo de acción. Aunque queda un gran camino por recorrer, y un cultivo celular es sólo una parte del espectro de factores incluidos en la esquizofrenia, las posibilidades de la reprogramación para explorar esta y otras enfermedades mentales son enormes.

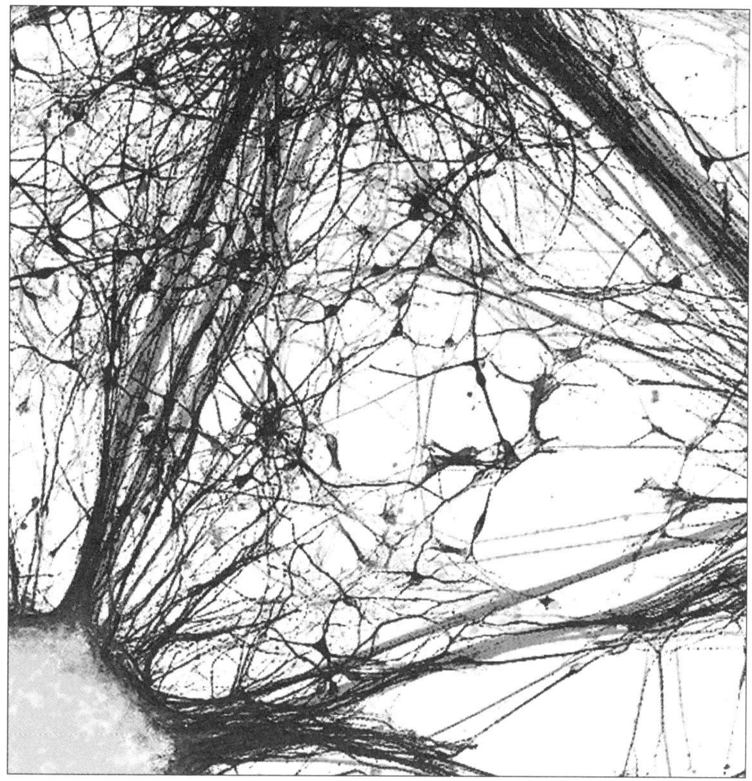

Figura 4.6. Esquizofrenia sintética: podemos estudiar y entender la dinámica de esta enfermedad simulando su comportamiento en distintos niveles. que se muestran aquí con sus conexiones, cuya densidad resulta ser inferior a las normales. A pequeña escala, con técnicas de reprogramación celular podemos crear un cultivo de células cuya conectividad y metabolismo reproducen las alteraciones del cerebro esquizofrénico. (Modificada a partir de Brennand *et al.* 2011.)

¿Demasiado humano?

El paso del tiempo suele dejar en mala posición a muchos libros de ciencia ficción. Con el avance acelerado de la tecnología, esta constatación de nuestra incapacidad para predecir el futuro no deja de crecer. Sólo es preciso pensar en el teléfono móvil, que surgió y se expandió a finales del siglo pasado y que no se menciona en prácticamente ningún libro. Con pocas excepciones, como Julio Verne o Arthur Clarke, la mayoría de las predicciones más imaginativas suelen caer en el error o la pura imposibilidad. Otras se inspiran en las promesas de la ciencia más avanzada, ya sean materiales u ordenadores del futuro. Muchas más se sumergen en el dominio resbaladizo de lo paranormal, con la telepatía o la telequinesis como lugares comunes (y en general poco prometedores). Entre todos los tópicos inevitables de la ciencia ficción, y regresando al tema con el que iniciábamos el primer capítulo, está el robot que desarrolla una inteligencia superior, o que cruza umbrales prohibidos impuestos por sus creadores o se convierte en un arma letal (después de que algunas chispas salgan de sus circuitos). Ya hemos discutido con anterioridad acerca de la inteligencia robótica, y ésta suele centrar las grandes expectativas acerca del futuro. Pero de hecho es muy posible que antes de que ningún robot llegue a poseer una inteligencia ni remotamente comparable con la nuestra, se produzcan algunas sorpresas inesperadas, dignas de la imaginación del gran Isaac Asimov.

Un dominio en el que algunas de estas sorpresas ya se han materializado es el campo de la *robótica evolutiva*. Esta área se encuentra en la intersección de tres grandes dominios: la robótica tradicional, la teoría evolutiva basada en la selección natural y las redes neuronales. La idea clave es que, si deseamos que un robot o conjunto de robots lleven a cabo cierta tarea que deben aprender o «descubrir» por sí mismos, debemos equiparlos de un sistema que tome decisiones basadas en la experiencia y lo haga de forma flexible y adaptable. Por otra parte, para poder alcanzar diseños óptimos, se requiere de un proceso de aprendizaje bien definido que incorpore el premiar o penalizar los comportamientos de baja eficiencia. Los experimentos se llevan a cabo en el mundo real (a un precio a menudo elevado en dinero y tiempo) y con mayor frecuencia utilizando modelos realistas de simulación (figura 4.7). En ambos casos, es posible abordar problemas de enorme interés acerca de la evolución del lenguaje, el altruismo o las estrategias de búsqueda.

154

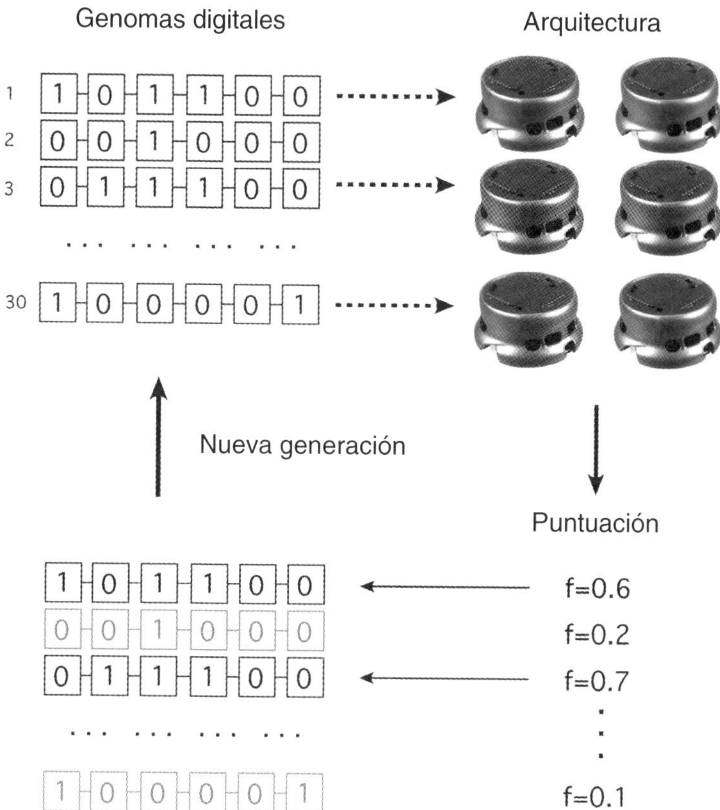

Figura 4.7. Evolución de robots mediante selección darwiniana. Cada robot posee una representación interna de su «genoma» que a su vez determina ciertas propiedades del *hardware,* entre las que se cuentan las conexiones entre distintos sensores y movimientos. En las condiciones del experimento dado, cada robot lleva a cabo mejor o peor cierta tarea, que podemos cuantificar mediante una medida de eficiencia (f). Los robots con una f menor que la media son eliminados y reemplazados por genomas obtenidos a partir de los supervivientes, incorporando mutaciones y otros cambios. (Figura de Ricard Solé.)

Siguiendo la filosofía que ya discutimos en el capítulo anterior, representamos el «genoma» de cada robot como una secuencia que decide en particular las conexiones que se producirán entre distintas partes del *hardware.* Dicho de otro modo, el genoma determina cómo conectamos sensores, motores y señales de salida entre sí. Una vez fijada esta red de conexiones, los robots se desplazan en su ambiente y llevan a cabo la tarea que se ha decidido ejecutar. Ésta puede ser tan simple —a primera vista— como recoger latas vacías esparcidas sobre una superficie. La eficiencia de esta tarea (f) puede medirse con facilidad, simplemente contando cuántas latas se han recogido al cabo de cierto tiempo. Algunos robots harán su tarea mejor que otros y cada uno habrá recogido distintas cantidades de latas. Al terminar el experimento, nos quedaremos con aquellos genomas asociados a altas puntuaciones, y borraremos el resto. A continuación copiamos los genomas supervivientes, con pequeños cambios, en los robots menos eficientes y repetimos la operación. Así iremos obteniendo generaciones de autómatas cada vez más efectivos.

Hay un experimento que destaca entre todos los llevados a cabo mediante la evolución de robots capaces de desplazarse en un ambiente dado y explotar sus recursos. Este tipo de experimentos resulta especialmente interesante al combinar la percepción del medio por los robots y a la vez el intercambio de información entre éstos y la evolución de la comunicación. En el experimento ideado por el investigador italiano Dario Floreano, uno de los pioneros en el desarrollo de la robótica evolutiva y cuyo trabajo sirvió de inspiración a Michael Crichton para su libro *Presa*, en el que reflexionaba acerca de cómo podría evolucionar espontáneamente un grupo de nanorrobots, cuyo comportamiento va destinado, por supuesto, a matar a todo el mundo. En su diseño, Floreano y sus colegas emplearon un espacio cuadrado limitado, dentro del cual pueden desplazarse cierto número de agentes. En este espacio hay además dos columnas cilíndricas que poseen propiedades antagónicas y que sirven para introducir la selección adecuada (figura 4.8). Una es una fuente de energía: un robot que entre en contacto con ésta podrá beneficiarse de un sistema de recarga. La segunda tiene el efecto contrario: descarga a los robots y por lo tanto debería ser evitada. En un contexto natural más general, estas fuentes corresponderían a alimento y toxinas, respectivamente. Los robots deben apren-

Figura 4.8. La robótica evolutiva es una de las áreas más apasionantes de la Vida Artificial. Dario Floreano (en la imagen) es uno sus padres fundadores. Un experimento de evolución robótica en el que los robots pueden distinguir entre dos tipos de fuente: unas de energía (como el de la imagen) y otras de descarga (y por lo tanto peligrosas). Los robots poseen una red neural interna que está definida por un «genoma» que puede evolucionar. Mediante luces que se apagan o encienden en función de lo que el robot descubre, se desarrollan fenómenos de comunicación complejos. (Imagen de la derecha cedida por Dario Floreano.)

der a identificar la fuente correcta y en consecuencia la evolución de éstos debería reflejar la tendencia a reconocer lo bueno de lo malo y el efecto de compartir lo que se ha aprendido con el resto de robots. Dado que en la naturaleza (pero también en nuestra sociedad) los individuos muestran a menudo rasgos cooperativos, cabe esperar que los autómatas reproduzcan algunas de estas propiedades. Y así ocurre en el desarrollo de este sistema, aunque con un giro inesperado.

Al principio, los robots se desplazan al azar sobre el área cuadrada. Sus redes neurales están acopladas con los sensores y motores de tal forma que el esquema inicial de búsqueda sea aleatorio. Los robots están equipados también con un conjunto de luces azules que pueden ser detectadas por otros robots en las proximidades. Como el resto del *hardware,* estas luces (reguladas por una red de neuronas artificiales), al principio se encenderán de forma incoherente, pero pueden terminar relacionándose con el resto de componentes del comportamiento. Durante el proceso de evolución, los robots que descubren la fuente correcta emiten luz azul con mayor frecuencia y los demás robots aprenden a reconocer la señal que indica la posición de la fuente. Este proceso está favorecido por el hecho de que la cooperación favorece a todos: cuando un robot encuentra la fuente, las señales aceleran la llegada de los otros, que se benefician del descubrimiento. Por tanto, la observación de una correlación entre el hallazgo de la fuente y la emisión más frecuente de luz nos dice que los robots han desarrollado un comportamiento mutualista. Cada vez que un robot evolucionado muestre su luz, los demás tendrán la oportunidad de alcanzar la fuente deseada lo más deprisa posible. Dado que en cada ejecución del experimento (que se repite numerosas veces) los robots que primero encuentren la fuente serán distintos, el resultado es una forma de expresar el principio de «hoy por ti, mañana por mí». De forma similar, algunas señales que se emiten en las proximidades de la fuente de descarga sirven de advertencia a los demás de que existe un peligro. Nuevamente, nos beneficiamos de este comportamiento cada vez que por error nos acercamos a esta fuente tóxica y alguien nos advierte del peligro. Estas estrategias surgen de manera espontánea a lo largo del tiempo.

Sin embargo, aunque el beneficio mutuo es claro, lo cierto es que tiene un efecto indeseable: una vez que varios robots se han agolpado alrededor de la fuente de energía, se hace más difícil obtener energía para los que llegan tarde. Tenemos un conflicto, y siempre que surge un conflicto en un sistema en evolución, suele aparecer también una solución innovadora (o de lo contrario, se produce la extinción). Surge entonces una nueva presión selectiva para responder a este efecto secundario que es amplificado por la cooperación. Cooperar puede resultar menos provechoso de lo que parece y la solución para escapar de mutualismo resulta sorprendente y familiar a partes iguales. ¿Qué hacer para evitar que nos veamos atrapados por un grupo de robots que quieren explotar el recurso al que aspiramos nosotros? Si los robots poseen un tamaño suficientemente grande, unos pocos bloquean a otros en su intento de acceder a la fuente de energía. Algunos robots presentan entonces un nuevo tipo de comportamiento, consistente en generar mensajes que contradicen la naturaleza de la fuente cerca de la que se encuentran. ¿Qué tipo de mensaje contradictorio? El que un ser humano inventaría para quitarse de encima a posibles competidores a los que puede engañar: la mentira. Si el robot indica con sus sistemas de señales que la fuente es dañina, los robots cercanos (que han evolucionado bajo la cooperación) responderán alejándose de la misma y liberándola así de la sobrepoblación. Con mayor frecuencia, un robot puede señalar una fuente de descarga como si fuera de alimento, con lo que los robots cercanos se aproximan a ésta (y a un posible destino fatal) mientras nuestro mentiroso se aleja en dirección a la fuente correcta. Nuestro robot mentiroso podrá así garantizar para sí mismo el acceso a los recursos, a costa de romper la conexión fraternal con sus congéneres artificiales. Y aunque este hallazgo nos pueda parecer sorprendente (sin duda es un hito en la evolución de las máquinas) no debemos olvidar que la mentira es también una parte de nuestro bagaje evolutivo.

Vivir dos vidas

En su última obra, *La tempestad,* William Shakespeare escribió en el epílogo la célebre sentencia: «De la misma materia que los sueños estamos hechos». Con esta frase termina la magia y los espíritus se esfuman. La lección, si la hay, es que las vidas de los seres humanos y sus anhelos o logros («los bellos palacios, los templos solemnes») se disuelven en la nada al final de la existencia, Nuestras «pequeñas vidas», dice Próspero, terminan en un sueño. La misma pieza nos traslada a una acción que parece ocurrir en un sueño y fue escrita en una época en la que los viajes al Nuevo Mundo se habían convertido en el portal casi mágico a la aventura y al descubrimiento: lo más parecido a un sueño hecho realidad. La afirmación de Próspero es, me temo, más que acertada, pero hay una lectura distinta que podemos hacer y que es igualmente válida: si bien no vivimos en un sueño, la mente humana parece estar especialmente predispuesta a soñar despierta y a sumergirse en la fantasía de mundos posibles. Cuando leemos novelas o vemos películas ambientadas en otras épocas, especialmente esos libros de viajes con los que uno puede viajar con la mente, el nivel de inmersión puede ser extraordinario. Nuestro corazón puede llegar a palpitar a toda velocidad cuando el protagonista llega al borde del abismo, las lágrimas acuden a los ojos cuando el desenlace de un drama pone fin a la vida de un personaje al que hemos terminado queriendo o nos sentimos felices cuando el tirano recibe su castigo. Y todo ello, toda esa acción, no ocurre en realidad: la imaginamos en nuestro cerebro mientras estamos sentados en un sillón, con un objeto de papel lleno de páginas escritas del que no surgen la luz de un amanecer, ni sonidos de espadas chocando ni gritos de auxilio. Todo está en nuestra imaginación.

El cine ha encontrado muy a menudo inspiración en la idea de mundos o sociedades utópicas en las que los humanos podríamos vivir en armonía, bajo dictaduras de inspiración naturalista o ciudades en las que podríamos ser inmortales. También ha tomado prestado de las posibilidades de la informática la posibilidad de mundos alternativos sumergidos en la realidad virtual. Películas como *Matrix* o *Nivel 13* explotan la posibilidad de vivir, de forma más o menos completa, una vida en la que la experiencia del mundo real se traslada a un mundo distinto que reemplaza la realidad misma. Estas posibilidades, inimaginables antes de la creación de internet y del desarrollo de ordenadores de gran potencia gráfica, se han convertido en una realidad de creciente implantación. Su desarrollo y posible impacto cultural ya fueron apuntados por Alvin Toffler nada menos que en 1970 en su libro *El shock del futuro,* en el que preveía el desarrollo de entornos realistas de interacción entre individuos conectados y que estaría «más cerca de lo que uno podría pensar». Se trata de un buen ejemplo de una predicción correcta cuya puesta en marcha tecnológica ha necesitado mucho más tiempo del que se preveía. Una forma de integrarse en estos mundos es formar parte de comunidades virtuales en las que adoptamos una personalidad y apariencia que pueden no tener nada que ver con la realidad. En cierta forma, experimentamos una metamorfosis reversible (por ahora) para ponernos en la piel de un «avatar» que nos representa en el otro lado, dentro de un mundo en el que nuestras formas de interacción se parecen, pero sólo hasta cierto punto, a las del mundo real. Vivir dos vidas (o más) es de hecho algo frecuente en la naturaleza: la metamorfosis es un proceso de cambio profundo que implica a criaturas con el mismo código genético pero de apariencia totalmente distinta. Y para muchos usuarios de estos mundos artificiales, su vida antes y después podría describirse —poéticamente hablando— como una transformación de oruga a mariposa, con ida y vuelta.

El primer experimento orientado a la creación de un mundo de interacción virtual entre humanos recibió el muy apropiado nombre de Second Life (segunda vida). Fue creado por Philip Rosedale, que en su empresa Linden Lab desarrolló todo un universo (*metaverso*, como lo llaman algunos) en el que sus participantes podían interactuar adoptando toda una forma física personalizada. Su salida al mundo real (por así decirlo) se produjo en 2003, se hizo rápidamente popular y llegó a sumar cientos de miles de usuarios en poco tiempo, así como una rápida expansión económica y urbana. Second Life proporcionaba por primera vez una plataforma simple de acceso a su universo particular dentro del cual cada participante adoptaba una personalidad totalmente moldeable. Estos avatares se desplazan por el mundo virtual, que pueden además construir, ya que Second Life —y aquí tenemos una importante novedad— es un mundo en el que se compra y se vende. Un usuario puede comprar «terrenos» en este mundo virtual y construir sus propias casas o incluso grandes edificios. Puede convertirlos en tiendas, bancos, embajadas, emplearlos como lugar para dar conferencias o conciertos. Si uno no tiene intención de comprar o vender, puede simplemente visitar ciudades, comercios o parques virtuales y comunicarse con aquellos que estén en ese momento dentro de la simulación. En esta pequeña recapitulación de Matrix, somos otra persona, que puede viajar caminando, en coche o volando. Más aún: Second Life permite saltarse algunas reglas de la física, y un viaje de Barcelona a Nueva York sólo requiere un instante: el tiempo para que el ordenador reconstruya para nosotros el nuevo destino.

¿Qué podemos encontrar en Second Life? Cada uno encuentra probablemente lo que busca, a veces mucho más; pero también pude decepcionarnos. Mi propia experiencia fue una mezcla de sorpresa, curiosidad y decepción. Entrar en el metaverso con una identidad nueva y encontrarse con otros avatares resulta muy interesante. Las primeras conversaciones, en las que nos presentábamos entre nosotros, ya resultaban de por sí curiosas. Unos dan a conocer su nacionalidad (en el mundo real) mientras que otros resumían sus intereses y aficiones, o incluso su profesión. Pero ya en este punto empiezan las dudas: ¿están mis nuevos contactos diciendo la verdad? Es imposible saberlo, y uno mismo puede mentir al respecto. Por otra parte, me pareció fantástico hasta qué punto la riqueza del entorno creado por Linden Lab permitía cambiar constantemente de localización y ambiente. Sin embargo, mis esperanzas de caminar por un Nueva York virtual en compañía de otros avatares aficionados al cine de Woody Allen o Scorsese, se desvanecieron frente a la «realidad» de una ciudad llena de edificios pero vacía de habitantes. Aún recuerdo aquella noche en la que caminé, en completa soledad, por el equivalente de Manhattan. Los edificios y calles iban generándose en toda su grandeza a mi alrededor, mientras andaba con la ausencia de cansancio que permiten los álter ego virtuales, pero mentalmente agotado por la decepción de explorar un teatro decorado de forma extraordinaria en el que nunca empieza la función. Pero es preciso reconocer que el poder evocativo de Second Life va más allá de nuestra propia experiencia dentro de sus escenarios y no en vano su impacto sociológico y cultural ha sido enorme. Una medida de este impacto nos la proporcionan los numerosos episodios de series televisivas en las que parte de la acción ocurre o tiene que ver con Second Life. Lo mismo podemos decir de novelas, conciertos de música y apariciones públicas de personajes famosos. Como experimento social y económico, plantea también situaciones muy interesantes, que van desde los problemas de libertad de acción de los avatares a las inestabilidades en el comercio y los bancos virtuales, y también la bancarrota de algunos de ellos.

Sería fantástico poder trazar, como arqueólogos del mundo virtual, una historia del crecimiento y desarrollo de Second Life. Durante un tiempo planeamos una colaboración entre Linden Lab y el Instituto de Santa Fe, con un proyecto de estudio que hubiera sacado a la luz los cambios históricos de un verdadero experimento paralelo de creación de una sociedad que ha crecido en paralelo con la nuestra. Desgraciadamente, cuando visitamos el cuartel general de Philip Rosedale en San Francisco, él mismo nos reveló la cruda realidad: la historia de Second Life no podrá ser reconstruida, porque ha sido esencialmente borrada casi por completo. Incluso en un entorno tecnológicamente avanzado como éste, la información generada por el sistema es brutalmente grande, tanto que su almacenamiento conduciría rápidamente a un colapso de los sistemas informáticos. Mala suerte: no habrá un Marco Polo que nos narre su viaje de años por los confines de esta Tierra alternativa, ni un Heródoto que nos haga soñar con épocas virtuales pasadas. Pero en un futuro no lejano se desarrollarán otros experimentos que sepan sacar partido de los extraordinarios efectos que puede producir la inmersión en mundos virtuales. Una inmersión capaz de hacer que el término «segunda vida» adquiera un significado inesperado.

Presencia(s)

El potencial de los mundos virtuales no se detiene en absoluto en el nivel de las interacciones sociales y posibles formas de intercambio económico (o sexual). Como una nueva capa de exploración para nuestra mente, los metaversos son escenarios privilegiados para que nuestros cerebros experimenten situaciones y conflictos que nos pueden ayudar pero también confundir. La inmersión virtual conlleva sumergir a nuestro cerebro en un entorno en el que debe ajustar sus propias expectativas, moldeadas en gran medida por millones de años de evolución (véase el capítulo 4) y que en este sentido pueden potenciar más allá de lo imaginable nuestra sensación de hallarnos «de verdad» en otra realidad. La parte positiva de esta situación es que los mundos virtuales permiten tener experiencias sintéticas que nos ayuden a superar traumas, particularmente fobias, y que también contribuyan a algunos tipos de rehabilitación. El miedo a las alturas o al fuego puede abordarse con éxito simulando situaciones que por una parte son la fuente del problema pero a la vez bajo el paraguas protector de «saber» que la experiencia no es real. De esta forma nos encontramos a medio camino entre lo que el cerebro experimenta y lo que debe tolerar, y la seguridad de que la inmersión es reversible. Pero si vamos más allá, cabe preguntarse hasta qué punto nuestra mente puede superar sin problemas la experiencia de «vivir» en un mundo virtual cuando las posibilidades de interacción sean lo bastante intensas para poner en apuros al cerebro.

Aunque parezca exagerado, lo cierto es que penetrar en lo profundo de una simulación del mundo de Matrix puede acabar haciéndonos vivir ese mundo como una realidad tan válida como aquella en la que se inicia el viaje. Los experimentos que alteran ciertos modos de percepción, basados en colocar a un sujeto en un escenario que plantea un dilema entre lo que el cerebro espera y lo que ve, ilustran espectacularmente esta posibilidad. Tomemos por ejemplo el siguiente experimento en el que nos acercamos al terreno de las experiencias próximas a la muerte: la sensación de encontrarse fuera del propio cuerpo. Si algún estudio científico puede etiquetarse como «en los límites de la realidad», éste sería uno de ellos.

El esquema básico de la experiencia que llevaron a cabo Olaf Blanke y sus colaboradores del Laboratorio de Neurociencia Cognitiva en Lausana se resume en la figura 4.9. El sujeto humano (a) lleva unas gafas de realidad virtual que le permiten observar una proyección tridimensional virtual de sí mismo (b) situada frente a él. Esta proyección es generada por un sistema (c) que simplemente le muestra la imagen de su espalda. El sujeto es tocado repetidamente mediante un bastón (d) con el que recibe el estímulo sensorial que observa también en la proyección. La elegancia del experimento nos permite comprender inmediatamente la naturaleza del conflicto. El sujeto se ve a sí mismo en un entorno realista tal y como alguien lo observaría desde la posición de la cámara. Los estímulos sensoriales que recibe en la espalda los recibe a su vez la proyección, con lo que el cerebro se halla en una extraña encrucijada: hay un «yo» virtual que experimenta la misma estimulación que el sujeto real. Frente al conflicto, la mente suele dar prioridad a lo que ve por encima de cualquier sensación táctil. Como resultado, uno mismo se convierte en su propio avatar virtual: hemos salido de nuestro cuerpo. El potencial de una experiencia virtual trasciende con mucho el simple problema de una percepción alterada, y entra de lleno en el problema mismo de qué es la realidad.

Ya en el terreno de los mundos virtuales como Second Life, los investigadores Mavi Sánchez-Vives y Mel Slater, del laboratorio EVENT de Barcelona, han explorado este tipo de situación y su potencial en el estudio de la percepción y la conciencia. El problema clave es la sensación de «presencia» en el mundo virtual, esto es, la sensación de que el cuerpo no es virtual. Aunque este problema surgió inicialmente como parte de sistemas orientados a la tecnología, su extraordinaria importancia y la facilidad con la que puede ser explorada ha

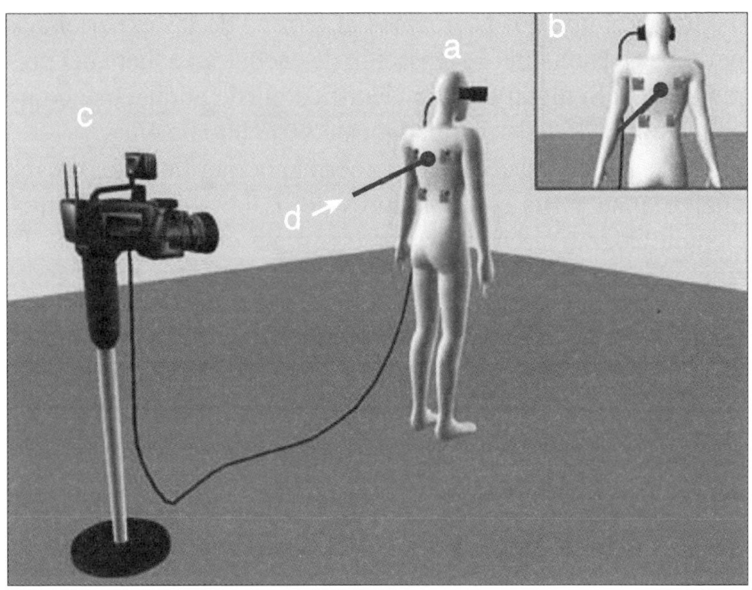

Figura 4.9. En el mundo de la realidad virtual, donde la mente se ve sumergida dentro de un universo de percepciones creadas por el ordenador, es posible inducir fenómenos que muestran el papel del cerebro en nuestra «creación» de lo real. Aquí vemos un esquema básico de un experimento en el que es posible generar la percepción de encontrarse «fuera del cuerpo» (ver texto, pág. 165). (Imagen modificada de Aspell *et al.* 2009.)

llamado la atención de los psicólogos y promete desempeñar un papel importante dentro de la neurociencia. Tal y como señalan Sánchez-Vives y Slater, los ambientes virtuales pueden romper la conexión habitual entre lo que nuestros sentidos nos dicen sobre dónde y con quién estamos. Cuando la llamada «inmersión» en el mundo recreado por el ordenador es lo bastante convincente, sin necesidad de que sea realista en el detalle, el mundo percibido se hace de alguna manera «real» en nuestra mente. Dado el contexto en el que esta nueva percepción tiene lugar, estos investigadores sugieren que el fenómeno de la presencia, por la facilidad para repetirlo y su relación con la conciencia será una herramienta de investigación muy relevante para las ciencias cognitivas. Existe un elemento adicional que da una vuelta de tuerca a estas expe-

166

riencias y nos sirve para introducir un último componente que nos permite una vez más modificar artificialmente un fenómeno natural, en este caso la percepción, mediante el empleo de sistemas de estimulación magnética cerebral. Los antecedentes de esta posibilidad incluyen la sensación de presencias adicionales, que han sido descritas históricamente en numerosas circunstancias. En muchos casos, la experiencia en la que se da esta extraña situación tiene lugar bajo condiciones físicas extremas. Uno de los casos más famosos es el del legendario escalador alemán Reinhold Messner, cuando descendía con su hermano Gunther del temible Nanga Parbat, en el Himalaya, tras conquistar la cima por una nueva vía. Los Messner iniciaron un arduo descenso a cuya dificultad se añadió el estado físico de Gunther, que experimentaba el mal de altura, y que terminó perdido en la montaña. Durante el regreso al campo base, Messner sintió en varias ocasiones, con toda intensidad, la presencia de «alguien más»:

> De repente había un tercer escalador a mi lado. Descendía con nosotros, manteniendo la misma distancia regular a mi derecha, tan sólo unos pasos detrás de mí, en el límite de mi campo de visión [...] estaba seguro de que había alguien ahí. Podía sentir su presencia; no necesitaba ninguna demostración. (Geiger 2007, 143.)

Y lo mismo le ocurrió a Shackleton durante la expedición al Polo Sur, en la que se vieron atrapados durante dos años en los hielos de la Antártida, que destrozaron su barco (el célebre *Endurance*) y estuvieron a punto de acabar con su tripulación. *In extremis,* Shackleton decidió intentar alcanzar una isla en la que esperaban encontrar una estación ballenera. Junto con otros cinco marineros, atravesó en un bote el paso de Drake, famoso por sus tormentas y enormemente arriesgado para un barco normal. Tras cruzar el Drake, tuvieron que llegar al otro lado de la isla, en el que se encontraba su salvación. Acompañado de dos de sus compañeros, Shackleton se enfrentó a una última prueba de resistencia, en la que los tres se encontraron atravesando una cordillera de hielo que ni siquiera había sido cartografiada aún. Shackleton logró su objetivo, y nadie en su expedición falleció, pero el recuerdo de aquella travesía que les llevó un día y medio dejó una marca indeleble:

> Cuando miro a aquellos días pasados no tengo dudas de que la providencia nos guió no sólo a través de aquellos campos de nieve, sino también a través del mar blanco y tormentoso que separaba la isla del Elefante de nuestro destino final en South Georgia. Sé que durante aquella larga y penosa marcha de treinta y seis horas sobre glaciares y montañas sin nombre, me pareció a menudo que no éramos tres, sino cuatro. (Geiger 2007.)

Estos ejemplos y otros muchos han sido relatados a lo largo de siglos, y han generado una considerable controversia. ¿Existe realmente esa presencia? Un factor interesante en la mayoría de los relatos es que el acompañante siempre suele quedar en los márgenes del campo visual, como si estuviera constantemente evitando ser visto en su totalidad. Pero no es necesario encontrarse en mitad del Himalaya ni amenazado por bloques de hielo en la Antártida: algunas personas experimentan espontáneamente esta sensación en condiciones normales y, lo que es aún más interesante: con un casco adecuado, es posible inducir la experiencia.

Hace unos años el grupo de Blanke llevó a cabo experimentos mediante la llamada estimulación transcraneal profunda, en la que se activan zonas de córtex, de forma no invasiva (desde el exterior) usando campos magnéticos intensos. Una vez más, empleamos sistemas tecnológicos que nos permiten generar situaciones no naturales, en este caso mediante la inducción de comportamientos anormales en la percepción cerebral. Utilizando este sistema con una paciente que estaba siendo evaluada para un posible tratamiento contra la epilepsia, descubrieron que la estimulación de una pequeña zona del lóbulo parietal provocaba la sensación de una presencia externa. Como ocurría en las historias de Messner o Shackleton, la «sombra», como a veces la llamaban, era una entidad físicamente muy cercana a la paciente, a la que la presencia parecía imitar. No debe sorprendernos que la conclusión del estudio fuera que, de hecho, lo que el individuo percibe es en realidad una percepción (externalizada) de su propio cuerpo. El experimento que hemos descrito antes estaría relacionado con esta situación, en la que la resolución de conflictos por parte del cerebro —ya sean éstos internos o externos— puede dar lugar a una resolución que desafía la razón. La estimulación transcraneal es una ventana a toda una forma de recrear o inducir experiencias sintéticas que una vez más nos acercan a algunas preguntas clave en la frontera entre ciencia y filosofía. Pero tal y como dice el escritor y divulgador Mike Shermer, «cualquiera que sea su causa, la presencia se encuentra en el interior de la cabeza, no fuera del cuerpo».

Descenso en el Maelstrom

El conocimiento del cerebro, sus límites y sus reacciones frente a mundos sintéticos serán áreas de exploración enormemente importantes, tanto para conocer mejor nuestra mente y sus secretos como para predecir nuestra relación con realidades virtuales futuras. El potencial de interferir en la mente ya ha sido abordado en el cine de formas imaginativa y, tal vez, premonitoria. La película *Origen,* de Christopher Nolan, analiza la posibilidad de introducirse en la mente de un individuo y dejar la semilla de un pensamiento que pueda cambiar su actitud, personalidad o decisiones futuras. El razonamiento es simple pero acertado: una vez introducida la idea, una vez se ha integrado en la mente y ha pasado a formar parte de ésta, ya no puede extirparse. Para lograr este objetivo los protagonistas deben entrar a través del subconsciente (concepto resbaladizo donde los haya), introducir el cambio y salir sin dejar rastro. En otro registro, aunque muy relacionado con el anterior, la genial *¡Olvídate de mí!,* dirigida por Michel Gondry, nos aproxima a una posibilidad tal vez ya no tan lejana: la de borrar recuerdos de forma selectiva. Aquí Jim Carrey y Kate Winslet protagonizan una historia de amor y desamor, en el que el segundo debe tomarse literalmente, dado que el recuerdo de su antigua pareja ha sido eliminado de ambos mediante un procedimiento sistemático que comercializa la compañía Lacuna Inc. Por supuesto, las cosas se tuercen, con lo que Joel y Clementine se reencuentran de forma inesperada.

¿Podrán los mundos virtuales, los modelos sintéticos del cerebro o los robots iluminar el camino hacia una comprensión de la mente y sus fragilidades? ¿Podrán conseguir que entremos de algún modo en la mente que ha fallado? Son muchas las preguntas y pocas las respuestas. Pero podemos ver que, en apenas unas décadas, hemos pasado de observar desde el exterior el comportamiento de esta caja negra a abrirla y mirar a su interior. Al hacerlo, nos asomamos con una tenue lámpara a la locura y esa curiosa contrapartida que llamamos cordura. Tal vez la esquizofrenia y las demencias sin daño cerebral aparente no sean otra cosa que una mente atrapada en un atractor del que no puede salir. Encerrado en la celda sin puertas ni ventanas, el individuo pierde pie en el mundo real y se aleja sin remedio para caer en otra forma de percibir y sentir lo real. Pero en su cerebro aún están a salvo los acontecimientos de toda una vida. Allí siguen aquel amanecer en una playa desierta, el beso robado, las lágrimas por la pérdida de un amigo, los rostros conocidos, el primer día de escuela, la música favorita y todas las palabras. Pero a través de un filtro distorsionado, el mundo puede parecer otro y la realidad, distinta pero igual de sólida. Esta situación nos recuerda al cuento de Poe *El manuscrito encontrado en una botella*, cuyo protagonista cuenta su experiencia a medio camino entre el sueño y la vigilia. Es un marinero que, perdido en alta mar, logra trepar a un barco muy antiguo y deteriorado, en el que descubre una tripulación fantasma que parece aguardar algo, mientras otea el horizonte día tras día. Al final, el barco empieza a girar en torno a un remolino gigantesco, del que no hay salida posible. En un sentido muy real, ese Maelstrom existe en la mente inestable, atrapada a su vez en un torbellino de percepciones extrañas y confabulaciones, incapaz de ver más allá de la pared negra. Pero las evidencias nos dicen que tal vez no sea imposible salir de ahí. Tal vez algún día podremos rasgar esa barrera que nos separa de estos enfermos. Una barrera invisible pero tan cierta como la realidad inmediata, que impide traerles de vuelta, sea donde sea que se encuentren, girando una y otra vez en torno del abismo.

¿Y qué decir de la conciencia? Para llegar al autómata capaz de pensar y experimentar el yo, hay que recorrer un camino lleno de obstáculos. Aun así, a nuestro favor (o en favor del robot) juega la posibilidad de que, tan pronto como cierto número de condiciones básicas se unan entre sí, surja espontáneamente algo que pueda llamarse conciencia. Alcanzar la capacidad de computación de un cerebro humano está sólo a un paso, aunque probablemente sea uno muy necesario. Como ya mencionamos en la introducción, un componente que parece también esencial es la percepción del tiempo. Sin pasado, dejamos de ser nosotros mismos. El alzheimer destruye los recuerdos y lleva a sus víctimas a un mundo sin tiempo que no es distinto al de los autómatas mecánicos. El tiempo es además la clave para recordar pero también para planear. Prever el futuro forma parte de nuestra capacidad de imaginar y de adaptarnos. Un robot sin tiempo nunca podrá escapar del mundo predecible de la mecánica. En las últimas décadas se ha progresado notablemente en la comprensión de la naturaleza de lo que llamamos emociones y en la búsqueda de formas de convertirlas en parte del aprendizaje y comportamiento de los robots. Del mismo modo, se han dado ya pequeños pasos hacia robots que pueden reconocerse a sí mismos. El robot Nico, creado en el laboratorio de Kevin Gold de la Universidad de Yale, ha pasado el test de reconocimiento en un espejo, en el que es capaz de reconocerse a sí mismo y diferenciarse de otros individuos. Puede parecer una hazaña pequeña, pero sólo el ser humano y unos pocos animales de cerebro complejo son capaces de conseguirlo.

Por ahora, seguiremos imaginando. El cine nos ha dejado entrever lo que tal vez un día podamos experimentar cuando las máquinas accedan al mundo de las emociones y la conciencia. Algunos filmes evocan mundos totalmente distintos al nuestro, como *Blade Runner* o *A.I. (Inteligencia Artificial)*. Pero también futuros cercanos y ya inquietantes, como el que el director Kike Maíllo supo reflejar en su magnífica *Eva,* en la que los dilemas y fronteras que debemos cruzar aparecen en toda su humanidad y crudeza. No es casualidad que tanto *A.I.* como *Eva* tengan como punto de contacto la construcción de un niño robot. Ya ahora una parte importante de la investigación que se desarrolla en todo el mundo tiene que ver con el desarrollo de robots que se emplean para explorar los fenómenos de aprendizaje y desarrollo de tareas cognitivas complejas.

El robot iCub (figura 4.10) es un ejemplo de este tipo de tecnología. El iCub, de un metro de altura aproximadamente, es muy complejo, ha sido desarrollado por ingenieros y científicos del Instituto Italiano de Tecnología y constituye un laboratorio único en el desarrollo de estudios acerca del aprendizaje y en la influencia que la interacción física entre robot y ambiente tiene en dicho aprendizaje. Del mismo modo que un niño se desarrolla y aprende a percibir y responder a señales externas, el iCub nos da la oportunidad de observar con todo lujo de detalles el proceso de aprendizaje y cómo coopera o se comunica con otros robots o humanos. Dado que en el futuro los robots pueden adquirir un papel enorme en tareas de educación y cuidado tanto de niños como de personas con necesidades especiales, las lecciones que aprendamos de estos robots infantiles serán de gran importancia. Incluso cabe preguntarse si la infancia no será una parte necesaria del desarrollo de la inteligencia robótica. No hay que olvidar que el cerebro humano no resulta de un diseño que lo pone en marcha ya desarrollado sino de toda una trayectoria de crecimiento e

172

Figura 4.10. La exploración de las facultades cognitivas mediante el empleo de robots ha tenido en muchos casos a los robots-niño como objeto de estudio, en el que no sólo la puesta en marcha de funciones, sino también su desarrollo progresivo, son analizados en detalle. Un ejemplo de este tipo de robot es el iCub desarrollado por el Departamento de Robótica y Ciencias Cognitivas del Instituto Italiano di Tecnologia. (Imagen de Massimo Brega.)

interacción con otros y con ese extraordinario fenómeno que cambió nuestra existencia: el lenguaje.

Algunos investigadores consideran que el lenguaje es una entidad que posee un estatus especial en la evolución humana y lo han comparado con un virus que infecta el cerebro de los niños. En esos cerebros aún cambiantes, que están construyendo una imagen del mundo externo, el lenguaje da forma a esta imagen permitiendo que seamos capaces de adquirir una mente simbólica. Si debemos inspirarnos en la evolución para moldear la emergencia de la inteligencia, tal vez un robot que desarrolle el lenguaje dentro de una comunidad sea un paso necesario. Me imagino que, algún día no tan lejano, un robot de aspecto humano sostendrá entre sus manos este libro y leerá estas líneas. No puedo imaginar qué sentirá, qué extrañas (o tal vez muy familiares) sensaciones acudirán a su mente. ¿Sentirá simpatía por este escritor que le manda un mensaje desde el pasado?, ¿sonreirá con condescendencia ante mi falta de previsión?, ¿cerrará mi libro al terminar de leer este párrafo y mirará al cielo unos instantes, tratando de conectar con este presente, que ya será humo de la memoria? Desconozco las respuestas y no voy a arriesgarme con conjeturas. Para cuando esto ocurra, yo ya habré desaparecido y sólo espero, amigo robot, que al terminar de leer el último párrafo guardes con cuidado este objeto de papel, anticuado y espero que lo bastante precioso para ser preservado. Y si tus recuerdos y libre albedrío se forjaron cuando eras un robot infantil, tal vez nos una mucho más de lo que nos separa, y creas, como dijo Rilke, que la infancia fue nuestra única y verdadera patria.

5
Una historia del Bronx

El nacimiento de una ciudad es un proceso natural, en el que un nuevo ecosistema reemplaza al anterior. Lo mismo ocurre cuando una ciudad muere.

James Trefil, *A Scientist in the City*

Por su propia naturaleza, las ciudades nos ofrecen aquello que sólo puede lograrse viajando: lo extraño

Jane Jacobs,
Muerte y vida de las grandes ciudades

Pero inútilmente he partido de viaje para visitar la ciudad: obligada a permanecer inmóvil e igual a sí misma para ser recordada mejor, Zora languideció, se deshizo y desapareció. La Tierra la ha olvidado.

Italo Calvino, *Las ciudades invisibles*

Mundo ciudad

Cuando nos preguntan dónde nos encontrábamos cuando ocurrió un gran acontecimiento que ha marcado la historia (si hemos sido lo bastante afortunados o desgraciados para estar allí) hacemos un pequeño viaje mental al momento justo en el que supimos que algo único había tenido lugar, al momento en el que supimos, a la vez que otros millones de seres humanos, que el mundo había cambiado. Recuerdo muy bien el instante en el que los aviones comerciales se estrellaron contra las Torres Gemelas en Nueva York. Estaba en un aparcamiento subterráneo de Barcelona con el tíquet en mi mano tendida hacia el encargado, que veía la televisión con enorme concentración. En la pantalla, una de las torres ardía y me dio la impresión de estar viendo una película de acción, si no fuera porque alguna cosa en los comentarios que apenas podía oír indicaban algo distinto. Aquel hombre, sin mirarme directamente, ladeó la cabeza y susurró: «Un avión ha chocado contra el World Trade Center». Me quedé petrificado frente al televisor, sin palabras. Mientras esperaba y escuchaba las conjeturas acerca de aquel desastre transmitido en directo, me vino a la mente mi primera imagen de las torres, con una bolsa de libros de segunda mano comprados en la librería Strand, alzando la vista a pie de calle hacia aquellas estructuras monumentales y con su perfil de fuga inconcebible, reflejando la luz del sol de una mañana de otoño. Entonces otro avión apareció para estrellarse con todo su pasaje contra la segunda torre. Al cabo de apenas una hora, las torres se habían hundido, desmoronándose piso por piso, desapareciendo para siempre del paisaje urbano que habían dominado durante décadas. Lo inimaginable se había hecho realidad. Pasara lo que pasara, el mundo ya era distinto.

La desaparición del World Trade Center marca en el calendario de nuestra historia humana un evento bien señalizado. Las torres gemelas se desplomaron en una ciudad concreta en un día preciso. Es fácil concluir que cualquier otro hecho clave en nuestra historia será igualmente visible, pero al menos en un caso no ha sido así. Se trata de un acontecimiento de enorme significado, crucial en muchos sentidos, pero que no ha dejado una huella definida que podamos reconocer. Ha ocurrido en el curso de nuestra vida y aun así nunca sabremos cuándo tuvo lugar. Así describía Mike Davis este acontecimiento en el año 2006:

En algún momento en el próximo año o el siguiente, una mujer dará a luz en el suburbio de Ajegunle en Lagos, un hombre joven abandonará su pueblo en el oeste de Java por las luces de Yakarta, o tal vez un granjero parta con su pobre familia en dirección a alguno de los innumerables pueblos jóvenes de Lima. El acontecimiento exacto no es importante y pasará totalmente desapercibido. Y sin embargo, constituirá un vuelco en la historia de la humanidad, comparable con las revoluciones Neolítica e Industrial. Por primera vez la población urbana sobre la Tierra superará a la del campo. (Davis 2006, 1)

Nuestra civilización surgió hace unos miles de años como resultado de la primera oleada de control sobre la naturaleza que supuso la aparición y difusión progresiva de la agricultura. Todo ocurrió en gran medida al final de la última glaciación y al inicio de un periodo caracterizado por un incremento en las temperaturas medias en todo el planeta. Como consecuencia, las tundras se transformaron en bosques, las sabanas se expandieron y zonas como la que ocupa en la actualidad el desierto del Sáhara eran ecosistemas ricos en los que medraban grandes herbívoros que disfrutaban de abundante vegetación y lagos extensos. La Cueva de los Nadadores que aparece en una escena memorable de *El paciente inglés,* donde los protagonistas descubren unas pinturas que muestran peces, figuras humanas nadando y pescando, se halla en pleno desierto libio y es uno de los ejemplos de arte rupestre que rememora aquel pasado que hoy nos parece irreal.

La mayor transición después del inicio de un largo proceso de control de las cosechas y la domesticación de animales salvajes fue la aparición de asentamientos urbanos estables y, posteriormente, de la ciudad. Su entrada en escena se dio hace unos 5000 o 6000 años y ocurrió en diversos lugares del mundo casi simultáneamente. Estas ciudades surgen de un proceso de condensación constante de núcleos de población dispersos que empezaron a formar redes de asentamientos cada vez más interconectadas, amplificando así el flujo de materia, energía e información. En cuestión de apenas unos siglos, la densidad de los asentamientos creció y éstos se hicieron más compactos, anunciando así la emergencia de los centros urbanos del futuro. La tecnología de la construcción evolucionó y con ella el tamaño y complejidad de las construcciones. Surgieron recintos amurallados, almacenes de grano y depósitos de agua, Como en un organismo enfrentado a un medio variable, la ciudad desarrollaba una frontera bien definida a la vez que ofrecía el potencial de mantener la estabilidad frente a los cambios externos y así garantizar la supervivencia de sus habitantes más allá de lo que una mala cosecha o la sequía decidieran. Más adelante, las construcciones evolucionaron hacia edificios mayores y aparecieron canales de irrigación de diseño complejo. Lo que Lewis Mumford llamó «la cristalización de la ciudad» se desarrolló en paralelo: la sociedad cambió hacia una especialización creciente, que incluía diversas tareas. Pastores, campesinos, cazadores y pescadores habrían empezado a coexistir con carpinteros, artesanos, herreros o mineros. Lo que hasta entonces era llevado a cabo por grupos más o menos desconectados tenía lugar en un área limitada en la que los componentes de la comunidad podían interaccionar y trabajar en común de forma organizada. En cierto modo, la ciudad-organismo experimentaba un proceso de diferenciación que nos recuerda a los tejidos de un individuo. Esta diferenciación facilitaba el reparto de tareas y suponía una racionalización del trabajo que tuvo un enorme impacto sobre la cultura. Aunque el proceso de transformación que llevó al dominio de las ciudades como centros neurálgicos no fue fácil y estuvo marcado por muchos fracasos, el modelo básico quedó establecido de forma irreversible. Los centros urbanos empezaron a crear redes espaciales extensas, parecidas a vasos sanguíneos por los que recibían la energía necesaria para mantenerse, ya fuera en forma de cereales, animales o seres humanos. Sólo cuando los recursos para mantener el sistema no eran suficientes, la ciudad dejaba de ser el núcleo organizador capaz de mantenerse y se iniciaba la desintegración.

Nuestras ciudades modernas requieren flujos enormes de energía para crecer y mantenerse. Incluso en el pasado, aparentemente alejado de nuestro presente lleno de rascacielos, el consumo de energía requerido era enorme. Hacer cálculos es difícil, y en general puede resultar imposible tener una idea de las escalas en juego. Pero al menos en algunos casos es posible. Thomas Homer-Dixon ha llevado a cabo el ejercicio, calculando la energía empleada para construir el Coliseo de Roma. Esta construcción imponente, que se inició bajo el mandato de Vespasiano, llegó a ser legendaria, y su volumen externo queda disminuido ante los cimientos invisibles, que constituyen dos terceras partes del total. De manera que este iceberg de piedra suma en total un millón de toneladas de material que tuvo que ser transportado a través de las arterias del Imperio hacia su zona cero. Homer-Dixon se planteó la cuestión básica del siguiente modo:

> Como cualquier ciudad antigua, Roma funcionaba en esencia gracias a la energía del sol, absorbida por las plantas de los campos romanos y convertida en alimentos. Mientras inspeccionaba la piedra, me pregunté: ¿cuál sería el área de cultivo necesaria para generar las calorías que movieron los músculos que permitieron colocar todas aquellas rocas en su lugar? (Homer-Dixon 2006, 36.)

La tarea no es fácil pero este experto en ciencias políticas de la Universidad de Toronto calculó, con la ayuda de su colega Karen Frecker, que erigir el Coliseo requirió unos 44.000 millones de kilocalorías de energía, de las que unos 34.000 millones fueron necesarias para dar de comer a los bueyes que tiraban de los carros y 10.000 millones se emplearon en los trabajadores humanos. La gran mayoría de la energía invertida se necesitó para excavar y rellenar los cimientos del monumento y para ello tuvo que invertirse fundamentalmente en el transporte. Estos investigadores también estimaron que el área total de superficie cultivada se correspondería con un área cercana a la de la isla de Manhattan (unos 55 kilómetros cuadrados), explotada durante cinco años. Mantener semejantes niveles de consumo de energía se convirtió en la principal tarea del Imperio, y su caída fue una consecuencia, por encima de todo, de la incapacidad de bombear suficiente energía. Volveremos a este problema en el capítulo 8.

Las ciudades poseen historias que reflejan conflictos entre lo que pueden ofrecer y lo que pueden soportar. Son los núcleos de creatividad y poder del mundo y el laboratorio de mil experimentos exitosos o fallidos. Son parte esencial de las redes que nos conectan de forma visible (redes eléctricas, de gas o agua) o invisible (redes sociales y económicas). Para persistir, han empleado las tecnologías del momento y han sido su mayor banco de pruebas. La ciudad es el libro en el que transcurren las vidas de muchos de nosotros, al que aportamos nuestra propia experiencia vital. Somos la ciudad, somos su razón de ser, pero la ciudad a su vez nos cambia y condiciona. En este diálogo a dos niveles, en las páginas invisibles escritas por los millones de personas que una vez fueron las células del tejido urbano, la ciudad se comporta a menudo como un organismo vivo, en crecimiento y expansión, extrayendo energía de su entorno y cambiando a medida que envejece o se renueva. La ciudad está, en muchos sentidos, más viva de lo que creemos.

Ciudades fractales

El genial Antoni Gaudí, creador de una nueva forma de arquitectura inspirada en las formas naturales, dijo en una ocasión que quería que su obra más conocida, la Sagrada Familia, fuera «como un bosque». Es imposible no quedar fascinado por el talento de este arquitecto único y la conexión que sus obras hacen no ya con la naturaleza, sino con el mismo sentido de lo natural que impregna sus techos ondulados, que expresan a la vez la elegancia de formas matemáticas y fueron el resultado de una mezcla única de ingeniería e inspiración biológica. Desde que puedo recordar, uno de mis nexos de unión más fuertes con Barcelona ha sido la presencia constante de la Sagrada Familia, esa extraña, imponente y cambiante basílica que domina el perfil de la ciudad desde cualquier ángulo. Cuando mi madre me llevó por primera vez a jugar al pequeño parque que hay delante del templo, sólo estaban terminadas cuatro torres y las cuatro siguientes tan sólo empezaban a levantarse. Como si se tratara de un microcosmos dentro del universo de la ciudad, el edificio ha tomado forma, sufriendo y superando crisis, creciendo y levantando polémicas que nunca se han terminado del todo.

Al igual que la ciudad misma, la Sagrada Familia seguirá seguramente cambiando cuando yo ya no esté y otros niños miren a lo alto y se pregunten por el autor de la obra y su significado. Si visitan su interior, descubrirán una bóveda que no tiene parecido con ninguna otra iglesia o catedral del mundo. Las columnas se levantan como árboles, ramificándose allá arriba, donde la luz lo inunda todo, soportando la estructura del techo que está muy lejos del diseño gótico y extrañamente cerca de la vida. Las obras de Gaudí son una referencia constante a una geometría que se aparta de las líneas rectas y que escapa una y otra vez al control de los trazos simples. La ciudad misma escapa constantemente a este control, y en todo el mundo las grandes metrópolis en ocasiones parecen comportarse como organismos en constante crecimiento y renovación. El estudio de este crecimiento sugiere que así es en gran medida, y el ordenador nos permite, una vez más, recrear sus cambios y predecir futuras tendencias. Al igual que Gaudí, para pensar sobre la ciudad debemos abandonar (al menos por un momento) las líneas rectas y dejar que la biología tome el control.

Las ciudades son enormes sistemas complejos en los que transcurre la vida de la mayoría de los seres humanos, que raramente pensarían en la urbe que habitan como en un organismo vivo. Su funcionamiento ha sido comparado a menudo con algún tipo de entidad viva, y en cierto sentido la metáfora resulta bastante adecuada. Las ciudades crecen (aunque no se reproducen) y su «vida» depende del flujo de energía, materia e información que las atraviesa constantemente. Comprender su crecimiento de forma global no puede limitarse a las obras de algunos arquitectos emblemáticos. La persistencia y salud de una ciudad depende sobre todo de cómo ésta es capaz de convertir los flujos entrantes en estructuras dinámicas estables pero a la vez capaces de adaptarse. Al igual que un organismo vivo, es preciso que su crecimiento responda a la escala de los recursos disponibles.

La ciudad posee un «metabolismo» en un sentido bastante apropiado del término, ya que es posible cuantificar las entradas y salidas de energía y materia. Por otra parte, la ciudad posee también elementos que hacen que nuestra metáfora tenga algunas limitaciones. Las ciudades son amplificadores sociales, tanto a nivel de tendencias y redes de relaciones, como en términos económicos: más allá de lo que sea racionalmente sostenible, atraen a gente, y el proceso de crecimiento demográfico puede en ocasiones provocar el declive de la ciudad. Y no debemos olvidar que nosotros formamos parte del tejido y metabolismo de la ciudad. Somos en cierto sentido sus células componentes, que la mantienen viva y a salvo de la decadencia si las cosas van bien. Podemos ser su cáncer y el motivo de su decadencia cuando todo se tuerce. Pero sin los edificios nuestra vida estaría limitada a los vaivenes del ambiente externo, así que en cierta medida las casas y toda la infraestructura tecnológica que las rodea forman un gran esqueleto que mantiene y es mantenido por seres humanos.

Tal y como señala el arquitecto Michael Weinstock, el crecimiento y la creación de nuevas urbes presenta retos abrumadores que debemos resolver. Para ello, es preciso en primer lugar tener en cuenta las lecciones que hemos recibido del pasado, particularmente la superación de situaciones críticas. En segundo lugar, desarrollar una teoría de la ciudad que nos permita comprender de qué forma crecen o mueren. En tercer lugar, es preciso comprender cómo toman forma aquellas partes del tejido social que resultan de interacciones entre individuos y sus redes sociales. En este último caso, la información, las

182

expectativas y nuestros sesgos culturales pueden tener un papel mucho más importante que el metabolismo urbano.

Durante su desarrollo histórico, el metabolismo de la ciudad se basa en formas de empleo de energía que pueden dar lugar a situaciones críticas. Éste es el caso de la época dorada de los transportes basados en caballos que floreció durante el siglo XIX (figura 5.1). Los caballos ofrecían una fuente de energía manejable y predecible, excepto por un pequeño problema: los desechos que generaban. El número de caballos en circulación en ciudades como Nueva York o Londres llegó a ser tan alto que el reciclado de sus excrementos se convirtió en un desafío que cuestionaba la propia viabilidad del sistema. Se estima que en la ciudad de Londres había en 1900 unos 50.000 caballos que tiraban de carros y otros medios de transporte. En Nueva York, su número llegó a superar los 100.000 y la Gran Manzana debía afrontar cada día la tarea de eliminar un millón de kilos de estiércol. La situación creada, que parecía llevar a las ciudades al colapso y la ausencia de posibles soluciones, hizo que la primera conferencia internacional sobre planificación urbana fracasara por completo y tuviera que ser cancelada. Afortunadamente, la innovación tecnológica que representó el coche de motor acabó con esta situación y demostró lo errónea de la predicción llevada a cabo por un periodista del *Times* londinense, que sugería que las calles de las grandes ciudades terminarían sepultadas por estiércol de caballo en tan sólo cincuenta años.

Cada ciudad posee una historia propia, una historia que parece ser tan relevante para definir su personalidad que pensaríamos que cada una de ellas es casi un mundo aparte. Pero como suele suceder con otros muchos sistemas complejos, algunas propiedades son universales y trascienden la historia y sus miserias. Una de ellas se reveló con el estudio de la evolución de algunas ciudades, como Berlín, que se muestra en la figura 5.2 (columna izquierda). Como veremos en el capítulo 8, el crecimiento de este sistema tiene muchas similitudes con la dinámica del cáncer. Una primera impresión que se

Figura 5.1. Las ciudades modernas, particularmente las grandes urbes verticales, definen un sistema complejo, con su propio metabolismo, que requiere un flujo adecuado de energías de entrada y salida. En la imagen, una calle de Nueva York a finales del siglo XIX, dominada por los vehículos de caballos.

184

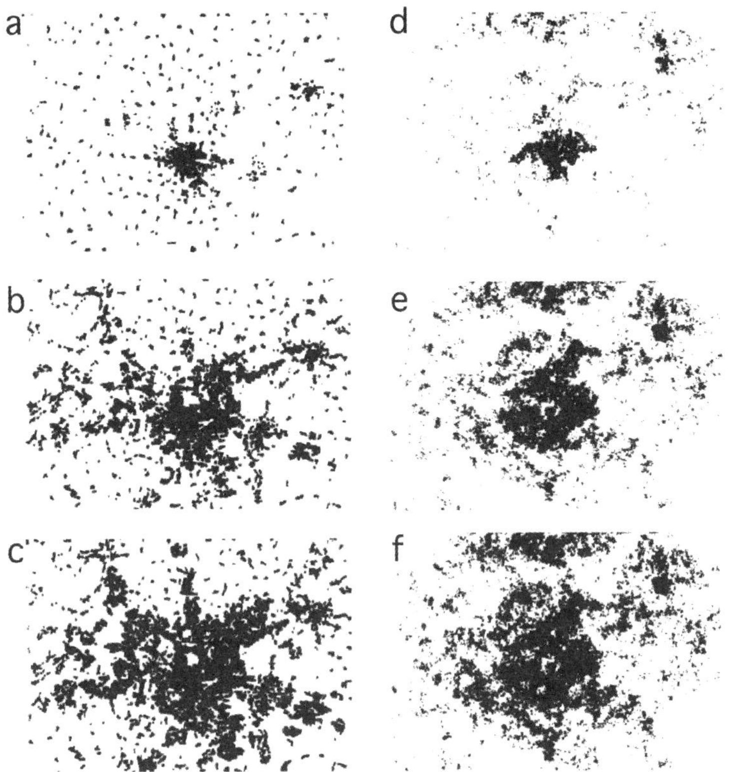

Figura 5.2. Crecimiento fractal de las ciudades. En la columna de la izquierda vemos el desarrollo urbano de la ciudad de Berlín (a, b, c) en tres años distintos (1875, 1920 y 1945, respectivamente). Las zonas negras corresponden a zonas urbanizadas. La columna de la derecha representa un ejemplo del modelo de Makse-Havlin-Stanley en el que se supone que, sobre un espacio dado bidimensional, aparecen puntos negros con una probabilidad que depende de la presencia, en zonas próximas, de zonas ya urbanizadas (d, e, f). (Imagen adaptada de Solé y Goodwin 2001.)

obtiene al inspeccionar su forma es la de que el borde parece muy irregular. De hecho, un análisis detallado del perfil urbano indica que la «costa» de las ciudades posee propiedades similares a las de los límites costeros de cualquier país. Una consecuencia de esta similitud, tal y como demostró el matemático Benoît Mandelbrot, es la existencia de propiedades *fractales*. Lejos de tratarse de simples curvas irregulares desordenadas, el perfil costero presenta una propiedad notable: observado a diferentes distancias (como si hiciéramos un *zoom*) el aspecto de la costa es siempre el mismo, debido a que el motivo básico se repite una y otra vez a todas las escalas. Pero las costas son el resultado de procesos geológicos, naturales, mientras que la ciudad crece bajo el control de sistemas de planificación... ¿o no? Resulta un tanto improbable que un perfil irregular pero a la vez tan complejo sea una consecuencia de decisiones racionales de tipo global.

¿Podemos hacer un modelo de crecimiento de ciudades que reproduzca sus propiedades básicas y sea simple? Para empezar, tomemos la serie de imágenes anteriores. Esta serie refleja un proceso de crecimiento en el que percibimos dos fenómenos. Por una parte, además de producirse una progresiva colonización del espacio, su ocupación tiene lugar alrededor del núcleo inicial, que define el denominado centro financiero. Este centro posee de hecho la mayor densidad urbana y de alguna manera es el centro de gravedad alrededor del cual se organiza el crecimiento urbano. Pero este crecimiento es a la vez desordenado y fragmentario. Vemos así que algunos centros periféricos crecen a su vez de forma similar al núcleo principal, sugiriendo que el proceso básico se repite a todas las escalas.

Inspirados por esta intuición, un grupo de físicos encabezado por Hernán Makse, actualmente en la Universidad de Nueva York, propuso hace años un modelo muy simple en el que imaginaban la ciudad como un conjunto de partículas (los lugares ocupados por edificios) que podían ir apareciendo sobre distintos puntos del espacio, con cierta tendencia a surgir en las proximidades de lugares ya urbanizados. Este modelo, que Makse desarrolló junto a Shlomo Havlin y Eugene Stanley, considera el proceso de crecimiento urbano como un fenómeno no planificado y que esencialmente amplifica las dimensiones de las áreas urbanas haciéndolas crecer. La idea es que, si elegimos un punto del espacio que está vacío, la probabilidad de que se urbanice depende sencillamente del grado de urbanización que ya existe en su entorno. El resultado de este modelo, que podemos apreciar en la figura 5.2 (derecha) es una distribución espacial enormemente similar a la que observamos en el crecimiento de Berlín (pero también en otras ciudades, como Londres) y que al ser analizado en detalle demuestra que la similitud no sólo es visual: si medimos las propiedades de estos agregados, podemos comprobar que siguen los mismos comportamientos que medimos en las ciudades reales. El resultado apoya la idea de que el crecimiento urbano obedece a leyes internas más cercanas a la biología que a ningún tipo de planificación racional.

El modelo anterior es capaz de explicar una buena parte del comportamiento de los centros urbanos como sistemas vivos que se expanden de forma irregular, aunque introduce numerosas simplificaciones y se concentra en reproducir los mapas bidimensionales en los que cada punto del espacio puede estar o no urbanizado. Las ciudades sintéticas creadas por el modelo no tienen la tercera dimensión que sabemos que está presente: en cada punto de este espacio tenemos una mayor o menor concentración de individuos, compañías, comercios o tiendas. Dicho en otros términos, el grado de aglomeración de recursos o personas varía de un lugar a otro. Desearíamos ser capaces de construir un modelo en el que estas irregularidades y concentraciones demográficas surgieran espontáneamente a partir de reglas simples. Además, deberíamos ser capaces de reproducir una de las leyes más universales que conocemos: la llamada ley de Zipf, conocida desde 1935, y que esencialmente nos dice que el tamaño (en número de habitantes) de la segunda mayor ciudad es la mitad del de la primera; la tercera mayor es una tercera parte de la primera y así sucesivamente.

La importancia de esta ley (que aparece también en el lenguaje humano en relación con la frecuencia de palabras) en el contexto de las ciudades ha sido puesta de manifiesto por diversos autores, entre ellos el economista y Premio Nobel Paul Krugman. Este autor llamó a esta regularidad aparentemente universal «un misterio urbano», que ha sido interpretado por los economistas como el reflejo de algún tipo de jerarquía en la que las áreas urbanas mayores tendrían el papel de centros alrededor de los cuales se situarían las ciudades menores y así sucesivamente. Esta explicación, sin embargo, hace aguas tan pronto como se somete a una inspección crítica (algo que los teóricos de la economía no hacen muy a menudo). No existe ninguna evidencia —más bien al contrario— de jerarquías en la relación entre ciudades. Semejante posibilidad requeriría de una distribución espacial de los centros urbanos que simplemente no existe. Además, un modelo jerárquico requiere la existencia de un conjunto de parámetros constantes que mantengan el rango de las interacciones entre ciudades a lo largo del tiempo. La regla de oro de la física de los sistemas complejos es clara: cuando veas universalidad, busca simplicidad. Nuestro propósito es ambicioso: queremos generar la evolución de un sistema de centros urbanos cuya estructura básica sea la observada en la realidad. Veamos cómo.

Una vez más, necesitamos alejarnos de los detalles para extraer lo realmente esencial. También debemos tener en cuenta qué cosas podemos medir y comparar con las simulaciones. Supongamos que nuestras ciudades pueden surgir en un espacio dado, definido una vez más por un tablero cuadrado. En cada casilla de este tablero tendremos una densidad de población, que imaginaremos proporcional al grado de urbanización local. Para que nuestro modelo tenga alguna similitud con la forma en que las ciudades crecen, podemos explotar una regla universal: las ciudades atraen a la gente, que hace crecer los centros urbanos y aumenta la atracción, con lo que el proceso se retroalimenta. Estos procesos pueden ser muy rápidos, particularmente cuando en un área concreta emerge un tipo particular de tecnología, como ocurrió en Silicon Valley, en California. En 1950 apenas había ochocientos trabajadores, la mitad de ellos empleados en la recogida de ciruelas y su procesamiento. Tan sólo veinte años después, su población se había disparado y miles de compañías de alta tecnología establecían uno de los polos de innovación del mundo. Por otra parte, la población tenderá a desplazarse desde áreas muy pobladas a otras menos pobladas en sus proximidades, pero también puede ocurrir que lo hagan a puntos más alejados. Este último proceso se da muy a menudo y obedece a factores muy diversos, entre los que se encuentran la búsqueda de nuevas oportunidades o el alejamiento de los lugares más densos y tal vez menos hospitalarios. Alrededor de los grandes centros urbanos emergen pequeñas ciudades o pueblos que, en muchos casos, acaban fundiéndose en una estructura única.

Estas reglas básicas deben completarse con mecanismos de degradación que den la contrapartida a los fenómenos de crecimiento. Este segundo factor es más difícil de delimitar, pero está claro que opera también dando forma a las ciudades. Su marca es especialmente evidente en cientos de lugares ahora abandonados o fuertemente despoblados a causa de catástrofes, guerras, dificultades asociadas a la degradación medioambiental o una depresión económica. Un ejemplo de estos lugares son los pueblos fantasma, silenciosos y en estado de ruina, aunque a veces lo bastante conservados para que parezca que sus habitantes van a regresar en cualquier momento. Hay también ciudades fantasma, como la de Gary, en Indiana, que ha cumplido un siglo y es ahora un extraño mundo de calles y edificios bien conservados pero vacíos, aunque la iglesia o el antiguo cine muestra ya los daños del tiempo en ausencia de seres humanos. Otras ciudades abandonadas como Pripiat (cerca de la central nuclear de Chernóbil), Hashima, en Japón, o Agdam, en Azerbaiyán, cuentan distintas historias acerca de la vida y la muerte de los centros urbanos.

En muchos casos, la ciudad se viene abajo debido a su fuerte dependencia económica de algún tipo de materia prima o industria. Así, las ciudades creadas cerca de grandes explotaciones mineras, crecidas al calor del auge del automóvil o la construcción naval suelen experimentar periodos de gran prosperidad que tarde o temprano estará en peligro. Si la ciudad no es capaz de renovarse, si su tejido económico es poco diverso y flexible, un cambio rápido puede dar lugar a situaciones insostenibles. La degradación no tiene por qué ser total: el abandono de las casas es tan sólo el caso límite de un espectro de posibilidades, entre las que se encuentran diversos grados de abandono. La ciudad de Detroit, por ejemplo, que tuvo una época de esplendor como centro de la industria automovilística y llegó a ser la cuarta mayor ciudad de Estados Unidos, ha experimentado diversos episodios de declive, con una considerable pérdida de población (hasta un veinticinco por ciento en tan sólo una década) y sus marcas aparecen visibles también en edificios emblemáticos, como la Estación Central, hoteles, escuelas, algunos rascacielos o el Teatro Gótico Español. El declive de Detroit ha recibido mucha atención, tal vez porque resulta chocante que una gran urbe pueda llegar a semejante situación. Pero lo cierto es que los embates de la economía o la naturaleza, como las olas, pueden tener intensidades muy diversas. En la mayoría de los casos, su efecto será débil y pasará incluso inadvertido. Pero si esperamos lo suficiente, los grandes cambios serán inevitables. Nuestra segunda regla debe por lo tanto incorporar estos cambios rápidos por los que la población de cierto lugar experimenta una caída de mayor o menor intensidad. De forma simplificada, podemos suponer que cuanto mayor sea la intensidad de la reducción, más raro será el evento.

Mediante las reglas anteriores y definiéndolas sobre un espacio cuadrado en el que cada casilla correspondería a cierta superficie, mis colegas Susanna Manrubia, Damian Zanette y yo mismo propusimos un modelo enormemente simple que es capaz de reproducir la gran mayoría de las propiedades de las ciudades reales, pese a ignorar las aparentemente enormes complicaciones de estos sistemas y sus múltiples detalles (figura 5.3). Supongamos que el espacio que tenemos que colonizar es inicialmente un tablero vacío. Queremos que en este espacio aparezcan centros de población que crezcan en el espacio y el tiempo a la vez que experimentan perturbaciones que reducen su población. Las reglas básicas son:

(1) En cualquier lugar del tablero, una pequeña población puede sumarse en cualquier momento. Esta regla introduce un efecto de inmigración externa que suponemos constante para cualquier punto del sistema.

(2) Los individuos situados en un punto cualquiera pueden desplazarse al azar hacia las casillas más cercanas. Esta regla permite la «difusión» de individuos desde áreas más pobladas a otras menos pobladas pero cercanas.

(3) Generamos un número al azar $0 < p < 1$. La población X de un punto dado aumentará a un valor X/p o bien se reducirá a cero con probabilidad p. Así por ejemplo, si $X = 1000$ y $p = 0,02$, pueden ocurrir dos cosas. O bien la población se extingue (con una pequeña probabilidad) o bien se ve multiplicada por 50, dado que $1/p = 1/0,02 = 50$, con lo que la nueva población sería $pX = 50.000$. Esta regla expresa la idea de que las ciudades atraen gente. A mayor población, mayor atracción.

Tomemos nuestro sistema, elijamos un punto cualquiera al azar y apliquemos las reglas anteriores. ¿Qué ocurre? Rápidamente observamos la aparición de pequeños centros de población, algunos de los cuales crecen con rapidez y se expanden. El proceso da lugar a un mapa espacial de ciudades emergentes que recuerda enormemente a las que podemos encontrar en cualquier parte del mundo. Las grandes ciudades aparecen como cúmulos de población agrupados en zonas concretas, y suelen mantener su estatus y tamaño durante largos periodos de tiempo, mientras que otras ciudades menores pueden decaer con cierta rapidez.

El resultado visual es muy sugerente y encaja en un sistema altamente dinámico que tiende a conservar las partes más pobladas pero permite también observar la desaparición de áreas antes bien pobladas. De alguna forma, vemos desde la lejanía las idas y venidas de poblaciones que se sienten atraídas por los centros urbanos emergentes pero que también son víctimas de su caída. Con el tiempo, la simulación genera

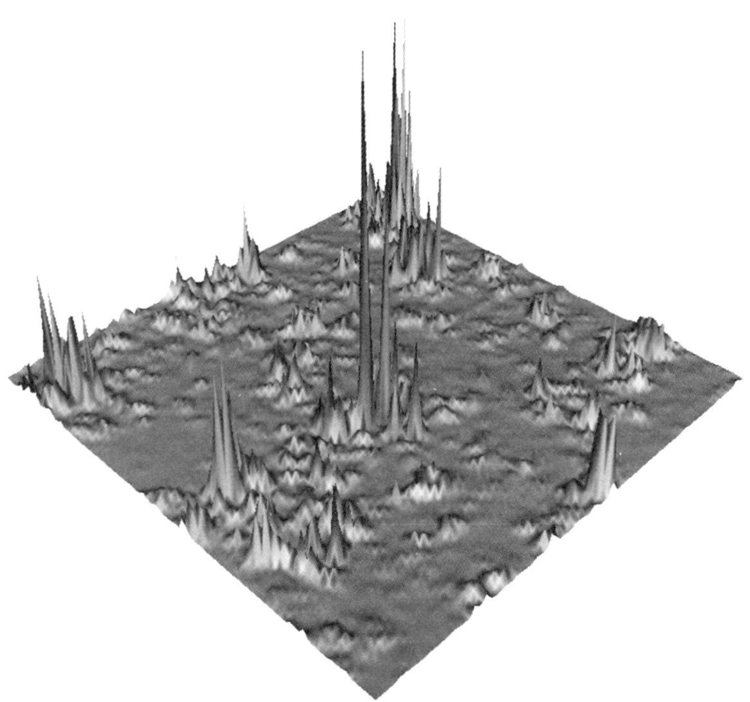

Figura 5.3. Un ejemplo de los perfiles de densidad urbana generados por el modelo de crecimiento de ciudades de Manrubia-Zanette-Solé. Aquí se representa un instante dado en el tiempo de la simulación y podemos apreciar varios agregados con picos de densidad elevados que corresponderían a centros urbanos y sus periferias. La gran mayoría de los picos de densidad, sin embargo, son de pequeño tamaño, indicando un dominio de pequeños centros esparcidos por el espacio. La abundancia de ciudades sintéticas en relación con su tamaño sigue la ley de Zipf, tal y como se observa en las ciudades reales. (Simulación de Ricard Solé.)

cierto número de ciudades cuyo tamaño podemos medir, así que podemos dibujar el mismo diagrama que ya conocemos. ¿Cuál es la distribución de ciudades en el mundo virtual? La misma que en el real. La ley de Zipf aparece aquí como resultado de nuestras reglas mínimas, y en un estudio previo Susanna y Damián habían ya demostrado que el resultado era básicamente independiente de los parámetros empleados en el modelo. El dominio de unas pocas grandes ciudades como núcleos atractores de población, junto con una sobreabundancia de pequeños asentamientos aparece de forma espontánea y sin controles centrales ni jerarquías. La forma en la que ello ocurre sigue exactamente el comportamiento real. Pero hay más: si analizamos la forma en la que se distribuye la población alrededor del centro más denso (lo que algunos autores denominan el «centro financiero»), comprobamos que la rapidez con la que se reduce la densidad sigue la misma ley que puede medirse en las grandes ciudades. Por tanto, sin asumir nada acerca del modo en el que se rigen las preferencias en función del número de habitantes o recursos en cada punto, el modelo genera de forma espontánea las densidades adecuadas, canalizando de este modo el comportamiento del sistema urbano sintético. Finalmente, las propiedades fractales de los agregados urbanos se ajustan a las que generan las grandes urbes, con lo que se confirma su comportamiento casi orgánico.

De forma parecida a lo que ocurre con un tumor en crecimiento, la periferia de las grandes ciudades parecen propagarse y deformarse como una masa celular que invade a su huésped. Dentro de este límite cambiante tienen lugar otros crecimientos y segregaciones. Sus orígenes pueden también trazarse mediante modelos del comportamiento humano. Modelos simples cuyas implicaciones nos trasladan esta vez al dominio de la tolerancia y la diversidad. Dos aspectos esenciales de la ciudad viva y que, demasiado a menudo, nos muestran su enorme fragilidad.

Odiarás a tu prójimo

Los modelos anteriores exploran la demografía a gran escala, sin preocuparnos de lo que ocurre en las escalas menores. Pero por supuesto las ciudades no son conglomerados homogéneos de individuos, sino sistemas complejos en los que distintas influencias dan forma a sus barrios, sus vecindarios y en último término, a sus individuos. Al igual que existen procesos de amplificación que son responsables de que las ciudades sigan leyes aparentemente inexorables en sus tamaños relativos, algunos procesos clave del desarrollo de comunidades dentro de centros urbanos podrían estar relacionados con fenómenos similares. En esta sección consideraremos un ejemplo que, por sus posibles consecuencias, merece toda nuestra atención.

Un resultado habitual del crecimiento incontrolado de las ciudades es la aparición de segregación por raza, nivel económico o ambas cosas a la vez. Los guetos formados por grupos homogéneos de personas que, de una forma u otra, han terminado disociándose de la sociedad que ha fracasado en integrarlos. Estos guetos, cuando prosperan en condiciones económicas adecuadas, pueden terminar constituyendo una parte especial y apreciada del tejido social de la ciudad. Es lo que ocurre (aunque no siempre ha sido así) con algunos barrios de la ciudad de Nueva York. Little Italy o el Soho son nombres que aparecen en las guías turísticas como lugares que hay que visitar, con un encanto especial y su propia personalidad. El lector se sentirá tal vez ajeno por completo a las posibles raíces de la segregación racial. «Yo no soy racista», se dirá a sí mismo. Muchos nos identificamos con una visión del mundo en la que las diferencias basadas en atributos de raza deberían formar parte de la prehistoria de nuestra civilización.

Nos resulta lamentable que algunas personas terminen alejadas de la red social debido a que llegaron al lugar adecuado para sobrevivir pero no para vivir. ¿Cuántos niños han visto su vida condicionada por el lugar en el que nacieron?, ¿cuánto capital humano han arruinado las barreras económicas? Los políticos suelen mirar este problema como una fuente de dolor de cabeza más o menos insoluble o, en algunos casos, como una fuente de votos. ¿Qué mejor forma de desviar la atención de los problemas reales que señalar con el dedo a los diferentes? Cuando una comunidad permanece al margen de la sociedad, cuando sus formas de vida nos son desconocidas y especialmente cuando su nivel de vida es bajo, se convierten en víctimas propicias de la mala política. Unos gitanos expulsados en el momento adecuado y los réditos a corto plazo pueden ser sustanciosos.

«Yo no soy racista.» Tal vez; pero basta muy poco para que el resultado de simples inclinaciones tenga como efecto nefasto el favorecer la generación de guetos. Es probable que deseemos honestamente que las personas de distintas razas acaben integradas. Que nuestros hijos compartan las aulas con los de otras culturas. Que los simpáticos paquistaníes de la tienda de la esquina nos sigan vendiendo sus productos a cualquier hora. Pero también es muy posible que no deseemos que las aulas tengan muchos inmigrantes. No nos importaría tener un vecino chino o paquistaní, pero tal vez no varios («no se les entiende bien, tienen otra cultura, se comportan de forma distinta, no me sentiría cómodo») y aunque nos gusta que en el parque los niños jueguen con otros niños de cualquier procedencia, tal vez lo mejor «por su bien» es que sobre todo formen parte de nuestras referencias culturales y que sus amigos —con alguna excepción— formen también parte de esas referencias. ¿Son estas inclinaciones condenables? No parece algo grave y, por supuesto, no diríamos que estas débiles preferencias tengan mayor importancia en crear segregación. Lamentablemente, no es así. Para ver en toda su crudeza cómo unas preferencias en apariencia moderadas pueden dar lugar a guetos, haremos de nuevo un experimento de simulación, en el que un barrio de personas de dos grupos inicialmente mezclados terminan dando lugar a su segregación.

En 1969 el economista y Premio Nobel Thomas Schelling formuló un modelo de segregación racial centrado en el problema de los guetos negros en ciudades blancas. La idea original era simple. Supongamos que representamos un barrio de la ciudad como un tablero de ajedrez en el que, en cada casilla, puedo tener una familia negra, blanca o estar vacía. Imaginemos que estas familias pueden decidir desplazarse a otro lugar en función de ciertas preferencias raciales. Haremos que ambas posibilidades sean representadas por peones blancos y negros. Supongamos que, para cierta familia «blanca» situada en una casilla concreta, rodeada de otras de distintos colores, la posibilidad de moverse a otro punto del tablero depende de que la mayoría de los vecinos sean del mismo color. Así pues, no se trata de que todos los vecinos sean iguales, sino simplemente la mayoría de ellos. Lo mismo ocurrirá con las familias «negras». Nuestros peones representan así la estructura espacial de la comunidad. Supongamos que al principio ambos colores se hallan distribuidos al azar. Ahora, elegimos un peón cualquiera, digamos que de color blanco y miramos sus ocho vecinos. Si la mayoría son blancos, el peón tenderá a permanecer en el mismo lugar, pero si ocurre lo contrario, con cierta probabilidad puede desplazarse a otro lugar. El proceso se repite una y otra vez.

Aunque la preferencia parece sólo débil, el resultado del proceso es una constante amplificación de la segregación hasta dar lugar a grandes áreas del mismo color (figura 5.4, arriba). La simulación por ordenador da lugar a unas estructuras que ya nos son familiares: las vimos en la introducción al plantear un modelo muy simple de agregación de células en tejidos, aunque en un sentido muy distinto (figura 5.4, abajo). Las células poseían distintos grados de afinidad por sus células vecinas, de modo que tienden a agregarse formando grupos de propiedades similares. En aquel caso, la construcción de órganos o tejidos bien organizados requiere en general de esta segregación, que permite distribuir en el espacio distintos grupos celulares que llevan a cabo funciones diferenciadas, adecuadamente conectados entre sí, así que el estado final es deseable. Vemos por lo tanto que existen principios universales de organización espontánea (de creación de cierto tipo de orden) que parecen ser comunes a sistemas muy distintos. En el caso del sistema social, sin embargo, el orden alcanzado es indeseable. Podríamos decir con bastante acierto que en este caso el «tejido social» resulta gravemente dañado.

¿Qué lección hay que extraer de este modelo? La primera, como ocurre en otros ejemplos de los que hemos hablado, es que los sistemas complejos, aunque basen su comportamiento

196

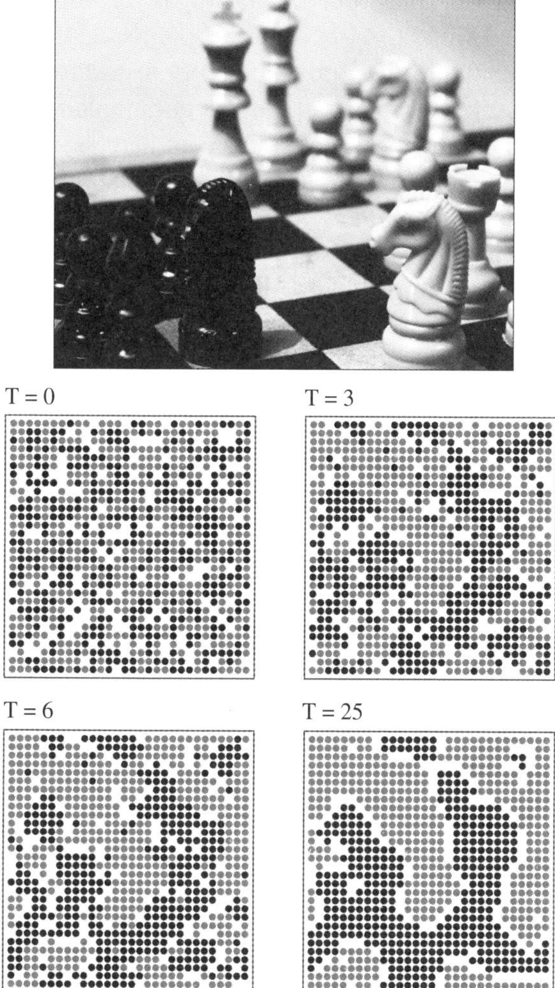

Figura 5.4. Segregación en grupos humanos como consecuencia de pequeñas preferencias. El modelo de Schelling es un modelo simple basado en el movimiento de individuos de dos grupos que podemos representar por las fichas blancas y negras de un ajedrez. Aquí cada ficha representa a un individuo que puede desplazarse a otra posición si detecta una mayoría de vecinos (las piezas de las ocho casillas) del color contrario. Incluso una preferencia débil termina por segregar las fichas negras y blancas (arriba, imagen de Anna Bozzano). Abajo vemos cuatro instantáneas de la simulación en la que podemos observar cómo evolucionan ambos grupos (aquí indicados mediante círculos negros o grises) desde la mezcla a la segregación. (Gráfico de Ricard Solé.)

197

en reglas muy simples, pueden dar lugar a comportamientos inesperados. El efecto bola de nieve parece aquí muy claro: aunque el resultado final posiblemente disgustaría a muchos de los habitantes de nuestra pequeña comunidad del tablero, su aparición resulta casi inevitable. Y en muchas ocasiones el proceso es favorecido por decisiones administrativas tomadas sin más criterio que el beneficio político o económico a corto plazo (y de unos pocos). Esta incompetencia o la simple indiferencia pueden amplificarse de formas inesperadas y destructivas. En Nueva York, la construcción a principios de los años sesenta de una autovía que cruza el Bronx empujó aquella zona de la ciudad, tradicionalmente de clase trabajadora pobre, al abismo de la criminalidad.

La espiral de autodestrucción, que alcanzó su apogeo en la década de 1970, se inició, no por casualidad, con el abandono en masa de las familias blancas, que dejaron atrás el Bronx para desplazarse a otras zonas menos conflictivas. El proceso, que ya se había iniciado una década antes, se aceleró a medida que la marginalidad del gueto se iba imponiendo y hacía aún más fácil la pérdida del tejido social. El tráfico de drogas y la caída en picado de los precios de las viviendas no fueron más que algunos aspectos del problema que alimentaron la catástrofe. La destrucción de la ciudad no sólo afectó a sus habitantes: más del cuarenta por ciento de los edificios fueron incendiados, lo que daba al sur del Bronx el aspecto de una ciudad bombardeada. El número de incendios era tan grande que una nube de humo solía estar casi permanentemente presente, y eran raramente investigados debido a su gran número. Los coches abandonados, niños buscando en las basuras y adictos en busca de dosis dieron forma a una imagen siniestra de la zona (figura 5.5).

Una vez iniciado el declive, la pérdida de identidad de una comunidad puede ser rápida e irreversible. Sólo tras décadas de cambios lentos se perciben los síntomas de un cambio a mejor, aunque los avances son frágiles y siempre están amenazados. El caso del Bronx, pero también el de muchas

Figura 5.5. Las dinámicas de amplificación afectan a los procesos sociales en las ciudades, a menudo de formas indeseadas. En el caso del Bronx, en Nueva York, un aumento en la densidad de personas de clases poco favorecidas socialmente, acompañada de decisiones urbanísticas inadecuadas llevó a esta zona de la ciudad a una espiral de pobreza y violencia sin precedentes. Muchas casas fueron quemadas y la recuperación del tejido social y económico aún continúa después de décadas. (Imagen de Phil Stanzio, tomada en 1964.)

199

otras ciudades del mundo, nos alerta acerca de las malas prácticas políticas y sus consecuencias. Las ciudades y barrios marginales que han crecido sin parar, en parte como consecuencia de intereses económicos ajenos, son fácilmente víctimas de esos intereses. Una estructura social puede desarrollarse si sus individuos disponen de los medios para coexistir sin discriminación. En su presencia, la calidad de vida hace que merezca la pena formar parte de una comunidad y contribuir al bienestar de todos. En su ausencia, la comunidad se desmorona y las desigualdades emergen y se aceleran. En nuestra visión de la complejidad que surge de los modelos que hemos presentado, decisiones concretas tomadas a la ligera acaban siendo devastadoras. Cuando un político da la espalda a las consecuencias de una decisión que altera equilibrios y aumenta las desigualdades, aunque sólo parezca que ligeramente, quizás esté abriendo la puerta a procesos que, en último término, arruinen la vida de muchos seres humanos.

Mundo ciudad

El mundo que conocemos está dominado por la ciudad como sistema de organización de comunidades humanas, como eje central de los flujos de materia y energía y como sumidero principal de estos últimos. La ciudad y su entorno más cercano acumulan seres humanos, sistemas de producción, centros de información y un bien precioso que hace al sistema urbano singular: su diversidad. Las ciudades son un ambiente único para que el talento se desarrolle y florezca. Este talento puede devolver unos réditos incalculables al medio ambiente si la innovación y el crecimiento tienen como objetivo el crecimiento sostenible. El impacto de una gestión insostenible del medio natural sobre el desarrollo urbano puede ser inmenso. Un ejemplo del pasado lo proporciona la aún hoy bella ciudad de Éfeso, situada en Turquía y que en su momento fue una de las doce ciudades jónicas del Egeo y considerada la capital de

Asia Menor. El puerto de la ciudad bullía de actividad y la convirtió en uno de los centros culturales, económicos y religiosos de la zona más relevantes, y en la segunda mayor ciudad durante el Imperio romano. La magnífica biblioteca de Celso, cuya fachada es el elemento más característico de las ruinas, llegó a poseer doce mil manuscritos. La ciudad terminó declinando y sus habitantes la abandonaron hacia el año 1000. Nunca volvió a funcionar como puerto debido a la creciente acumulación de sedimentos tras siglos de talas intensivas de árboles para extender las tierras de labranza, lo que generó una acelerada erosión del suelo.

Los sedimentos arrastrados fueron alejando progresivamente a la ciudad del mar, y hoy la encontramos nada menos que a tres kilómetros de la costa. Sin el puerto, el comercio decayó y con él llegó el colapso económico, empeorado por el hambre causada por el deterioro de la pesca, que había sostenido en gran medida a las comunidades locales y que había ido haciéndose más y más escasa con el aumento de los sedimentos en suspensión. Estos factores y las enfermedades asociadas a la degradación ambiental remataron la tarea. La pérdida del equilibrio necesario modificó el metabolismo urbano. Nada es más evocador de lo que ocurrió que caminar desde el magnífico Gran Teatro a lo largo de la avenida Arcadiana, flanqueada por columnas a ambos lados, y que termina en un campo cubierto de vegetación. Sólo desde el aire se puede apreciar que el perfil de este campo no es otro que el del antiguo puerto.

El desarrollo urbano ha tenido lugar de forma acelerada durante la segunda mitad del siglo XX, al que hay que sumar una explosión demográfica extraordinaria. Esta aceleración ha tenido su lado positivo cuando los mecanismos de amplificación han generado la masa crítica necesaria para que una nueva tecnología se desarrolle. Pero cuando contemplamos las grandes ciudades del mundo, nos topamos con una realidad perturbadora. Muchas de estas metrópolis se han convertido, en su mayor parte, en suburbios donde millones de per-

sonas malviven en condiciones penosas. El resultado último
de la globalización y su depredación de los recursos naturales ha sido el empobrecimiento de las sociedades rurales
cuando no su pura y simple destrucción. Cientos de miles de
familias se han visto arrastradas a abandonar por completo
su modo de vida para descubrir que la gran ciudad no es necesariamente una tierra de oportunidades. Y su trayecto suele
ser un viaje sólo de ida: la ciudad es el destino final, ya sea
para acogerles y concederles algunos de sus sueños o para
arruinarlos. El crecimiento actual da lugar a una tendencia al
desequilibrio que parece imparable. En Asia, nuevas ciudades
de dimensiones enormes se han desarrollado en apenas dos décadas, y el ritmo de consumo de energía hace que los gigantes asiáticos actúen como depredadores sin demasiados escrúpulos.

Las ciudades que emergen del interior de las simulaciones
por ordenador definen universos posibles en los que el tejido
social se desarrollaría en modos muy diversos. Algunas ciudades podrían generar barrios conectados de forma fluida con el
resto de la ciudad y favorecer las interacciones entre individuos y las redes sociales a las que pertenecen. A diferencia de
otros sistemas que hemos estudiado en capítulos anteriores,
nosotros formamos parte de la ciudad y somos parte de su personalidad. A su vez, la ciudad influye en nuestras vidas. Es
un diálogo asimétrico: la ciudad y sus vaivenes nos limitan o
favorecen de forma intensa, mientras que nuestro potencial
para cambiar su personalidad parece remoto. Y sin embargo,
su enorme complejidad y el hecho de que nosotros seamos
los mayores expertos en su funcionamiento diario hacen posible imaginar un futuro en el que la ciudad pueda ser no el
problema sino la solución a los retos medioambientales. Una
ciudad de rascacielos puede parecer el extremo indeseable de
toda una gama de formas de vida, muy alejada de los verdes
prados y los bosques centenarios. Pero contra todo pronóstico
la ciudad vertical posee un enorme potencial para alcanzar la
sostenibilidad y lo que es más importante: las ciudades ya es-

tán ahí y nuestro papel en el futuro inmediato es hacer posible que nuestras necesidades de energía y su uso sean racionales.

La ciudad ha sido vista por muchos estudiosos como el problema: el crimen, la contaminación o las desigualdades sociales son sin duda un estigma que parece especialmente visible en las urbes de rápido crecimiento. Emplear nuestros conocimientos acerca del metabolismo de los sistemas vivos puede ser una buena forma de mejorar nuestra comprensión de los centros urbanos y en qué condiciones pueden decaer. Los modelos que recrean nuestras ciudades nos hablan de sistemas de amplificación que generan desigualdades y segregación, y aquí la ciudad sintética y la real muestran similitudes inquietantes. Sin una teoría de las ciudades no sería posible reflexionar seriamente acerca de la ciudad del futuro. En esta dirección, existen herramientas poderosas para una contribución colectiva a una mejor gestión de los centros urbanos y destacan entre otras los entornos virtuales que se han desarrollado para experimentar con el crecimiento de una ciudad con todos sus problemas y potencial. Los juegos en red SimCity, CityOne o Tycoon City nos permiten participar en la construcción de grandes ciudades, con sus calles y rascacielos, estados o parques pero también considerar los problemas que representa el desarrollo de la ciudad y los posibles conflictos que representa como sistema complejo. El potencial educativo es enorme, dado que cualquiera puede participar de forma interactiva a la vez que se ve obligado a tomar decisiones en función de lo que el sistema permite.

Pensar en mundos alternativos en el contexto de nuestras ciudades y su futuro no es un ejercicio académico o un juego sin más. Nuestras ciudades definen la verdadera línea de costa del mundo moderno y ésta no hace sino crecer día a día. El mundo tal y como lo conocíamos, en el que los recursos naturales que abastecen las grandes ciudades requería un enorme capital humano, ha llegado a su fin. ¿Malas noticias? No necesariamente, aunque los retos que genera el nuevo escenario son de enorme importancia y complejidad. El final del siglo XX ha estado marcado por la creación de nuevas megalópolis y un crecimiento exponencial de éstas. En ocasiones, como es el caso de Dubái, surgen virtualmente de la nada, explotan los recursos disponibles de forma insostenible y pueden incluso servir, con sus campos de golf y pistas de esquí, de iconos a la indiferencia medioambiental. Los problemas asociados con el crecimiento acelerado han surgido con la misma rapidez: la falta de recursos o su gestión inadecuada, contaminación o la emergencia de gigantescos barrios marginales. En algunas ciudades, las barriadas pobres se extienden a lo largo de kilómetros y acogen a millones de individuos, con lo que ellas mismas se convierten en versiones degradadas de las «auténticas» ciudades. En cierto modo, vivimos en un mundo en el que estas aglomeraciones desordenadas que soportan enormes poblaciones con una práctica ausencia de infraestructuras se han convertido en la regla. Deshacer de forma racional el camino ya andado no va a ser fácil, pero es imprescindible, ya que, como señala Weinstock, nos encontramos en los inicios de un cambio a gran escala del que surgirá algún nuevo tipo de orden. De nosotros depende que la transición tenga lugar con el menor coste humano posible.

6
Hay otros mundos...

> Hay innumerables soles y una infinidad de planetas que giran en torno a sus soles del mismo modo que nuestros siete planetas giran alrededor del nuestro.
>
> Giordano Bruno,
> *Sobre el infinito universo y los mundos*

> En un lugar remoto de este cosmos infinito, hay una galaxia igual que la Vía Láctea, con un sistema solar que es la viva imagen del nuestro, con un planeta igual a la Tierra, una casa como la tuya, habitada por alguien que tiene tu mismo aspecto, leyendo ahora mismo este mismo libro e imaginándote, en una galaxia distante, mientras llega al final de esta frase.
>
> Brian Greene, *La realidad oculta*

> La vida artificial está ahí fuera, esperando que creemos los ambientes adecuados en los que evolucionar.
>
> Thomas Ray

Campo dei Fiori, 1601

El día de su ejecución, es probable que Giordano Bruno, con su cuerpo maltrecho y marcado por inacabables sesiones de tortura, hiciera balance final de su agitada vida. Había recorrido un largo camino desde su infancia en Nola, a los pies del Vesubio, hasta aquella mazmorra nauseabunda. Recordaría tal vez sus viajes por Europa y los años de libertad en Inglaterra, cuando podía escribir y hablar abiertamente sin ser perseguido o el regreso a Venecia, donde sería traicionado. Era una madrugada fría en Roma, y las campanas sonarían en un cielo aún oscuro a las cinco de la mañana de aquel 17 de febrero de 1601. En aquella celda en la que había permanecido recluido durante siete largos años, el ex sacerdote iba a llevar a cabo su último viaje. Se había convertido en un rebelde peligroso para la Iglesia católica, por sostener entre otras cosas que la transustanciación del pan y el vino en la carne y sangre de Cristo era una idea falsa o que la virginidad de la madre del Mesías era imposible.

Entre todas, una idea era especialmente provocativa: la de que el universo era infinito y que por lo tanto debería existir un número inmenso de «Tierras» habitadas por seres pensantes. Las criaturas que habitarían aquellos mundos podrían a su vez poseer sus propios dioses. Esta reflexión nos conecta con muchas otras culturas que, mirando al cielo nocturno, se han preguntado por la naturaleza de las luces que parecen colgar del firmamento. Bruno no fue el primero, pero en aquella Europa en la que el Vaticano ordenaba la quema de los herejes u organizaba asesinatos para eliminar a sus enemigos y decidía cuál era la verdad, habló en voz demasiado alta. Aunque Bruno defendía abiertamente la teoría de Copérnico, sus tesis, desarrolladas en los ensayos *La cena de las cenizas* y *Sobre el infinito universo y los mundos,* eran de naturaleza metafísica y no científica. Sus escritos se nos antojan a menudo, desde la distancia que nos separa en el tiempo, abstrusos y barrocos. Pero la visión de un cosmos que albergaría una infinidad de planetas con vida es sin duda de gran belleza e importancia y desde luego premonitoria. En aquel tiempo, el telescopio estaba aún por llegar y la existencia de un universo inmenso plagado de billones de galaxias sólo sería intuida a finales del siglo XVIII (de la mano del astrónomo inglés William Herschel) y constatada en las primeras décadas del si-

Figura 6.1. La estatua de Giordano Bruno en el Campo dei Fiori, emplazada en el mismo lugar en el que fue quemado. Su obra influyó en trabajos posteriores, y su estilo de presentación, que en algunos casos se basaba en el diálogo entre varios interlocutores, fue empleado también por Galileo en sus célebres *Diálogos* (derecha). Esta y otras similitudes fueron empleadas por los inquisidores para acusar a Galileo de seguir los pasos de Bruno, que murió en la hoguera. (Fotografía de Ricard Solé.)

glo XX. Las consecuencias últimas de aquella visión, tal y como las desarrolló este pensador, incluían la ausencia de un dios personal. Como señala su biógrafo Michael White, la infinidad de mundos «conllevaba infinita diversidad, infinitas posibilidades». Para desgracia de Bruno, semejantes disquisiciones y su reinterpretación de la Biblia cruzaban el umbral de la controversia para entrar de lleno en el terreno de la herejía. Un mundo más entre millones de millones convertía la creación de nuestro planeta en un hecho insignificante y ponía en duda las bases del dogma religioso imperante.

Bruno escribió algunas de sus obras en italiano (en lugar del latín tradicional) y en forma de diálogos entre tres personajes, y lo mismo hizo Galileo Galilei (figura 6.1). De hecho, las coincidencias entre ambos causaron no pocos problemas al segundo. Si bien la famosa afirmación de Galileo, «y sin embargo se mueve» (supuestamente pronunciada ante el tribunal de la Inquisición), es sin duda apócrifa, la que dirigió Bruno a sus jueces quedó bien registrada en las actas del proceso y es probable que también en la mente de sus jueces: «Tembláis más vosotros al anunciar esta sentencia que yo al recibirla». Con su decisión última de rechazar la posibilidad de retractarse, la única salida era el camino hacia una muerte atroz. El antiguo sacerdote fue escoltado a la hoguera, preparada en el Campi dei Fiori, atado y maniatado. Su lengua había sido atravesada por dos clavos formando una cruz, en un intento final de evitar que pudiera dirigirse a la multitud que lo aguardaba expectante. Su elocuencia había sido legendaria, y sin duda sus ejecutores no deseaban oír otra cosa que el crepitar de las llamas. Mientras la filosofía de Aristóteles era aceptada ciegamente, los libros de Bruno serían quemados en un intento de borrar para siempre sus ideas. En un estilo que más tarde calcaron Hitler o Stalin, el objetivo final era eliminar todo rastro de aquellas obras, como si su autor jamás hubiera existido.

Sus jueces nunca serían a su vez juzgados o criticados por la institución de la que provenían. De hecho, Roberto Belarmino, el principal responsable del juicio y su sentencia final, y que impulsaría el juicio a Galileo unas décadas después, en 1930 entró a formar parte del panteón de los santos. Aunque podríamos pensar que ha pasado mucho tiempo desde aquellos hechos y que las cosas hoy son bien distintas, la Iglesia católica ha justificado de forma implícita la persecución de Bruno y Galileo. En la página digital de la *Enciclopedia Católica* (que se define como «el mejor recurso para fortalecer tu fe»), la biografía de Belarmino omite por completo su relación con el proceso contra Bruno y menciona el papel del cardenal en el proceso a Galileo en estos términos:

Él [Belarmino] tomó también [...] exactamente la actitud correcta hacia las teorías científicas en aparente contradicción con las Escrituras. Si una teoría científica está insuficientemente probada, como indudablemente era el caso de la teoría heliocéntrica de Galileo, debe ser adelantada solamente como una hipótesis; pero si, como en el caso de la teoría hoy, está sólidamente demostrada debe tomarse el cuidado de interpretar las Escrituras solamente de acuerdo con ella. Cuando el Santo Oficio condenó la teoría heliocéntrica, por un exceso en la dirección opuesta [*sic*], fue obligación de Bellarmino indicar la condena a Galileo y recibir su sumisión. (http://ec.aciprensa.com)

Así pues, el bendito Belarmino no hizo más que lo que debía. Si buscamos en la misma enciclopedia la referencia a Bruno, el resultado no puede ser más lamentable: Bruno es citado como poco menos que un pobre iluminado, cuyo «sistema de pensamiento es un panteísmo materialista incoherente» y se nos dice además que «no fue condenado por su defensa del sistema copernicano de astronomía, ni por su doctrina de la pluralidad de los mundos habitados, sino por sus errores teológicos». Dejando de lado la dudosa conclusión que parece sacarse de lo anterior (que los errores teológicos se paguen con la muerte), esta descripción intenta por todos los medios minimizar su importancia y su influencia posteriores y, por supuesto, no hay la menor referencia a la brutalidad de su encierro y ejecución. Tal vez el mayor peligro de todos, como ocurre aún hoy en día, es la libertad de pensamiento que Bruno y muchos otros tomaron como bandera. En sus propias palabras, «quien desea filosofar debe, en primer lugar, dudar de todas las cosas». Ésta podría ser muy bien la forma que define el pensamiento escéptico que marca el método científico. Nada más alejado de la tradición y la revelación.

Hay un largo camino que separa las ideas del nolano de la visión actual del universo. Bruno no sólo admiraba el trabajo de Copérnico sino que, como otros en su época, seguía también la estela de la tradición hermética y el ocultismo. Hoy nuestra visión del cosmos no hace más que mejorar día a día y sabemos cosas que hace apenas un siglo apenas podíamos sospechar. El universo es finito y posee una edad bien determinada: unos 13.700 millones de años. Sabemos que se originó en una violenta explosión en la que el espacio y el tiempo fueron creados junto a la materia que se ha expandido y ha generado complejas estructuras. Aunque en un principio era un lugar hostil y poco propicio para la vida, las cosas cambiaron profundamente y dieron lugar a un escenario en el que la estrellas podían desarrollar sistemas solares lo bastante diversos y duraderos para que, en alguno de los planetas que giran a su alrededor, haya aparecido una forma de organización que parece desafiar las leyes de la física: la vida, con toda su complejidad y diversidad.

Por supuesto, carecemos de una réplica de nuestro mundo cuyas formas vivas podamos comparar con las que conocemos, así que parecería que la conjetura de Bruno pertenece al dominio de la pura especulación. Sin embargo, teoría y especialmente simulación nos abren la puerta a nuevas formas de preguntarse acerca de lo que es posible y cómo podría ser. Acerca de mundos alternativos a nuestra biología o incluso a nuestro propio cosmos. La biología y la física del cambio de siglo han atacado las preguntas clave que Bruno sólo pudo vislumbrar. En este capítulo reflexionamos, desde la vida artificial y la simulación del cosmos, acerca de las múltiples posibilidades que ofrece el universo para la vida, así como acerca de la posibilidad de predecir el curso de la evolución y su naturaleza. Pero podemos ir más allá: la física parece indicar que existen no ya múltiples mundos, sino literalmente infinitos universos, muchos de los cuales serían similares al nuestro, mientras muchos otros poseerían propiedades que los harían incompatibles con la vida. Esta visión nos hace más insignificantes de lo que nunca nos habríamos imaginado, pero también abren nuestra mente a una visión revolucionaria del universo y más aún: de la misma naturaleza de la ciencia.

Rebobinar la cinta

Los infinitos mundos de Bruno pueden entenderse también de formas distintas. Podemos pensar en las estrellas como posibles soles alrededor de los cuales existen planetas habitables o ya ocupados por formas de vida. Podemos por otra parte pensar en las posibilidades de la vida de otra forma distinta, pero en cierto sentido equivalente: si pudiéramos regresar al pasado de nuestro planeta y reiniciar las condiciones en las que surgió la vida, ¿cómo sería el mundo resultante? El paleontólogo y biólogo evolucionista Stephen Jay Gould fue quien planteó esta cuestión, y constituye toda una declaración de principios para nuestro enfoque basado en explorar mundos artificiales. La idea de Gould planteaba este experimento mental como una forma de preguntarse acerca del potencial creativo de la naturaleza. Gould en particular fue un apasionado defensor de la idea de que la historia es extremadamente importante cuando intentamos comprender de qué forma el pasado influye sobre el futuro.

Para plantear el problema, empleó una metáfora basada en el cine: el argumento de la película *Qué bello es vivir,* en la que el protagonista principal, el bueno de George Bailey, interpretado por James Stewart, se enfrenta a un dilema terrible. Las circunstancias le han conducido a una situación desesperada, y pese a su pasado decente y honesto, se encuentra por accidente en la bancarrota, acusado de fraude y sin salida. Se siente traicionado por el destino y llega a la conclusión de que su póliza de seguros vale más que su vida, por lo que decide poner fin a ésta. Hablando para sí mismo en lo alto de un puente helado por la nevada invernal, exclama que «más valdría no haber nacido», y salta al vacío. Pero allí está Clarence, un ángel un tanto pelmazo que debe convencerle de que se equivoca, confiando en conseguirlo y así ganarse las alas. Para ello, le muestra a George Bailey algo parecido a una visión virtual de lo que habría ocurrido si no hubiera nacido. Las cadenas de acontecimientos son múltiples y demuestran el impacto de su no existencia. George salvó la vida de su hermano Harry cuando ambos eran niños y su hermano, a su vez, se comportó como un héroe durante la segunda guerra mundial salvando la vida de muchos soldados que estaban bajo su mando. Sin George, el hermano yace en una tumba del cementerio, muerto en la infancia, con lo que —sigue el argumento— nadie salvó a los otros soldados, que a su vez murieron en el mundo alternativo. La misma ciudad en la que él ha vivido y que había contribuido a hacer humana y habitable, en su ausencia ha terminado siendo un antro de corrupción, juego y pobreza. Ante el panorama desolador que le muestra Clarence, George decide que sí merece la pena vivir y es devuelto a su mundo, con lo que Frank Capra da un final feliz a la historia.

De forma simple, y en la línea del dilema que se le plantea a George Bailey, podríamos suponer que todos y cada uno de los acontecimientos que deciden la trayectoria que ha seguido la vida a lo largo del tiempo habrían tenido cierto papel más o menos decisivo o accidental. Para Gould, esta fuerte dependencia de la historia da una respuesta contundente a la pregunta: si rebobinamos la cinta y volvemos a reconstruir la evolución, el resultado final será una biosfera totalmente distinta de la actual. La que esperaríamos encontrar, tal vez, en algún planeta lejano con una geología y clima similares a los de la Tierra. Esta interpretación no es científica, dado que se basa en una intuición (sin duda poderosa) sobre el poder creativo de la vida. Al fin y al cabo, si miramos a nuestro alrededor, parece evidente que ésta puede adoptar una infinidad de formas distintas y adaptarse a condiciones enormemente diversas, desde el frío y seco desierto antártico hasta las aguas en ebullición de las calderas volcánicas. Como Gould señala, si pudiéramos rebobinar la cinta y...

> supongamos que las dos versiones experimentales dan resultados asombrosamente distintos de la historia de la vida tal como la conocemos. ¿Qué podríamos decir entonces de la predictibilidad de una inteligencia autoconsciente?, ¿o de los mamíferos?, ¿o de los vertebrados?, ¿o de la vida en la Tierra. (Gould 2006.)

El discurso de Gould emplea como punto de referencia la fauna de Burgess Shale, que representa uno de los mejores

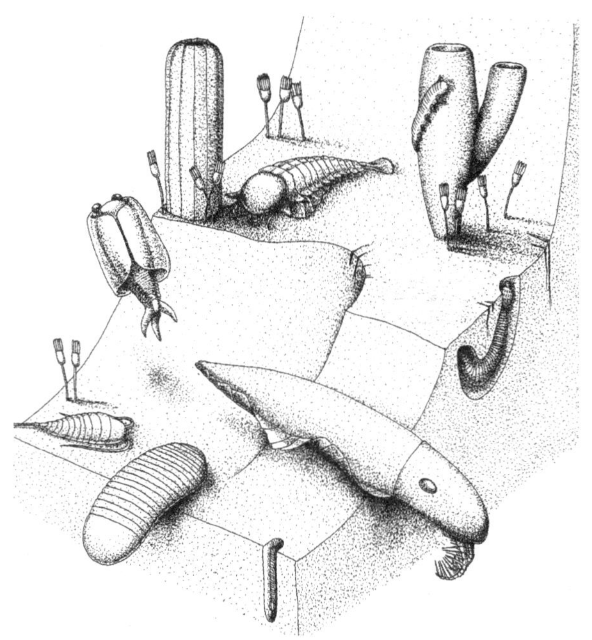

Figura 6.2. Los fósiles asociados a la denominada explosión del Cámbrico han permitido reconstruir los ecosistemas en los que vivían. Aquí se representa una imagen de esta fauna, que contiene criaturas muy diversas, algunas de las cuales se alejan considerablemente de los grupos animales que conocemos. (Dibujo de Ricard Solé.)

ejemplos de yacimiento de fósiles asociados a la denominada explosión del Cámbrico (figura 6.2). Con una edad estimada de algo más de 500 millones de años, este yacimiento canadiense descubierto en 1909 por el paleontólogo Charles Walcott contiene los restos de un grupo de organismos invertebrados que se desarrollaron con rapidez en un episodio de creación de diversidad único. La explosión del Cámbrico representa la generación acelerada de todas las formas básicas de organización corporal de las que más tarde se irían diversificando todos los grupos animales. Lo rápido de este proceso resulta sorprendente vistos los antecedentes. Mientras que la vida celular sin núcleo (el grupo al que pertenecen las bacterias) necesitó de cientos de millones de años para surgir, la primera célula con núcleo y la reproducción sexual tuvo que esperar casi mil millones de años. Los seres multicelulares simples aparecieron unos dos mil millones de años después (hace unos 650 millones de años según el registro fósil) aunque la información que nos proporcionan los genomas actuales y su comparación sugiere una fecha anterior, tal vez mil millones de años atrás, con lo que existirían precedentes de la explosión que se desarrollaron mucho antes.

La fauna de Burgess Shale, que se ha encontrado en muchos yacimientos distintos de todo el mundo, es rica en complejidad, y un estudio de la red ecológica llevado a cabo por Jennifer Dunne, del Instituto de Santa Fe, y Doug Erwin, de la Institución Smithsoniana en Washington, ha demostrado que su complejidad ya era comparable a la de nuestros ecosistemas. La fauna que vemos se compone de presas y depredadores, y en algunos casos resulta parcialmente familiar pero también extraña. Junto a gusanos y seres parecidos a un trilobite, la fauna de esta comunidad fósil contiene criaturas realmente peculiares, como *Anomalocaris* o *Hallucigenia,* que parecen verdaderas anomalías comparadas con sus sucesores actuales. Gould propuso en su libro una idea controvertida: que la generación de diversidad de formas se produjo de manera súbita y singular, seguida algo más adelante por la desaparición de un buen número de las variantes generadas. Si bien la interpretación ha recibido críticas, el planteamiento general del problema ha servido de enorme inspiración para los estudiosos de la evolución y la pregunta básica merece ser atacada y, tal y como discutiremos en el siguiente capítulo, trasciende las fronteras de la evolución biológica para penetrar en la propia historia de la humanidad.

En cierto sentido, la conjetura de Gould es más que plausible: las cosas *deberían* ser distintas, especialmente si consideramos la idea que ya hemos discutido en el capítulo 3 sobre la presencia de un relieve adaptativo con muchos máximos sobre los que evolucionar. Los espacios de posibilidades en los que nos movemos son astronómicamente grandes y las posibles combinaciones muy numerosas. Dado que no podemos explorarlo todo, cada vez que lo hagamos encontraremos algo distinto... ¿ o no? En contra del argumento del papel predominante de la historia está la denominada convergencia evolutiva, definida por la aparente manía de la evolución de reinventar la misma cosa en distintas ocasiones. Esta reinvención, que también se da en la historia de los avances tecnológicos, aparece repetidamente y afecta a todo tipo de escalas, desde moléculas a especies, estructuras o formas de comportamiento. Mi viejo amigo Brian Goodwin fue un apasionado (e incomprendido) defensor de la visión opuesta, en la que la existencia de propiedades de naturaleza matemática impondría restricciones fundamentales a lo que puede ser construido: no todo es observable porque sólo algunas cosas son posibles. En su magnífico libro *Life's Solution,* el paleobiólogo inglés Conway Morris aporta una buena artillería a la defensa de la inevitabilidad de ciertas propiedades y formas. El subtítulo del libro es toda una provocación: «Humanos inevitables en un universo solitario». Morris apoya aquí, y con bastante convicción, la presencia de caminos paralelos e independientes que han terminado en el mismo punto. El poder de la convergencia queda especialmente puesto de manifiesto por las similitudes entre especies que se desarrollaron en distintos continentes separados por un océano. Si la historia y sus accidentes fueran realmente los que dominaran la escena evolutiva a gran escala, deberíamos esperar adaptaciones muy distintas al comparar especies de África o Eurasia con otros en el continente americano o Australia. Y sin embargo encontramos una y otra vez diseños tan similares que sugieren la existencia de soluciones únicas.

Aunque no podemos repetir el experimento de la evolución, la posibilidad de hacer evolucionar organismos e incluso ecosistemas es una realidad en el mundo virtual. En este capítulo haremos un viaje que sólo es posible gracias a la simulación por ordenador. Será nuestra alternativa a una máquina del tiempo, y las cosas que nos revelará, las lecciones que aprenderemos, serán tan sorprendentes como lo que —si fuera posible— aprenderíamos como viajeros al pasado. Lo mejor de todo es que el viaje puede repetirse y nos lleva cada vez a un lugar distinto. Nuestro *Beagle* particular nos llevará a otros mundos y, aunque suele decirse que hay lugares de los que ningún ser humano ha regresado, nosotros podremos, paradójicamente, asomarnos a universos a los que ningún ser humano viajará jamás.

El mundo de Niklas

Si tuviéramos que citar una molécula particular a la que estar agradecidos por nuestra existencia, ¿cuál sería? En un primer momento resulta difícil digerir la pregunta misma. Todas las moléculas relacionadas con la vida parecen importantes, ya que participan de un modo u otro en hacerla posible. Y sin embargo, una de ellas se ha convertido en el eje esencial de la evolución y su historia. Se trata de la clorofila, una molécula de estructura compleja que permite la captación de la luz solar y su conversión en materia orgánica. Este proceso, intrincado y eficiente, está en la base de los flujos de energía requeridos para casi todas las formas de vida pero también constituye una pieza clave de la composición química de la atmósfera. Con la aparición de la fotosíntesis, se genera un producto secundario, el oxígeno, que cambió de forma drástica el ambiente de nuestro antiguo planeta. Con el incremento de su concentración, inyectado desde los océanos de un mundo en el que la tierra firme estaba vacía por completo, los organismos pudieron adquirir un mayor tamaño. En su larga lucha por colonizar el mundo, las plantas tuvieron que lidiar con una buena cantidad de retos, como por ejemplo la colonización del medio terrestre desde el mar. Al lograrlo, también abrieron el camino al asalto de los animales. En el camino, tuvieron que desarrollar estructuras nuevas, capaces de adaptarse al medio.

Uno de los ejemplos más claros y brillantes de la capacidad de los modelos para iluminar nuestro conocimiento de la evolución y sus mecanismos nos lo da la investigación de Karl Niklas, actualmente catedrático de Botánica en la Universidad de Cornell, que aplicó las ideas de evolución y paisajes adaptativos a los cambios en la morfología de las plantas. Más concretamente, imaginemos que nuestra pregunta se formula en los términos que empleábamos al principio: en un mundo lejano, sobre un planeta con agua y otras condiciones adecuadas para la aparición de la vida, y suponiendo que las formas de vida sobre tierra firme incluirían plantas, ¿qué aspecto tendrían?

Recuerdo una serie de mi infancia que no ha perdido su encanto: *Perdidos en el espacio,* en la que una familia al completo y el robot-mascota-criado de turno quedan atrapados de forma accidental en un mundo extraño en su camino «hacia las estrellas». Aunque uno no se fija demasiado en ello, los planetas extraterrestres de las películas suelen estar cubiertos de plantas que se parecen sospechosamente a las que uno ve a diario en la Tierra. Al fin y al cabo, me imagino que lo importante es la historia que tiene lugar en cada episodio. Nadie presta atención a esa parte del decorado que no se mueve y es muy anodina. En aquella serie en particular, las plantas del planeta al que llegan nuestros héroes son iguales que las que conocemos bien. Excepto por alguna capa de pintura excesiva, las plantas, árboles o flores que aparecen en distintos episodios son, con toda seguridad, terrestres.

La variedad de diseños que encontramos en cualquier libro de botánica proporciona un poderoso escenario de estudio. Las plantas son sistemas que captan energía procedente del Sol, y la emplean en la generación y el mantenimiento de sus estructuras, desde las raíces y ramas a las hojas. Éstas últimas son las zonas de captación de luz, y parece razonable pensar que cualquier sistema que lo haga deberá presentar superficies de tamaño razonable. Además de un sistema eficiente de captación de luz, las plantas deben ser estructuralmente resistentes. Finalmente, la reproducción eficiente determinará el éxito como especie y, por lo tanto, el desarrollo de estructuras especiales que den lugar a semillas o esporas viables en la planta desarrollada será algo a tener muy en cuenta. El problema que aborda Niklas intenta comprender los cambios y formas generadas durante la historia de la colonización del medio terrestre por las plantas, que está muy bien caracterizado por un registro fósil bien conocido. Tal y como señala Niklas, el salto a tierra firme tuvo lugar pese a los problemas que representa un medio en el que el agua ya no es tan abundante y además hay que luchar contra la gravedad. Vistas así las cosas, podríamos preguntarnos por qué se produjo esta colonización. Dos buenas razones sirvieron de motor. La primera es que la luz del Sol se pierde rápidamente al atravesar el agua, limitando así la eficiencia de la fotosíntesis. Por otra parte, la asimilación del dióxido de carbono es más fácil si uno se encuentra en contacto directo con el aire. Una vez que los primeros pasos dieron sus frutos, era preciso hacer evolucionar estructuras resistentes, capaces de captar el máximo de luz y a la vez reproducirse lo mejor posible.

Niklas llevó a cabo un conjunto de experimentos de simulación en los que hacía evolucionar plantas virtuales que debían optimizar los tres aspectos anteriores. Concretamente, tres componentes clave que afectan a las posibilidades de supervivencia de una especie de planta serían su capacidad para generar esporas, una superficie adecuadamente abierta para captar luz y finalmente una resistencia mecánica apropiada a un medio inicialmente muy fluctuante (la interfaz entre agua y tierra) y enfrentada a la gravedad. Sin entrar en detalles, baste decir que todas estas propiedades pueden ser apropiadamente introducidas en el modelo, en el que se buscan variantes mutantes que mejoren el diseño. Sí debemos mencionar que las esporas se producen en el extremo de los tallos, y que se sabe que a mayor altura, mejor es la dispersión por el viento y por lo tanto más eficiente será la reproducción. En ausencia de otra presión selectiva, las plantas tenderán a tener sus *esporangios* (donde se almacenan las esporas) en el extremo de las ramas más altas del vegetal. Supongamos por ejemplo que tan sólo pedimos al diseño óptimo que mejore la reproducción y la estabilidad, sin dar relevancia especial a la captación de la luz. ¿El resultado?: al hacer evolucionar en el ordenador nuestras plantas virtuales, encontramos una solución única, definida por una planta estilizada que presenta en su extremo superior unas pocas ramas con esporangios en su extremo (figura 6.3a). Si por el contrario buscamos una mayor captación de luz y estabilidad, aparecen unas pocas soluciones en las que las plantas virtuales se ramifican y en algunos casos muestran una o varias capas horizontales en las que —de tener hojas— se maximiza la recogida de luz (figura 6.3b). La estabilidad mecánica combinada con captura de luz hace que las ramas se abran más (figura 6.3c). Pero ya sabemos que en general lo que cabe esperar es que el proceso de evolución se vea obligado a optimizar simultáneamente varias características a la vez. Al hacerlo, las posibles soluciones crecen en número, y el potencial creativo de la evolución digital se muestra en toda su diversidad. Dejar más semillas, disponer de un mayor número de hojas o poseer un tallo más robusto requiere una inversión de energía y materia que no debemos ignorar. Una planta de cierto tamaño puede invertir muchos recursos en generar semillas, pero entonces no podrá captar tanta energía, dado que poseerá un menor número de hojas o una estructura más débil. De igual modo, una ramificación abundante destinada a sostener muchas hojas se obtendrá a costa de menos semillas o estabilidad estructural. El resultado de tener que satisfacer simultáneamente todos estos requerimientos es una exploración del espacio de posibilidades en el que cada forma óptima corresponde a una solución distinta al problema planteado. En la figura 6.3d tenemos un repertorio de los resultados que podemos obtener: un buen número de plantas generadas por el programa de Niklas, nuestro zoo particular de vegetación virtual y la prueba de que no todo es posible. Al mirar el conjunto final, sólo nos cabe reconocer su enorme familiaridad y Niklas ha demostrado que el repertorio encaja bien con las formas que muestra el registro fósil.

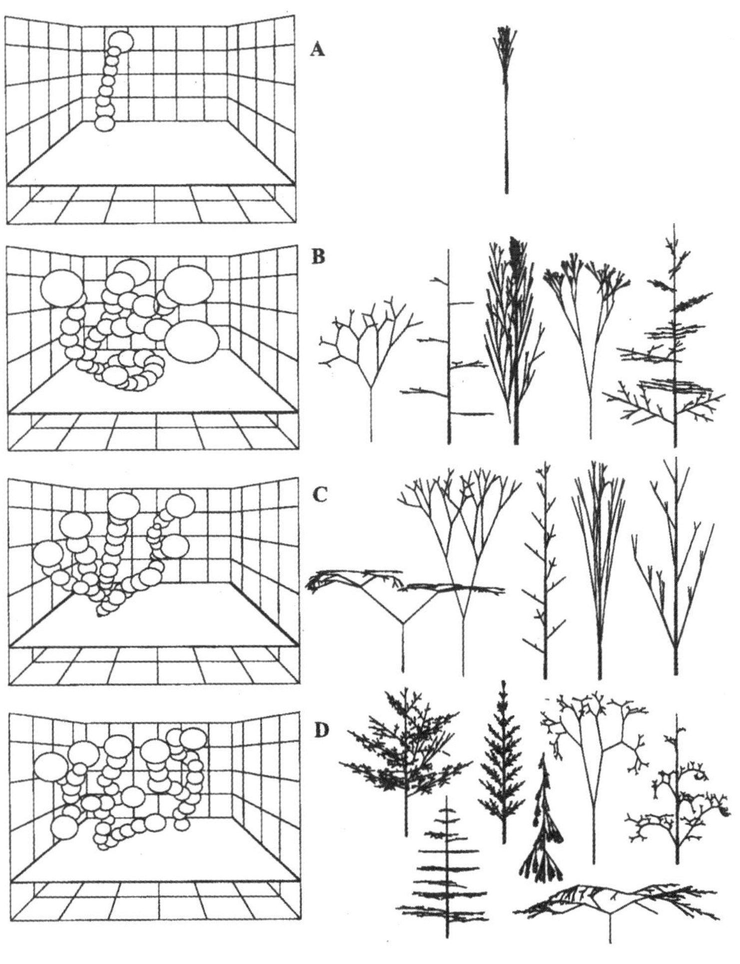

Figura 6.3. Plantas sintéticas obtenidas en las simulaciones del modelo de Niklas, en el que podemos hacer evolucionar distintas combinaciones de propiedades. A la izquierda se representan las trayectorias seguidas por las simulaciones dentro del espacio de posibles estructuras. Estas trayectorias se detienen a veces en un solo punto óptimo (como en (a)) pero en general poseen varios puntos finales, correspondientes a varios máximos (b-d). Distintas combinaciones dan lugar a repertorios distintos de plantas (columna derecha). (Dibujo adaptado de Niklas 1999.)

Otros investigadores, particularmente el grupo de Przemyslaw Prusinkiewicz, en la Universidad de Calgary, han explorado esta senda empleando algoritmos de búsqueda evolutiva en los que se introducen reglas algo más complejas para crear árboles, hojas o plantas. Estos algoritmos incorporan, como parte de su estructura interna, redes genéticas simples que sirven para definir las reglas básicas de formación de estructuras, si bien los genes virtuales reciben a su vez la influencia del crecimiento de la propia planta y sus cambios de forma. Una de las maneras de crear estructuras vegetales de aspecto realista es emplear la presencia de propiedades *fractales*: si tomamos una rama de una planta y la comparamos con una de sus ramas menores que surgen de la principal, veremos que la pequeña sigue en general un diseño muy similar, y lo mismo ocurre cuando miramos a las ramas de éstas, y así sucesivamente. Decimos que la estructura es fractal: las mismas propiedades se repiten a múltiples escalas. Por este motivo podemos emplear una ramita de un árbol para simular el árbol original en un pesebre. Dándole la vuelta al argumento, podríamos generar con el ordenador árboles fractales simplemente por iteración: partiendo de un tallo, introducimos varias ramas laterales o bifurcaciones, a las que después añadimos otras, y así sucesivamente. Introduciendo parámetros que modifiquen la frecuencia y alcance de estas reglas, y añadiendo hojas al final del proceso obtenemos resultados espectaculares (figura 6.4). De esta manera podemos no sólo simular árboles y bosques, sino también definir conjuntos de reglas simples capaces de generar la complejidad natural que vemos en cualquier ecosistema.

Próxima parada: Tierra

El universo que se genera en el mundo de Niklas es un ejemplo de toda una generación de modelos de vida artificial en los que tenemos la posibilidad de experimentar con mun-

Figura 6.4. Con el empleo de reglas simples que deciden la formación de ramas e intentan optimizar, para cada tipo de regla de ramificación, la captación de luz y tienen en cuenta la competencia por el espacio, podemos generar estructuras muy realistas que se corresponden casi perfectamente con especies de árboles reales. (Imagen modificada de Prusinkiewicz y Reuille 2010.)

dos posibles. Las plantas obtenidas por el algoritmo de evolución nos muestran que el mundo vegetal simulado en condiciones muy generales da como resultado una diversidad potencial enorme, aunque con un espectro de formas cercano a la que nos es familiar. ¿Es este resultado una peculiaridad del mundo vegetal? Podríamos aventurar que tal vez sea así. Al fin y al cabo, con toda su diversidad de formas, las plantas se hallan limitadas por restricciones de distinta naturaleza: vivir ancladas en una posición fija, transportar nutrientes a través de una red de vasos que ya es de por sí una especie de árbol interno o explotar la luz como fuente de energía, lo que obliga de una forma u otra a generar hojas que se orienten hacia el Sol. Pero no olvidemos que, bajo la presión selectiva adecuada, especialmente cuando consideramos un ambiente «extremo» como los desiertos que cubren buena parte de nuestro mundo, las formas pueden ser muy distintas de las que hemos considerado. En condiciones en las que el agua es un bien muy escaso, cuando las temperaturas pueden hacer que un organismo se deshidrate con rapidez, surgen plantas carnosas de formas redondeadas, sin hojas planas y extensas. Por el contrario, las hojas son pequeñas, transformadas de hecho en espinas.

Otras adaptaciones, algunas invisibles al ojo desnudo, influyen en la estructura vegetal, resolviendo los enormes desafíos de un ambiente hostil. Un mundo situado más cerca de su sol que el nuestro tal vez daría lugar a un mundo vegetal dominado por cactus. Y como ha señalado la investigadora de la NASA Nancy Kiang, el color de las plantas en planetas extrasolares podría ser muy distinto del verde que nos es tan familiar. Si el mundo en cuestión se encontrara cerca de una estrella más fría que la nuestra, la necesidad de captar tanta luz como fuera posible podría hacer que las plantas fueran negras. Pero el espectro de la estrella puede ser tan distinto al nuestro como para que los colores variaran notablemente, y las simulaciones por ordenador de Kiang demuestran que el rojo y el azul son posibilidades alternativas. Dado que en un futuro existirán telescopios espaciales que podrán observar la atmósfera de estos mundos lejanos, es importante saber con qué podemos encontrarnos. El color verde no es el único que hay que tener en cuenta. Volviendo al mundo de la ciencia-ficción, en novelas como *El día de los trífidos,* de John Wyndham, cierto tipo de plantas poseen la capacidad de moverse e incluso comunicarse. En *Avatar,* la poco brillante película de James Cameron, el mundo de Pandora está habitado por una raza de aspecto humano, con un lenguaje y una sociedad complejas que convive con una naturaleza dominada por especies vegetales cuyos individuos se comunican entre sí. En ambos casos, lo más notable en la singularidad de las plantas no es su forma externa, que es esencialmente la misma que ya conocemos. La diferencia es imperceptible, pero sin duda extraordinaria. Aunque sabemos ahora que algunas plantas desarrollan formas limitadas de comunicación, muy lejanas del lenguaje, no deberíamos excluir la posibilidad de que un camino alternativo pudiera haber generado un mundo vegetal capaz de sentir, recordar o incluso pensar. Nada por el estilo existe en nuestra biosfera (que sepamos), pero la posibilidad parece difícil de descartar.

Si queremos ampliar nuestro espectro de posibilidades, volvamos nuestra mirada hacia los animales. El reino animal ha colonizado mar, tierra y aire. Ha desarrollado formas de inteligencia, visión e incluso sistemas sociales. Las posibilidades son sin duda enormes. Más aún: podríamos considerar seriamente el preguntarnos acerca de las bases fundamentales que describen las grandes «invenciones» de la naturaleza. Si pudiéramos rebobinar la cinta de la evolución, ¿observaríamos la aparición de seres multicelulares, del sexo, el ojo, la mente o la sociedad? Un experimento de simulación llevado a cabo en 1990 por el biólogo Thomas Ray (figura 6.5) hasta entonces un investigador de campo fascinado por la biodiversidad de la naturaleza, resultó ser una de las indicaciones más poderosas de que la pregunta de Gould, contra todo pronóstico, podía obtener una respuesta. Su estudio se publicó en un artículo titulado «An approach to the synthesis of life» [«Una aproximación a la síntesis de la vida»] y su impacto fue mucho más allá de lo que su propio autor hubiera imaginado.

Ray investiga en la actualidad en la Universidad de Oklahoma y ha sido durante años miembro del Instituto de Santa Fe. Antes de realizar su salto al mundo virtual, investigó durante años en Costa Rica, todo un paraíso para un ecólogo interesado en la biodiversidad. Trabajando en la estación bioló-

 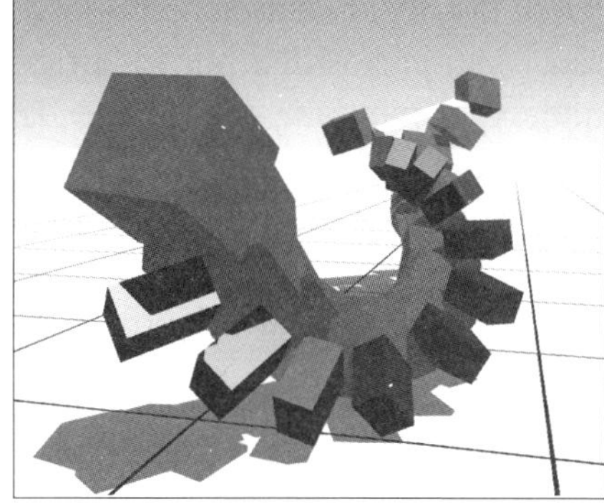

Figura 6.5. Izquierda: Thomas Ray fue pionero en el abordaje de la evolución de la complejidad y diversidad de formas de vida mediante el empleo de simulaciones computacionales. Investigaciones posteriores han permitido expandir estos trabajos con el empleo de modelos híbridos que combinan sistemas mecánicos, redes neurales y algoritmos de evolución destinados a crear organismos sintéticos (derecha) capaces de desplazarse en un medio físico de forma óptima. (Imagen generada por Zach Winkler a partir de una simulación con el programa Stellar Alchemy.)

gica de El Bejuco, en plena selva tropical, Ray se había dedicado sobre todo a estudiar algunas especies de enredaderas, cuyo papel en la dinámica de estos bosques es muy importante. A menudo, cubren por completo —hasta asfixiarlos— a los árboles sobre los que se instalan y crecen. Su trabajo incluía escalar con cuerdas a lo alto de los árboles gigantes de la reserva, tomar muestras y procurar entender las formas complejas en las que estas plantas se adaptan y cómo se desarrolla su ciclo vital.

Pocos lugares nos permiten acercarnos con mayor intensidad a esta complejidad de la naturaleza en estado puro. El propio Charles Darwin afirma en su autobiografía: «El esplendor de la vegetación de los trópicos surge ahora en mi memoria más vívidamente que ninguna otra cosa». Ray estudió muy diversos aspectos de las enredaderas así como de otros grupos. Entre los problemas que consideró estaban la arquitectura de las ramas, la diversidad de brotes, especies parásitas o el proceso de crecimiento. Este último tema le llevó a estudiar el empleo de modelos de simulación para comparar las observaciones con posibles teorías que las explicaran. Y su curiosidad por los orígenes de la diversidad con la que experimentaba cada día le llevaron a plantearse una pregunta: ¿se podría simular un ecosistema capaz de evolucionar dentro de un ordenador? Aunque Ray no lo sabía entonces, un investigador que trabajó con uno de los primeros ordenadores después desarrollados durante la segunda guerra mundial, Nils Barricelli, se había encontrado a las puertas de un descubrimiento similar al que él mismo iba a realizar, si bien el trabajo de Barricelli había pasado desapercibido. Alentado por su experiencia con los ordenadores y animado por las noticias sobre un congreso de vida artificial que acababa de organizar en Los Álamos un tal Chris Langton, Ray decidió intentar un paso crucial en la búsqueda de una forma distinta de acercarse a la evolución: recrearla dentro de una máquina en la que esperaba ver evolucionar ecosistemas sintéticos.

Así nació el programa Tierra. En aquella época aspiraba a obtener una plaza de profesor estable en su departamento, y cuando mencionó a sus colegas lo que iba a hacer, éstos se echaron a reír, simple y llanamente. Aunque en aquellos días ya existían evidencias de que era posible crear programas capaces de reproducirse (los virus de ordenador) el salto conceptual era lo bastante profundo como para generar una gran incomprensión. Sin embargo, animado desde la distancia por algunos de los pioneros de la vida artificial, como el propio Langton y Doyne Farmer (ver capítulo 2), Ray siguió adelante y creó un ecosistema virtual en el que un único «organismo», definido por un programa escrito por Ray, podía replicarse, generando una copia de sí mismo que ocuparía parte de la memoria del ordenador. Así pues, la idea es que la criatura virtual ejecutaría un conjunto de instrucciones, generaría un descendiente y éste, si el espacio lo permitía, haría crecer la población. Sin más elementos, este sistema seguiría una senda fácil de predecir: ocupar toda la memoria RAM del ordenador, alcanzar un estado de equilibrio y permanecer en él. Pero por supuesto la historia no termina aquí. Evolución implica cambio, y para que se genere el cambio debemos dejar paso al error. Ray introdujo la posibilidad de que los programas cometieran errores al copiarse, como ocurre con los sistemas reales, y por lo tanto el descendiente podría ser, por así decirlo, un programa mutante. Aunque el programa será probablemente defectuoso, de vez en cuando un mutante puede dar lugar a un programa que se copie correctamente y pueda sobrevivir. Después de llevar a cabo algunos tests, Ray dejó que su mundo sintético creciera y cambiara durante toda la noche. Durante aquellas horas, el mundo de Ray experimentaba cambios constantes resultantes de millones de interacciones y mutaciones acumuladas.

Cuando regresó a la mañana siguiente, «sin haber dormido demasiado», se encontró con la sorpresa de un ecosistema virtual diverso, y un registro fósil (todos los datos almacenados con la evolución de su primera biosfera artificial) enormemente revelador. Al poco tiempo, el potencial de Tierra se desplegó cuando Ray analizó meticulosamente la historia acumulada. Los resultados sorprendieron incluso a los críticos de la vida artificial, como el gran biólogo evolutivo John Maynard Smith o a Richard Dawkins, y atrajo la atención de Stephen Jay Gould, que incluyó el trabajo de Ray en su tratado final acerca de *La estructura de la teoría de la evolución*.* Brevemente, lo que había ocurrido representaba un remedo notable de muchas de las transiciones que han tenido lugar a lo largo de la evolución de nuestra biosfera, sólo que aquí la escala era mucho menor.

Al principio, se desarrollaron programas que se replicaban con mayor rapidez por un motivo muy simple: su menor tamaño. Alguno de los programas mutados había perdido una pequeña parte de sus instrucciones, de forma que ocupaban menos espacio de memoria y requerían un tiempo inferior para completar su ciclo. A continuación, ocurrió algo más in-

* Traducción española en Tusquets Editores, col. Metatemas 82, Barcelona, 2004

teresante: aparecieron programas aún más cortos, que se replicaban muy eficientemente, pero que eran incapaces de hacerlo por sí mismos. Su ciclo vital requería emplear las instrucciones de otros programas o, dicho de otra forma, eran parásitos de los segundos. Surgieron entonces parásitos de los parásitos (o hiperparásitos) igual que ocurre en los ecosistemas reales. Más tarde, la simulación generó estrategias nuevas en las que algunos programas intercambiaban partes con otros. Ésta es la base de la reproducción sexual, que fundamentalmente consiste en mezclar información procedente de dos organismos distintos. En el caso de la Tierra, la invención del sexo resultaba conveniente para escapar del efecto de los parásitos. Un parásito reconoce a su huésped identificando una parte específica de éste, así que una forma de escapar de los parásitos es cambiar con suficiente rapidez. Finalmente, aparecieron grupos de programas que cooperaban entre sí, de tal forma que aunque aisladamente no eran muy eficientes, el grupo cooperador no tenía rival. En este caso lo que emerge es una pequeña red de programas en interacción en la que cada programa facilita la replicación de al menos otro, a la vez que es ayudado por otros.

El trabajo de Ray (que finalmente logró su plaza de profesor) obtuvo una reacción inmediata. Maynard Smith, un feroz crítico de la emergente vida artificial, señaló en un comentario en la revista *Nature* la gran importancia de aquellos resultados, indicando que «si queremos descubrir pautas generales en los sistemas evolutivos, tendremos que mirar a los sistemas artificiales. El trabajo de Ray es un buen punto de partida». Gould remarcó acertadamente que el trabajo de Ray indica claramente la existencia de leyes universales que rigen la dinámica misma de los sistemas complejos, más allá de sus propiedades específicas. Pese a todas sus limitaciones, pese a su aparente distancia respecto a la complejidad de los seres vivos «reales», los programas de Tierra fueron más allá de su simplicidad y permitieron recrear algunas de las grandes invenciones de la vida. ¿Y qué ocurrió cuando Ray volvió a empezar, «rebobinando la cinta»? Aunque el momento en el que surgieron las innovaciones varió entre simulaciones, la secuencia de las mismas y su aparición fueron una marca constante en todos los casos: la historia se repite. Al rebobinar la cinta del mundo virtual, damos una respuesta tentativa a la pregunta de Gould: el mundo final es esencialmente el mismo. ¿Podemos estar seguros de esta afirmación en un contexto general? Digámoslo de otro modo: si pudiéramos visitar otros planetas, ¿veríamos una biosfera similar a la nuestra?

La biosfera sintética de Ray es uno de los experimentos virtuales de éxito que nos demuestra el potencial de la simulación. Diversos modelos posteriores fueron desarrollados con éxito, destacando entre ellos el programa AVIDA de Chris Adami, Charles Ofria y Titus Brown. Este sistema emplea una filosofía similar a la de Ray pero permite introducir ciertas mejoras, como una mayor complejidad en los programas, características individuales especiales o espacio sobre el que las criaturas digitales se desarrollan. Una vez más descubrimos que los resultados básicos de Ray se obtienen de nuevo. Un ejemplo es la aparición de saltos discontinuos en la eficiencia de las criaturas del sistema (figura 6.6). Tal y como sugirieron el propio Gould y su colega Niles Eldredge, del Museo de Historia Natural de Nueva York, la evolución tiene lugar a lo largo del tiempo de forma interrumpida y brusca: tras largos periodos de calma, en los que los cambios son graduales y a menudo poco visibles, se produce una rápida modificación de la eficiencia cada vez que una innovación se abre camino. Otros investigadores han obtenido resultados muy similares mediante el empleo de distintas plataformas de simulación.

El trabajo de Ray y sus colegas ha sido una fuente de inspiración más allá de la propia ciencia. Las vidas sintéticas que emergen de estas simulaciones han estimulado la imaginación (o la preocupación) de diversos autores de ficción. La idea misma de imaginar a seres como programas o genomas digitales ya estaba en el aire, y el gran Thomas Pynchon escribía casi premonitoriamente en su novela *Vineland,* publi-

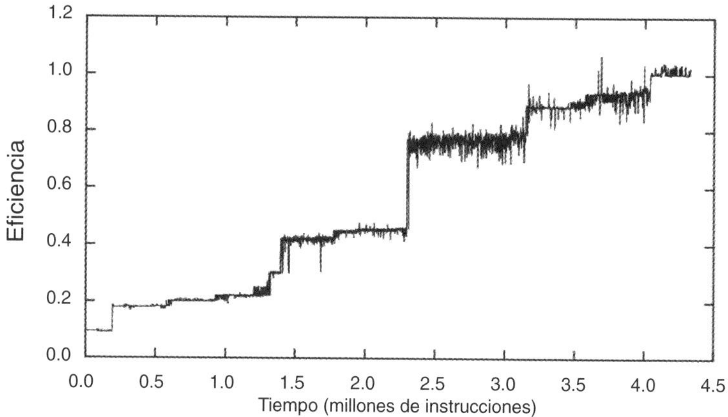

Figura 6.6. La evolución de la complejidad de los organismos sintéticos en mundos simulados refleja su naturaleza discontinua, tal y como plantearon en los años setenta los paleontólogos Stephen J. Gould y Niles Eldredge. En esta gráfica se muestran los cambios en la eficiencia de los organismos producidos durante una simulación del programa AVIDA. (Imagen adaptada de Solé y Bascompte 2007.)

cada originalmente el mismo año en que Ray realizaba sus primeros experimentos virtuales:

> Si las pautas de unos y ceros eran «como» pautas de vidas y muertes humanas, si todo lo referente a un individuo podía representarse en expedientes de computadora mediante una larga cadena de unos y ceros, entonces, ¿qué tipo de criatura se representaría mediante una larga cadena de vidas y muertes? (Pynchon 1992, 93.)

Los resultados de Ray responden alto y claro a esta pregunta. Y lo mismo cabe decir de los escritores de ciencia-ficción que han visto en la rápida y creativa evolución de estos sistemas virtuales un aviso o por lo menos una predicción de futuros cambios. Las posibilidades del trabajo de Ray y otros investigadores no se detienen aquí. Otros investigadores, como el artista, científico e informático Karl Sims, han desarrollado otras aproximaciones más complejas en el diseño evolutivo de los organismos y menos complejas ecológicamente hablando.

230

Sims realizó un trabajo considerado clásico en el campo de la vida artificial, cuando en 1994 presentó su trabajo sobre «criaturas evolucionadas artificialmente» en el que empleaba métodos de evolución darwiniana para seleccionar «criaturas» formadas por bloques acoplados entre sí pero móviles y que se encontraban controlados por redes neurales. Estas redes sirven para introducir la mecánica de los movimientos entre cubos (que están conectados por muelles) así como otras propiedades, como sensores. Lo que Sims buscaba con sus criaturas sintéticas, además de un medio para crear nuevas formas de arte, eran soluciones físicas a problemas «simples», como el organismo virtual más rápido desplazándose a través de un fluido o sobre una superficie. Los vídeos e imágenes de las criaturas resultantes en las simulaciones de Sims sobre medios fluidos son verdaderos iconos de la evolución por ordenador, y muestran soluciones que nos recuerdan enormemente (una vez más) organismos marinos que nos son familiares (como serpientes o peces) y otros que son más extraños (pero que existen). En la anterior figura 6.5. (derecha) vemos un ejemplo de criatura virtual creada por uno de estos programas.

Uno de los retos futuros de esta área consistirá en permitir que estas criaturas no sean «construidas» por un algoritmo que define toda su arquitectura, sino que se obtengan a partir de un proceso de desarrollo embrionario. Si pudiéramos conectar la compleja arquitectura con una red genética capaz de generar la criatura desde un solo elemento inicial, tal vez podríamos acercarnos a la explosión del Cámbrico y a toda su creatividad. Para ello se necesitarán recursos de simulación de una escala enorme, pero el esfuerzo merecerá la pena. No sólo porque podremos conectar entre sí áreas aún lejanas como la ecología y la biología del desarrollo, sino también porque seremos testigos de la creación de mundos en los que las criaturas dejarán de ser simples programas para convertirse en verdaderos animales virtuales.

Ciencia, prueba y simulación

Hoy en día, una estatua que nos muestra a un Bruno vestido con hábito de monje se alza en el centro del Campo dei Fiori. La obra es un pequeño homenaje a su obra y a su trágico destino. Sus conjeturas sobre los mundos infinitos empiezan a abrirse paso dentro del marco científico, a medida que vamos descubriendo planetas alrededor de estrellas lejanas y que nuestro conocimiento sobre esos posibles mundos crece sin cesar, alimentado por la integración de ideas procedentes de muchas áreas distintas. Más allá de los sueños más descabellados que Giordano Bruno pudiera haber tenido jamás, somos conscientes de nuestra dimensión a la vez insignificante y trascendente. El desarrollo de la nueva cosmología ha disfrutado de la ayuda de ordenadores poderosos capaces de simular el cosmos y así poder, una vez más, preguntarse: «Qué pasaría si...».

Un ejemplo de estos modelos se muestra en la figura 6.7, donde vemos el resultado de una simulación a gran escala de un cubo de materia (al principio homogéneamente distribuida) de dimensiones realmente astronómicas: cada lado tiene 400 millones de años luz. Esta simulación, denominada *Milennium,* desarrollada por un consorcio de centros de investigación de astrofísicos de diversos países, ha sido capaz de recrear la evolución de la distribución de estrellas, galaxias y sus aglomeraciones empleando para ello más de diez mil millones de «partículas» de materia, si bien el término partícula es bastante engañoso, ya que en realidad cada una representa una masa total de mil millones de masas solares. Mediante las reglas de interacción gravitacional entre masas, la simulación permite explorar el desarrollo en el tiempo de estructuras espaciales complejas, que se condensan generando una jerarquía de redes de materia. Esta simulación ha permitido penetrar muy profundamente en las consecuencias de las teorías físicas actuales acerca del origen del universo y su evolución.

Pero aún hay más. La física nos permite predecir el comportamiento de la materia con una precisión no igualada por

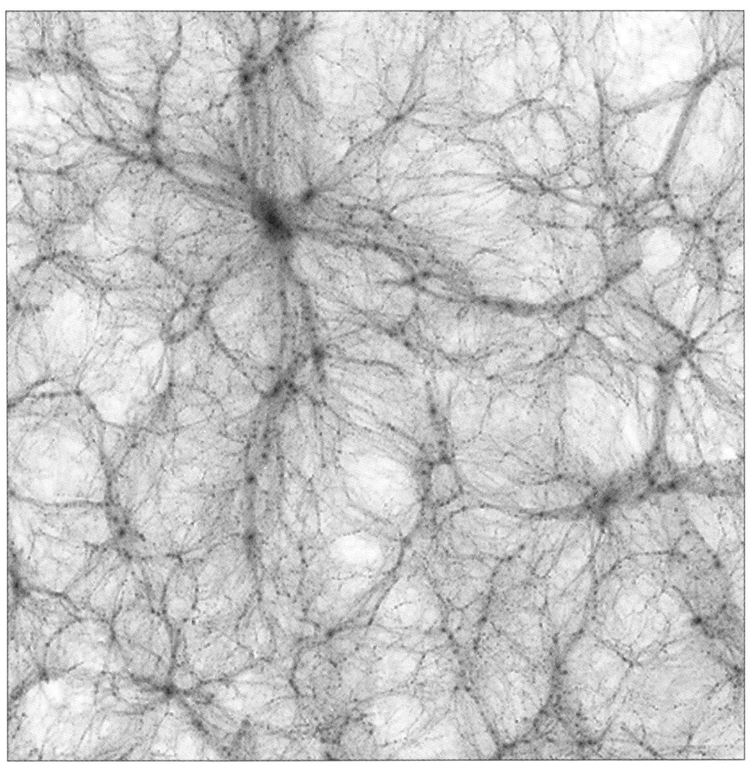

Figura 6.7. La simulación a gran escala del universo permite reconstruir su evolución bajo reglas predefinidas y observar el tipo de estructuras que emergen. En la imagen se muestra una parte de la simulación mediante supercomputador (véase http://www.mpa-garching.mpg.de/galform/millenium/) de una zona del universo en la que han interaccionado miles de millones de objetos dando lugar a estructuras filamentosas que son consistentes con las observaciones astronómicas. (Imagen de Rich Murray.)

ninguna otra disciplina. Las teorías construidas desde las revoluciones relativista y cuántica de principios del siglo xx han derivado en modelos y nuevas teorías de gran complejidad matemática y conceptual. Estas teorías, pese a su enorme potencia, suelen desafiar nuestra intuición, lo que nos debe mover a aceptar humildemente que el universo no se comporta como nos gustaría. La capacidad de la ciencia para explicar fenómenos resulta extraordinaria incluso para los más familiarizados con su formalismo y potencia predictiva. Algunas áreas, como la electrodinámica cuántica, predicen algunas cantidades con una precisión de diez dígitos. Pero los físicos nunca se paran en el lugar en el que se encuentran. No importa cuán lejos ya hayan llegado, siempre otean el horizonte para ver qué hay más allá. Esta forma de operar ha sido muy fructífera. Al no detenernos en la última pregunta, cabe seguir avanzando. Y al hacerlo nos topamos con preguntas de gran calado y respuestas no menos interesantes. Tomemos un ejemplo que tiene que ver con la vieja pregunta de por qué hay algo en lugar de nada. Es posible demostrar que, en un universo cerrado como el nuestro, la energía total es exactamente cero. Un resultado inesperado y fascinante. Nos dice algo que desafía la intuición pero que es a la vez muy sugerente. De alguna forma, lo cierto es que no hay nada en el universo. Sólo que la «nada» ha tomado una forma muy compleja, que incluye en su seno a galaxias, planetas, elefantes, teteras o filósofos. También nos dice algo esencial en nuestra comprensión del cosmos: sea como fuere que éste naciera, lo hizo a partir de la nada.

Pero ¿de qué «nada» estamos hablando? Ciertamente no de la «nada» metafísica, que no nos lleva a ninguna parte. Lo más cercano al concepto de nada (y lo más útil) es la idea de *vacío cuántico*, un concepto tan relevante como sorprendente. Para captar su naturaleza, imaginemos un experimento mental en el que nos proponemos eliminar toda la materia de una pequeña zona del espacio. Aunque nuestra intuición nos dice que debería ser posible dejar ese espacio completamente vacío, la naturaleza cuántica de la materia y la energía prohíbe que ello ocurra. Sin entrar en detalles, una región del espacio vacía violaría uno de los principios clave de la física, el principio de incertidumbre de Heisenberg, y en consecuencia se concluye que debe existir un campo de energía y que en éste se crean y destruyen constantemente las llamadas «partículas virtuales». Éstas no son detectables de forma directa, pero sus efectos (nuevamente con enorme precisión) sí pueden medirse indirectamente. Y volvemos a las consecuencias. En el vacío cuántico se producen constantemente fluctuaciones del campo. En 1973 el físico Edward Tryon propuso la idea de que una fluctuación del vacío cuántico podría generar nada menos que... ¡todo un universo! Como le ocurrió a Ray con su propuesta de crear ecosistemas virtuales, la primera vez que Tryon sugirió esta posibilidad en un simposio, sólo despertó carcajadas. Pero posteriormente su trabajo y el de otros teóricos, como Alexander Vilenkin o Heinz Pagels entre otros, demostró que esta posibilidad podría explicar un gran número de cuestiones fundamentales, entre ellas, tal vez, el origen mismo de nuestro universo. Si esta posibilidad no parece lo suficientemente increíble, qué se puede decir de la otra consecuencia que se desprende de ella: las fluctuaciones cuánticas capaces de generar universos son eventos raros, pero posibles, así que basta esperar para que se den una y otra vez, generando así ¡una infinidad de universos! Por esotérica que esta posibilidad puede parecer, lo cierto es que la posibilidad de que existan realmente una infinidad de universos ha ganado adeptos con rapidez.

Una vez más, buena parte de los estudios asociados a la exploración de multiversos descansa en simulaciones por ordenador, en las que pueden explorarse las posibilidades de generar universos, que confirman esencialmente las predicciones teóricas. De ser ciertas estas ideas, en alguno de estos infinitos universos alguien que se parece a ti, amigo lector, lee un libro parecido a éste en un lugar también parecido. En ningún otro caso es más cierto aquello de «tan cercano y tan lejano a la vez». Esta posibilidad, que gana terreno con el paso del tiempo, es enormemente sugerente y sus implicaciones extraordinarias. En la película *Rabbit Hole,* la protagonista (Nicole Kidman), que ha perdido a su hijo en un desgraciado accidente, encuentra reconfortante la idea del multiverso, y se da cuenta de que en otros mundos todo termina bien, su hijo vive y todo es distinto, con lo que, tal y como ella dice: «Nosotros somos algo así como la versión triste de la historia». En alguno de esos universos, Giordano Bruno nunca fue ejecutado, vivió hasta la vejez y sus ideas cambiaron la historia de su mundo.

No sólo somos ese pálido punto azul del que hablaba Carl Sagan, sino tal vez uno de los infinitos puntos azules de tantos universos posibles. Desde la física resurgen con fuerza algunas de las viejas preguntas que han dominado la filosofía desde la antigüedad, sólo que ahora la búsqueda de una respuesta desde la ciencia se ha convertido en el objetivo final. ¿Qué ocurriría si las teorías apoyaran un multiverso consistente con la física, capaz de dar sentido a las grandes preguntas pero, en último término, imposible de comprobar de forma definitiva? Es una posibilidad que quizá debamos considerar en el futuro. Si los universos alternativos son inaccesibles y no disponemos de una forma de probar (o refutar) su existencia basada en la experiencia, ¿significa que deberemos aceptar su existencia como algo parecido a una idea religiosa? Estoy seguro de que algunos creyentes, sobre todo aquellos que se sienten ofendidos ante la ambición de comprender el origen de todo desde la racionalidad, lo presentarán de este modo. Y sin duda surgirá la habitual discusión acerca del significado de una teoría que, según el criterio del filósofo Karl Popper, no puede ser considerada científica dado que no es refutable. Físicos como Leonard Susskind ya han señalado que hay que empezar a cuestionar el verdadero papel de lo que llama *«poperazzi»*. Si siguiéramos al pie de la letra a Popper, muchas teorías científicas que se sostienen muy bien serían desechables como pseudociencia. La teoría de la evolución o la misma cosmología estarían dentro de esta caja de desechos. Pero resulta más razonable e intelectualmente lógico concluir que las consecuencias de la física bien establecida incluyen un escenario en el que una infinidad de mundos se han creado literalmente de la nada, aunque esos mundos sean inaccesibles. Por lo menos es una explicación muy superior a cualquiera de las mitologías descabelladas en las que se basan las religiones organizadas.

La simulación de mundos alternativos y sus consecuencias trascienden las barreras de la filosofía y nos trasladan a una posibilidad que era impensable hace unos años. La posibilidad de disponer de una descripción del cosmos que pueda dar cuenta no sólo de sus propiedades, sino tal vez de su misma creación, aunque aún lejana, ha dejado de ser mera especulación. Y las posibilidades de recrear sistemas vivos tanto en el mundo virtual como en el laboratorio hacen volar la imaginación. Dentro de superordenadores de enorme potencia los astrofísicos comprimen la historia del universo, recreando eventos que nunca han sido observados por el ojo humano. Los mismos superordenadores son utilizados para analizar la estructura íntima de las moléculas de la vida e incluso simular sus mecanismos básicos, devolviéndonos a un pasado remoto que casi tocamos con los dedos ¿Qué hubiera pensado Giordano Bruno? Desde la distancia que nos separa de su triste destino, podemos comprobar que su visión no sólo es consistente con la realidad, sino que el cosmos parece celebrar al malogrado fraile con una exhibición de diversidad descomunal. Si pudiéramos viajar en el tiempo y contarle lo que hemos llegado a comprender, la perspectiva grandiosa que hemos alcanzado y hasta qué punto él estaba en lo cierto, deberíamos explicarle que en buena medida esta visión nos la han dado unas máquinas extraordinarias que permiten recrear universos. Pero aunque no es posible viajar al pasado (de momento), el conocimiento científico ya ha rescatado su legado. Poco imaginaban sus verdugos, vestidos de púrpura y subidos en la arrogancia de su ideología, que sus nombres iban a ser olvidados y el de los perseguidos recordados para siempre. Este universo extraordinario en el que habitamos nos abre una ventana al abismo del infinito, al que nos asomamos en el curso de esta existencia que, como dijo alguien, es tan sólo una pequeña luz entre dos abismos de oscuridad. Pero mientras la vela siga encendida, sabremos mantener vivo el espíritu del nolano, sin dejar jamás de soñar y dudar. Se lo debemos a él y a todos aquellos que vieron más allá de la ceguera de su tiempo.

7
Historia artificial

El tronco del árbol podrido, hasta el mismo momento en que la tormenta lo parte en dos, tiene toda la apariencia de sólido que ha tenido siempre. Ahora que la tormenta se cierne sobre las ramas del imperio, escucha con los oídos de la psicohistoria, y oirás el crujido.

Isaac Asimov, *La Fundación*

¿Qué clase de teoría nos podría anunciar la llegada de un héroe? Nunca oí hablar de semejante teoría.

Peter Turchin, *Historical Dynamics*

Algunos individuos alcanzan un poder terrible sobre la historia, no porque sean realmente poderosos, inteligentes o carismáticos, sino por su habilidad para manipular los patrones sociales.

Mark Buchanan, *El átomo social*

Al borde del abismo

Pueblo Bonito se levanta en mitad del desierto de Nuevo México, en el complejo conocido como Cañón del Chaco. Es uno de los asentamientos mejor conocidos de los anasazi, una civilización que desarrolló sus ciudades y su cultura a lo largo de siglos en los que construyeron magníficos edificios en lugares de innegable belleza. Casas y torres bien diseñadas y compactas, integradas en el paisaje de forma delicada (figura 7.1). Al atardecer, entre las ruinas, cuando el sol proyecta sombras alargadas y el cielo se vuelve rojo, el paisaje transmite una sensación de paz que parece conectarnos con sus antiguos pobladores. El silencio es omnipresente y te envuelve de tal modo que crea la atmósfera de conexión adecuada. Aunque la vegetación sea ahora sensiblemente más pobre que la que disfrutaron sus pobladores y el agua un recurso casi desaparecido, la huella dejada por los anasazi no nos deja indiferentes. Saber que su cultura se desvaneció de forma casi repentina, que sus ciudades de piedra y sus campos fueron abandonados para siempre, mucho antes de la llegada de los europeos, hace volar la imaginación. La magia del lugar crea una conexión sutil y en algunos casos da lugar a visiones idealizadas alejadas de la realidad. No debe sorprendernos que exista una comunidad de amigos de la Nueva Era que vean en los anasazi un colectivo casi utópico de buenos indígenas que crearon ciudades de gran belleza, cultivaron sus campos en armonía con la naturaleza y fueron tal vez víctimas de alguna catástrofe imprevisible que terminó con su sociedad ideal.

Lo cierto es que hacia el año 1300 las ciudades fueron abandonadas y sus moradores emigraron a otros lugares para no regresar jamás a sus antiguos asentamientos, que deslumbran aún hoy por la red de conexiones que construyeron. Aquellos arquitectos-recolectores crearon una telaraña de carreteras (detectadas mediante imágenes de satélite) que, prácticamente en línea recta, conectan distintos centros y que se expanden a lo largo de cientos de kilómetros. En Pueblo Bonito se han encontrado numerosos restos de conchas marinas, minerales procedentes de lugares lejanos o cobre que muestran con claridad un comercio activo antes de la llegada de Cristóbal Colón al Nuevo Mundo. Más al norte, en el estado de Colorado, las ruinas de Mesa Verde ofrecen otro espectáculo que quita el aliento: los edificios se levantan en lo alto de un precipicio. Los recintos se han ejecutado con el mismo nivel de ingeniería y cuidado que los del Chaco u otros luga-

Figura 7.1. Interior de una de las casas de Pueblo Bonito, en el Cañón del Chaco, Nuevo México. Construidos por los anasazi, estos edificios albergaron grandes grupos humanos que explotaban el maíz como fuente de alimento, a la vez que esquilmaban la caza mayor y talaban los bosques. Las ciudades anasazi se encontraban conectadas a través de una red de caminos que se extendían a lo largo de kilómetros de distancia. Tras un periodo de crisis medioambiental prolongado, los asentamientos fueron abandonados para siempre. (Fotografía cortesía de Laura Ware.)

res. Construirlas y residir en ellas debió de ser todo un reto y nos evoca un colectivo humano con gran capacidad de cooperar para alcanzar objetivos ambiciosos. Y sin embargo, Mesa Verde planteó desde un principio una serie de preguntas cuya respuesta cuestiona algunas de las conclusiones anteriores acerca de las bondades de la civilización anasazi. ¿Por qué construir en lugares tan inaccesibles? Podemos tirar del hilo de la sociedad bondadosa que decide formar parte de la naturaleza y por algún motivo estético vivir literalmente al borde del abismo. Aunque sería fantástico que así fuera, la realidad no deja demasiado espacio para esta visión ideal. El motivo por el que Mesa Verde se alza en lo alto, inaccesible e imponente, tiene poco que ver con gustos estéticos. Por el contrario, ha sido el resultado de la tendencia al conflicto que surge —al parecer inevitablemente— en todas las sociedades humanas. Somos capaces de construir ciudades, de crear culturas complejas y formas de arte extraordinarias, pero lamentablemente toda civilización experimenta en algún momento episodios de violencia que pueden devastar todo lo creado. La guerra parece ser una parte inevitable del desarrollo de las culturas y en muchos casos el punto final que escribe su epílogo.

Los anasazi fueron precursores de las culturas indígenas de Norteamérica, y sus logros, extraordinarios. No sólo fueron capaces de sostener una sociedad dinámica con una saludable economía basada en el cultivo del maíz e intercambios comerciales. También miraron al firmamento, y tenemos constancia de su conocimiento preciso de los ciclos astronómicos gracias a algunas de sus construcciones. Un hecho en particular dejó su huella en una pintura sobre roca en Chaco: la explosión en el año 1054 de una supernova en la nebulosa del Cangrejo, a unos 4000 años luz de distancia. El petroglifo nos muestra la imagen de una estrella brillante y la luna en la misma fase de su ciclo en la que sabemos que se encontraba en aquel entonces, junto a la huella de la mano anónima del astrónomo. El resplandor de la estrella que estalló al morir se vio en todo el hemisferio norte a plena luz del día. Hacia aquella época, los anasazi experimentaban un rápido crecimiento demográfico y una diversificación de su arte, reflejada en numerosas cerámicas y petroglifos.

Tras un decaimiento transitorio hacia el año 1100, siguieron desarrollándose para terminar en un completo colapso que se produjo poco antes del año 1300. La luz de su civilización se apagó. El brillo de sus días pasados nos llega a través de lo que los arqueólogos nos han revelado tras décadas de arduo trabajo. Como la supernova que nos manda el mensaje desde el pasado remoto del universo, las ruinas de Chaco y Mesa Verde han dejado un mensaje que ha atravesado el tiempo hasta nosotros. Lo que éste nos dice acerca de los anasazi es que no fueron distintos de nosotros mismos. Cuando las cosas se pusieron difíciles, la violencia y el enfrentamiento fueron los motores del cambio para sobrevivir. A medida que el clima cambiaba y la sociedad se hacía más compleja, los muros de las casas se hicieron más gruesos para resistir las inclemencias de la naturaleza, pero también la violencia de otros seres humanos. Vivir al borde del abismo fue la última solución para escapar de la guerra y el pillaje. Para proteger a los seres queridos y los recursos necesarios para vivir. Los restos de estas ciudades, si los estudiamos con atención, nos revelan un tiempo en el que la guerra se convirtió en parte de la lógica diaria. Las ciudades ahora dormidas nos hablan de campos de cultivo, de vida en familia, de comercio y conocimiento, pero también de crisis, crímenes y colapso social. Los restos que nos ofrece el paisaje no sólo contienen petroglifos y viviendas. También hay huesos rotos, cráneos abiertos y canibalismo.

Sería fantástico que la imagen idílica de los anasazi que hemos dibujado antes fuera la correcta, pero lamentablemente su vida y su destino final parecen seguir un esquema común a otras civilizaciones. En las ruinas mayas del periodo de su historia anterior a su desaparición, encontramos numerosas evidencias de conflictos armados que se generalizaron a medida que las dificultades iban en aumento. El colapso como tal, sin embargo, no es tan marcado y, de hecho, los expertos suelen debatir esta definición, dado que la desaparición de determinados centros va acompañada en algunos casos de la revitalización de otros. Sin embargo, la imagen general de una civilización cuya población creció enormemente gracias a la quema sistemática de bosques, explotación intensiva de cultivos y de recursos hídricos, parece adecuada. En el proceso de degradación social, las causas internas y externas se entrelazan y puede resultar difícil decidir cuál de ellas ha sido más importante. Los anasazi habitaron un medio natural en el que las sequías no eran raras, y su población se vio sometida a cambios que mermaron sus cultivos y provocaron pérdidas materiales y humanas. Sin embargo, la sequía que sufrieron hacia el final de sus días, antes de emigrar masivamente hacia zonas más propicias para vivir, no fue peor que algunas de las que ya habían experimentado a lo largo de su historia. ¿Qué decidió su precipitada desaparición?, ¿podría su destino haber sido distinto?, ¿hasta qué punto el clima determinó su caída?

Un grupo de arqueólogos y antropólogos, uniendo fuerzas con expertos en la simulación de sistemas sociales, han desarrollado un modelo de evolución de los anasazi en el que comunidades virtuales de individuos se desarrollan y expanden en un entorno que reproduce los valles, ríos y zonas de cultivo que pueden reconstruirse a partir de multitud de datos disponibles. Aunque de una forma impersonal, el mundo de los valles se puso en marcha de nuevo, sin amaneceres u ocasos imposibles, pero con pobladores que trataban de crear hogares y familias, cultivar sus campos y recolectar sus cosechas, así como decidir dónde establecerse. En este mundo virtual se comprimen siglos de cambio, que se pueden estudiar y reiniciar una y otra vez con distintas condiciones. En el interior de las máquinas, los anasazi virtuales ocupan y explotan el equivalente del valle, ahora convertido en un tablero enorme dentro del cual se desarrollan, florecen y mueren.

Arqueología virtual

El modelo que permite reconstruir la historia de los anasazi incorpora un espacio en el que se introducen diversas fuentes de información acerca de la presencia de niveles de agua subterránea y superficial, precipitaciones, cantidad de maíz cosechada e incluso niveles de erosión en cada zona. El estudio lo llevaron a cabo un grupo de arqueólogos, expertos en simulación social y otros científicos en una colaboración que tuvo como área geográfica de análisis la zona conocida como Four Corners (literalmente «cuatro esquinas») en la intersección de cuatro estados de los Estados Unidos: Nuevo México, Arizona, Colorado y Utah. La reconstrucción de las variables climáticas, vital para comprender el curso de esta historia particular, se ha obtenido gracias a la combinación de datos procedentes del estudio de los anillos de crecimiento de árboles, la abundancia de polen en sedimentos o el registro geológico local. Grupos de expertos en cada uno de estos métodos han sido capaces de generar para nosotros el escenario climático dentro del que se escribe este episodio particular del drama humano. En este escenario se inicia nuestra historia artificial, en la que una pequeña muestra de pobladores inicia el cultivo de maíz en un lugar hospitalario cerca de alguna fuente de agua y lejos de zonas áridas erosionadas, en las que los cultivos crecerían con mucha dificultad. Esta posición inicial no se elige al azar, dado que disponemos de la información sobre la localización de los primeros asentamientos.

El modelo básico supone un conjunto de reglas simple que decide si la población crece y genera nuevos asentamientos o si por el contrario decae debido a la ausencia de recursos. Con el conocimiento adecuado de la presencia o ausencia de condiciones para el cultivo así como recursos hídricos, el modelo supone que un grupo humano dado (que puede representar una familia) será capaz de sobrevivir si puede generar una cantidad suficiente de maíz para poder afrontar con éxito las necesidades anuales. En caso contrario, emigrará a una zona local cercana (si la hay) en la que las condiciones sean mejores. Asimismo, si las mujeres jóvenes en una familia dada alcanzan unos dieciséis años de edad, pueden desplazarse a un lugar cercano para iniciar un nuevo asentamiento familiar, no muy lejos (en un radio de un kilómetro) del lugar de origen y siempre que exista disponibilidad de agua. Teniendo en cuenta estimaciones fiables sobre la fertilidad y productividad de las variedades de maíz existentes en la época, la simulación permite calcular la cantidad de maíz recolectada por cada grupo y determinar si las reglas anteriores dan lugar a migraciones, cambios de localización o crecimiento en el número de asentamientos. De igual modo, se tiene una estimación de la duración de las casas que sostendrían una familia, que se situaría en unos treinta años. Se puede seguir así no sólo la demografía (población total) de los anasazi, sino también la forma en la que fueron ocupando distintas zonas. Todos los parámetros empleados se han establecido razonablemente bien, basándose en datos demográficos y ecológicos. Todos introducen además cierto grado de ruido estadístico. Mencionemos anecdóticamente que cuando se empleó la edad de «exactamente» dieciséis años para permitir que una joven diera a luz a sus hijos, la simulación generó poblaciones mucho mayores de las observadas. El ruido es un componente más importante de lo que a menudo creemos. También es importante tener en cuenta que el modelo empleado por estos investigadores, aunque detallado y cercano a la realidad, no está plagado de parámetros ajustables, como sucede en muchos modelos. Aquí los parámetros se extraen de los datos arqueológicos y paleoclimáticos, de forma que lo que el modelo hace en realidad es calcular las consecuencias de estos parámetros, permitiendo así poner a prueba la importancia de distintos factores.

El modelo es capaz de reproducir notablemente bien los cambios demográficos que han sido reconstruidos a partir del número de asentamientos. La similitud es muy considerable, como se muestra en la figura 7.2. Los anasazi virtuales, al igual que los que los inspiran, experimentan crecimientos y caídas comparables. Por ejemplo, un cambio importante surgió hacia el año 1150, cuando se produjo una caída en el número de asentamientos, que aparece en ambos casos, si bien es más acusada en la simulación por ordenador. Del mismo modo, tras la caída, ambas curvas siguen una tendencia de crecimiento muy notable a lo largo de algo más de un siglo. Este perfil se complementa además por un comportamiento muy similar en la forma de colonizar las distintas zonas del valle, lo que sugiere que las variables geológicas y climáticas han desempeñado un papel muy importante. Sin embargo, también existen diferencias notables. Los anasazi crecieron en el tiempo de forma más discontinua, aparentemente siguiendo un perfil de cambio lento seguido por repuntes rápidos de colonización. Y el punto de divergencia más contundente nos lo da el colapso final: como ya mencionamos antes, los anasazi aban-

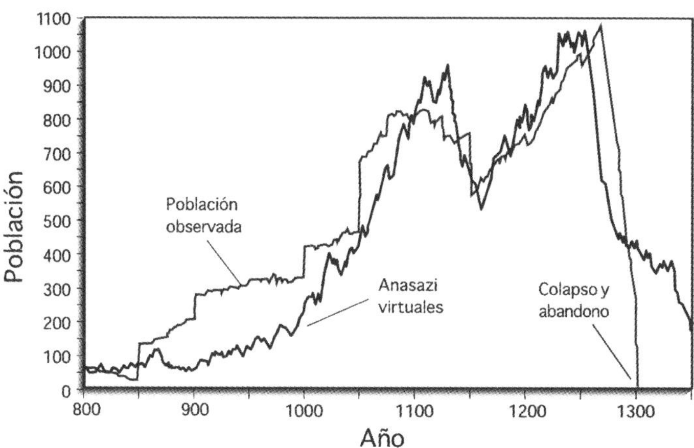

Figura 7.2. Evolución real y simulada de los asentamientos anasazi en el área de Four Corners. La línea gris indica los cambios en la población, estimada a partir del número de construcciones (que albergarían un promedio de cinco personas) a partir de los datos arqueológicos. La línea oscura es el resultado de la simulación virtual, que sigue aproximadamente el mismo comportamiento. Sin embargo, aunque ambos escenarios experimentan una caída dramática hacia el año 1300, el sistema real se colapsó por completo, mientras que la simulación predice la presencia de una población reducida. (Gráfica de Ricard Solé, basada en Kohler *et al.* 2005.)

donaron por completo el valle para emigrar hacia otras áreas. La simulación, por el contrario, sugiere que era posible mantener cierta población. Nada de eso ocurrió: los anasazi partieron de allí o murieron. El esquema es general en esta cultura, que afrontó a finales del siglo XIII cambios asociados a un clima poco favorable que afectaron a la mayoría de las ciudades de los anasazi, si bien ya habían padecido otros periodos de sequía con anterioridad.

La deforestación y su impacto sobre un suelo que sería menos propicio para las cosechas y la retención de agua fue un factor relevante. Añadida a una presión directa sobre las especies que se podían cazar, la pérdida de hábitat aceleró la desaparición de la gran mayoría de las presas, aumentando la dependencia del cultivo de maíz. Pero muchos investigadores sospechan que las diferencias entre los modelos y la realidad podrían deberse a la ausencia de ciertos factores sociales y políticos no incluidos en la simulación virtual. Las comunidades humanas tienden a crecer en complejidad y a crear —incluso en una sociedad basada principalmente en la recolección del maíz— un tejido humano heterogéneo y lleno de dependencias. De forma general, una sociedad demográficamente importante, con una prolongada historia de explotación de recursos y con capacidad de disponer de asentamientos estables en los que almacenar sus recursos, adquiere de forma natural estructuras internas en las que diversos grupos de individuos tienen papeles distintos. La división del trabajo emerge así de forma predecible y un número mayor de individuos depende de la actividad de otros, a medida que se desarrollan las tareas más especializadas (alfarería, procesamiento del maíz o confección de tejidos, por ejemplo).

Las interdependencias pueden reflejarse de forma aún más clara en la existencia de comercio entre comunidades distantes, algo que sabemos que caracterizaba la civilización anasazi, al igual que muchas otras. Un intercambio de recursos básicos puede ser la clave para superar una crisis de alimentos, dado que las necesidades afectan a partes del sistema, el resto puede compensarlas. Pero la red puede también evolucionar hacia intercambios más específicos a medida que diversos centros proporcionan materias primas más diversas. Cuando el sistema es azotado por la incertidumbre, la especialización y la conectividad pueden propagar los problemas en lugar de resolverlos. En cualquier caso, tal como señala Jared Diamond en su libro *Colapso,* es más que probable que las sociedades humanas complejas requieran de cierta masa crítica que permita sostener aquellas instituciones que podemos llamar esenciales.

Un tsunami *cultural*

La paleontología, la arqueología y la historia nos permiten trazar mapas del pasado que dan sentido al presente. La

248

emergente historia artificial añade a la lista un cuerpo de teoría y simulación dentro del cual podemos recrear el pasado. Todas ellas son disciplinas apasionantes e integradoras, y requieren a menudo de la colaboración de expertos procedentes de campos distintos. Cada una a su modo rescata del olvido las voces y acciones de aquellos que nos precedieron. Son nuestros telescopios, que revelan la luz que ellos dejaron. Gracias a la suma de fuerzas, en particular de los datos y los modelos, hemos podido entender procesos que en otro caso serían imposibles de abordar. El declive y la desaparición final de las ciudades anasazi no debe hacernos olvidar que antes del colapso hubo un largo periodo de crecimiento y prosperidad que ilustra la capacidad de la sociedad y sus invenciones para propagarse. Los modelos deben dar cuenta de ambas caras de la moneda. Tomemos por ejemplo la difusión de la agricultura en Europa durante el Neolítico, que representó el mayor salto cualitativo en nuestra historia hacia los grandes centros urbanos.

En todas partes del viejo continente se encuentran las pruebas de un cambio progresivo hacia modos de vida que ya nunca volvieron a ser los mismos. Y como en toda historia, hay muchas pequeñas historias que se entrelazan. Tan sólo mencionemos una. En 2007 unos arqueólogos italianos descubrieron en Valdaro, cerca de la ciudad de Mantua y no muy lejos de Verona, el escenario en el que se desarrolla *Romeo y Julieta,* un enterramiento neolítico de unos 6000 años de antigüedad en el que dos cuerpos aparecen unidos en un abrazo (figura 7.3). Un hombre y una mujer que claramente fueron colocados en aquella posición íntima, acompañados de algunas piezas de cerámica, un cuchillo y puntas de flecha, dan el contrapunto de las oleadas humanas que transmitieron la cultura de la que ellos formaron parte. Una pequeña gota en el *tsunami* que cambió definitivamente nuestra relación con la naturaleza y en la que los humanos, uno a uno, parecen no tener demasiada voz ni voto. Pero este hallazgo no es único, y encontramos enterramientos tan sorprendentes como tristemente reveladores, como ocurrió con el de Eulau (Alemania),

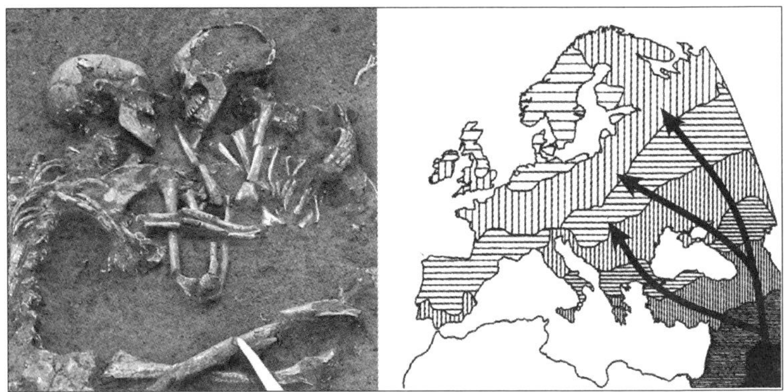

Figura 7.3. La propagación de la agricultura en Europa dio lugar a un cambio trascendental en la cultura y la demografía humanas, y el registro arqueológico es muy abundante, con numerosos restos notables, como es el caso de la pareja de Valdaro (ver texto, pág. 249). (Fotografía de Ricard Solé.) Este registro ha permitido reconstruir el proceso de propagación de la agricultura, que ocurrió en forma de ondas sucesivas (derecha) que sugieren un proceso de difusión. Aquí las tramas se emplean para indicar distintas áreas colonizadas en distintos momentos y las flechas dan la pauta inicial de movimiento desde su origen. (Mapa de Ricard Solé.)

descubierto unos años antes del hallazgo de Valdaro, aunque aquí se trató de varias familias completas. En un caso, el grupo familiar incluye padre, madre y dos niños. En esta familia nuclear prehistórica, cada adulto abraza a uno de los pequeños, colocados cara a cara. Los hallazgos arqueológicos no dejan lugar a la poesía: la muerte de este grupo, que tuvo lugar hace unos 4600 años, fue violenta. Hay cráneos rotos por fuertes golpes y puntas de flecha que fueron empleados para matar a todos los miembros del grupo. No podemos saber el motivo ni la identidad de los asesinos, pero su muerte señala la otra cara del cambio hacia una sociedad distinta. Los humanos se vieron implicados en un escenario de mayor densidad de población, conflictos, patógenos cada vez más frecuentes y todos los problemas derivados de la complejidad social en aumento. Cada descubrimiento arqueológico nos acerca un poco más al conocimiento de nuestra historia.

El registro arqueológico del avance de los asentamientos es abundante y muestra un desarrollo sostenido en el que los humanos y la agricultura se expanden como una ola desde Oriente Próximo a toda Europa (figura 7.3 derecha). La ola se movió imparable hacia el oeste, y con ella modos de vida nuevos y una transformación del medio natural. La agricultura trajo no sólo el inicio de nuestro control de la genética (a través de la domesticación de las especies útiles), sino un cambio profundo en los nichos ecológicos, que ya nunca volverían a ser los mismos. Con el empleo generalizado del arado, los campos de cereales y los poblados agrícolas ganaron terreno a una naturaleza que sería domada y diezmada a conciencia. Y sin embargo, algo fallaba en la idea misma de una onda que se difundía en el espacio y el tiempo.

Los datos arqueológicos indican con claridad que la propagación de los asentamientos humanos se produjo a una velocidad que no se correspondía con el modelo simple en el que, a mayor número de habitantes en un área determinada, mayor sería el flujo hacia áreas vecinas. Este «modelo de difusión», propuesto originalmente en 1978 por Luca Cavalli-Sforza y sus colaboradores, y apoyado por estudios de diversidad genética, supone de forma natural un proceso de expansión similar al de una gota de tinta dentro de un vaso de agua, con el añadido de que la cantidad de tinta crece con el tiempo (ya que los humanos se reproducen). El fenómeno se basa en la idea de que las partículas de tinta se desplazan al azar en el espacio, de tal forma que, si esperamos lo suficiente, veremos que la gota inicial (los agricultores del Oriente Próximo en el caso que nos ocupa) se expande hasta terminar ocupando todo el espacio. Aunque el frente de la mancha se difumina, podemos aceptar que su propagación se desarrolla de forma progresiva. El problema es que, si este modelo fuera correcto, el frente de la onda neolítica debería haber alcanzado Grecia en menos de la mitad del tiempo que indican los datos arqueológicos.

Tal vez el mismo planteamiento del problema es erróneo y, como han sugerido algunos estudiosos, en realidad no hay una difusión en el espacio sino más bien un proceso de imitación de las comunidades de cazadores-recolectores en contacto con aquellas que ya vivían de sus cultivos y animales domesticados. En cualquier caso, la innovación que representó nuestro dominio como especie sobre otras especies determinó la transición de los pequeños grupos humanos con una economía de subsistencia basada en la caza, la pesca y la recolección a las comunidades extensas que por primera vez podían producir más de lo que necesitaban. La onda que había recorrido el Viejo Mundo requería una explicación, sin la cual nuestra comprensión acerca de la revolución neolítica, posiblemente la mayor revolución de la historia humana, sería escasa. De nuevo nos encontramos en una encrucijada de la que podemos salir airosos gracias a un modelo adecuado.

Con el objetivo de abordar la anomalía observada, los físicos Joaquim Fort y Vicenç Mendes, de la Universidad de Girona, presentaron en 1999 un modelo que resolvía el problema cambiando la perspectiva del análisis y mediante una aproximación matemática distinta a la tradicional. El problema parecía estar en un elemento de gran importancia: la forma en que las poblaciones humanas colonizaban nuevos territorios. La gota de tinta nos proporciona una primera visión del proceso, en el que la dispersión de los individuos por el espacio es un proceso pasivo y esencialmente aleatorio. De forma natural, veremos que siempre hay más individuos que se mueven desde un lugar poblado a otros más o menos vacíos, mientras que lo contrario raramente tendrá lugar. Así que lo que veremos es un flujo hacia zonas menos ocupadas. Sin embargo, tal y como Fort y sus colaboradores han comprobado, si el modelo tiene en cuenta algunos factores clave del comportamiento humano, el resultado cambia notablemente.

Por una parte, existe una estructura de edades en las poblaciones humanas que no podemos ignorar: si bien la explotación de los cultivos y animales y el mantenimiento de los poblados era labor de todos, la exploración de nuevos territorios sería llevada a cabo por individuos jóvenes, pertenecientes a la siguiente generación. Así que, además de necesitar suficientes nacimientos para sostener el flujo hacia territorios nuevos, deberemos tener en cuenta la existencia de cierto tiempo característico necesario para que una nueva generación esté disponible. Este ingrediente introduce un elemento nuevo, al incorporar el tiempo de generación a la dinámica poblacional. Las ecuaciones resultantes, que pertenecen al conjunto de las denominadas «ecuaciones hiperbólicas» en la jerga matemática, así como el efecto de la colonización marítima, consiguen dar cuenta con enorme precisión del avance del frente neolítico. Este modelo y sus posteriores refinamientos han permitido por primera vez obtener un marco teórico riguroso para construir una visión a gran escala de la revolución neolítica. Más allá de los esqueletos de Valdaro y de todas la historias que se han desvanecido en el curso de este proceso, las ecuaciones nos permiten recrear un acontecimiento único e irreversible.

El Neolítico representó la puerta de entrada en un mundo nuevo, en el que las redes humanas tomaron el control y crearon un tejido de relaciones útil para mantener la nueva forma de vida pero complicado por las tensiones que puede disparar. La inestabilidad adquirió nuevas dimensiones, y nunca nos ha abandonado. Dentro de estas tensiones, el papel de los individuos pudo hacerse cada vez mayor; y sus decisiones, cruciales. El desarrollo de la agricultura es una de las formas más claras de expresión de la cooperación entre seres humanos. Las ondas que barrieron el Viejo Mundo, así como las que en su momento lo hicieron con Asia y el Nuevo Mundo, representan el éxito de la sociedad capaz de construir y controlar su destino. Mucho después, en aquel mundo sin otras fronteras que las que imponían las barreras geográficas o el mar, la sociedad ganó complejidad y diversidad a medida que surgían nuevas profesiones, grupos de poder y jerarquías. La sociedad compleja en la que la dependencia con el medio rural se iba relajando a medida que la ciudad ganaba peso político dio paso a una nueva estructura: el Estado. Los grandes imperios se habían fragmentado progresivamente y las naciones tomaban forma, creando fronteras y generando un nuevo orden.

Si tuviéramos que escoger una imagen que represente el efecto a gran escala que han tenido los cambios políticos y sociales a lo largo de la historia, nada mejor para empezar que un mapa político del mundo. Los mapas que hemos estudiado en las clases de geografía y que muestran la distribución de países y sus fronteras son una imagen congelada (aunque cambiante) de los vaivenes de un mundo en el que guerras, intereses y a veces caprichos deciden el perfil de los límites que separan a dos grupos humanos. Una ojeada nos muestra zonas en las que multitud de países coexisten con fronteras complejas e irregulares. Otros poseen fronteras trazadas en línea recta, resultado de decisiones tomadas sobre una mesa en la que los nuevos propietarios de grandes territorios, ignorantes de la topografía local, deciden trazar sus dominios empleando una regla. Éste es el caso de la mayoría de las decisiones tomadas por estados colonizadores. En Estados Unidos, los bordes entre estados fueron decididos desde Europa sin tener en cuenta la cultura india nativa. Durante la colonización de África se dio un fenómeno muy similar, especialmente evidente si analizamos el norte del continente. Al forzar la inclusión dentro de un mismo Estado de grupos culturalmente distintos, étnicamente fragmentados, se ha propiciado el conflicto entre éstos. Para muchos investigadores, las fronteras artificiales han sido en buena medida causa del problema económico y la inestabilidad que ha vivido el continente.

La definición de estados mediante líneas rectas es algo claramente arbitrario y es el resultado de decisiones individuales. Pero existen también estados cuyas fronteras han evolucionado a través de su interacción con sus vecinos. Dado que los mapas políticos proporcionan una foto del estado actual de múltiples cambios históricos, podríamos preguntarnos si algo tan complejo y contingente podría ser «explicado» desde un marco teórico simple. La respuesta es doble: sí y no. Por una parte, como veremos a continuación, incluso a esta escala es posible identificar fenómenos esenciales que han moldeado las fronteras de los países, aunque la identidad exacta de éstos no sea relevante. Por tanto, en principio es posible recrear la aparición de estados mediante el uso de las herramientas mínimas que hemos ido viendo en capítulos precedentes. Estos modelos, como ocurre en otros casos, dejan de lado las vibrantes o lamentables historias de cómo se forjaron los estados y de cómo la conquista o el desastre han eliminado unos a la vez que han creado o expandido otros. Los libros de historia están llenos de mapas en los que no podemos reconocer las fronteras actuales. Son las fotografías de épocas en las que las naciones eran otras y sus dominios también diferían de los actuales de manera espectacular. Imperios poderosos dominaban grandes partes del planeta y en los mapas cubrían extensiones enormes. Pero incluso los imperios caen, y la caída suele llevar a la fragmentación.

El modelo que presentamos aquí fue desarrollado por Marc Artzrouni, del departamento de Matemáticas de la Universidad de Pau, en Francia, y Janos Komlos, actualmente en la Universidad Rutgers, en Estados Unidos. El modelo supone una dinámica de interacciones entre Estados vecinos basada en la «depredación», entendida como la capacidad de incorporar (en cierto sentido, comerse) áreas vecinas para convertirlas en propias. Concretamente, se supone que el peso de un Estado dado, según su capacidad de ocupar otros Estados vecinos, es proporcional a su tamaño, que mediremos en función del tamaño de la nación invasora. Por otra parte, la frontera total entre este Estado y sus vecinos es el dominio que hay que defender, y su defensa y mantenimiento tienen un coste. Por tanto, un Estado puede crecer a expensas de otros (a los que depreda) a la vez que esta capacidad de expansión se ve moderada por la longitud total de las fronteras compartidas. Esta restricción encaja con la bien conocida problemática de mantener el control de un imperio que tiene una enorme extensión, especialmente si ello requiere (como es habitual) pagar a un ejército necesario para someter a los rebeldes. Las reglas del modelo suponen que dos estados vecinos, en caso de entrar en guerra, pueden terminar en una situación en la que un único Estado ha ganado, sumando el área del perdedor (y sus fronteras) a la suya.

El modelo posee varios parámetros que pueden ajustarse. Algunos no son muy importantes, dado que pueden variar considerablemente sin que influyan en el resultado final. Otros deben ser ajustados con mayor o menor cuidado. En último término, el poder militar de un Estado depende de su área, perímetro y de la distancia entre las fronteras y el centro de poder (que por comodidad se sitúa en el centro geográfico del país). Existen diversas versiones del modelo, pero los resultados son muy similares. Partiendo de una distribución regular (y arbitraria) de un gran número de estados iniciales (figura 7.4, arriba) el modelo pone en marcha el curso de una historia posible en la que se desarrollan, dentro del ordenador, batallas y compromisos que —sin derramar sangre— llevan a la construcción de todo un mundo con fronteras cambiantes, anexiones y expansiones que acaban convergiendo en cierto estado final (que sólo experimenta pequeños cambios).

Aunque el modelo no puede realmente reproducir el proceso histórico real, dado que ignora muchos detalles clave, es capaz de reproducir un buen número de propiedades bien definidas. Como vemos en la figura 7.4 (abajo) una simulación del desarrollo de estados en una Europa virtual que empieza como un tablero de ajedrez con cuadrados de pequeño tamaño evoluciona hacia una configuración que es más o menos estable. El mapa final no es la Europa que conocemos (y que sigue cambiando) pero nos resulta enormemente familiar. Algunos Estados, como Italia, Francia o España, así como Inglaterra, parecen notablemente similares a la realidad, si bien a costa de Portugal o Irlanda, que forman parte de Estados mayores. También vemos que el espacio que hoy ocupan Suecia y Noruega aparece definido como un único Estado. Pese a todas las diferencias que podemos detectar, el parecido visual es asombroso.

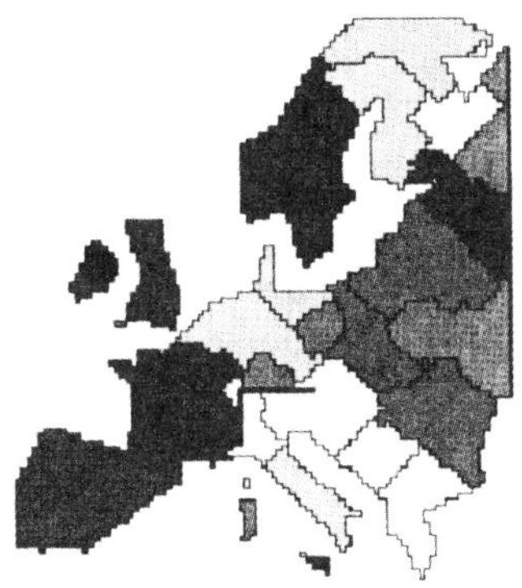

Figura 7.4. Modelo de evolución de fronteras geopolíticas. Partiendo de una condición inicial (arriba) en la que establecemos un gran número de «países» a modo de tablero, los conflictos e invasiones dan lugar a un estado final más o menos estable (abajo) que nos recuerda la distribución real de estados. (Imagen modificada de Artzrouni y Komlos 1996.)

¿Qué podemos concluir a partir de la simulación de estos procesos? Antes de nada, es importante recordar que su papel no es el de predecir la secuencia de acontecimientos que se han producido en el pasado. Por el contrario, la filosofía de la aproximación se basa en la búsqueda de los bloques básicos que determinan la aparición de naciones y sus fronteras. Los modelos geopolíticos que simulan la creación y desaparición de estados demuestran dos cosas importantes. La primera es que es posible obtener naciones simuladas que nos recuerdan (y mucho) lo que vemos en la actualidad. El caso europeo es especialmente interesante, dado que su historia es intrincada, muy dilatada y marcada por conflictos de distinta magnitud. En segundo lugar, el resultado del modelo nos indica que existen importantes restricciones al orden espacial mostrado por la distribución de naciones y sus fronteras. Partiendo de reglas simples, es posible explicar una parte muy importante de la historia y estructura de las naciones como objetos resultantes del conflicto entre expansión y el coste asociado a ésta. La predicción que surge de esta aproximación es que, aunque las fronteras son objetos complejos de difícil predicción, también están sometidas a leyes poderosas. El territorio definido por fronteras naturales, particularmente costas y cordilleras montañosas es especialmente sensible a éstas, dado que las fronteras naturales facilitan la defensa y actúan como límites predefinidos para los Estados. Podríamos decir que, pase lo que pase, es inevitable que países con la forma y extensión de España, Italia, Francia o Inglaterra surjan de manera natural. Dado que otros estados vecinos se ven afectados por estas fronteras, ellos a su vez pueden evolucionar hacia tamaños y formas no muy distantes de las que han moldeado la geopolítica del viejo continente.

Hemos presentado tres escenarios de simulación histórica, en la que llevamos a cabo una aproximación a propiedades y dinámicas características de los sistemas culturales humanos. En éstos consideramos el crecimiento y declive de formas culturales, así como el problema de la creación de Estados, que caracteriza nuestra historia reciente y configura la diversidad de naciones y su evolución. En todos estos casos, está latente la existencia de una tensión entre la tendencia de las sociedades a cooperar para generar grandes redes estables, capaces de mantener una economía sostenible, y las fuerzas que de un modo u otro ponen en peligro esta estabilidad. Estas tensiones son de hecho muy generales en sistemas complejos, y son responsables de algunos de los problemas que plantea la dinámica de las sociedades y los Estados, y también de sus economías. Si algo parece ser la regla cuando analizamos nuestra historia, es la presencia de conflictos que en multitud de ocasiones han derivado en guerras. La guerra forma parte natural de la narración histórica. Tanto, que se nos escapa a menudo la pregunta del porqué de las guerras. Y un estudioso nos dirá (con razón) que cada guerra es un caso aparte, consecuencia de situaciones particulares, accidentes históricos desconectados y por lo tanto no susceptibles de ser tratadas con modelos abstractos. Ello sería aún más cierto si consideramos las grandes guerras, que destacan como tremendos episodios de carnicería en mitad de multitud de pequeñas batallas.

Tal vez una teoría de las guerras debería intentar explicar la inmensa mayoría de los conflictos de pequeño o mediano tamaño, dejando las guerras mundiales y su enorme precio en vidas humanas como singularidades. En otro dominio, los economistas se han enfrentado a la extraña aparición de grandes fluctuaciones en los mercados que marcan cambios rápidos y catastróficos dentro de un sistema dominado también —aparentemente— por los cambios mediocres. Las grandes caídas de la Bolsa han sido casi siempre dejadas de lado como objetos extraños, similares a la caída de un meteorito. Aun así, los conflictos bélicos y su resolución han sido estudiados por matemáticos, economistas e historiadores desde los inicios de la teoría de juegos, mientras los economistas desarrollaban teorías destinadas a explicar los cambios moderados en los mercados, descartando como puros accidentes inexplicables todo aquello que se desviara de la media. Ignorar las desviaciones como monstruos de los que no hay que dar cuenta ha sido un error colosal, que sólo en la segunda mitad del siglo xx, en gran medida de la mano de la física de los sistemas complejos, ha sido corregido. Las grandes desviaciones son siempre una parte más de un continuo de cambios que no puede separarse en acontecimientos pequeños y grandes. Un modelo simple nos permitirá comprender que a veces la estabilidad consiste en ser inestable y que tal vez la clave para empezar a comprender las burbujas económicas o el origen de las guerras haya que buscarlo en un simple montón de arena.

Pánico en Wall Street

Caben pocas dudas de que la economía es un sistema complejo, con comportamientos que muy a menudo parecen erráticos e impredecibles. Pocas imágenes son más representativas de los avatares económicos que las zigzagueantes curvas que indican los cambios en los mercados. En los periódicos (a veces en portada cuando las crisis financieras arrecian), reportajes e incluso películas reflejan esta realidad cambiante. Lo que el historiador inglés Niall Ferguson ha llamado muy acertadamente «la escalada del dinero» ha sido un proceso largo y casi tan antiguo como nuestra civilización moderna. Y este proceso, al igual que los cambios evolutivos a gran escala, se ha visto marcado por transformaciones profundas en la naturaleza de nuestra relación con la riqueza y su misma definición.

El dinero como un metal precioso al que asignamos un valor ha sido pieza clave en los inicios de la economía y no ha dejado de estar presente hasta hoy, pero con el tiempo tomó forma de monedas de metales menos preciosos y en cierto momento se convirtió mayoritariamente en papel (el «papel moneda», un material sin valor) cuya mayor virtud fue representar la existencia de un sistema de bancos que garantizara el valor del billete. La emergencia de los mercados, créditos y préstamos fue un elemento muy importante en el desarrollo económico y social, aunque también el motor de conflictos bélicos. En la figura 7.5 vemos un grabado del artista holandés Van der Heyden, que ilustra irónicamente el uso del dinero durante el Renacimiento italiano como forma de financiar las guerras. Este empleo del dinero como forma de reclutar mercenarios y evitar así que los jóvenes del país en conflicto tuvieran que sacrificar su vida es un ejemplo de lo que, ya a una gran escala, iba a representar su expansión im-

Figura 7.5. La batalla por el dinero, del holandés Pieter van der Heyden, en un grabado realizado hacia el año 1570. El autor ironiza sobre la «bondad» del dinero como forma de sostener las guerras.

parable a lo largo del tiempo. La externalización de la guerra fue tan sólo el comienzo de un proceso rápido de transición en el que los bienes materiales o los metales preciosos—sin perder su valor— sólo serían un aspecto más de un sistema económico cada vez más complejo. Ya no era preciso que los de casa derramaran sangre en el campo de batalla: lo podían hacer ejércitos mercenarios pagados para ello. En aquella época empezó a tomar forma el concepto de mercado financiero cuya evolución durante el siglo XX dio paso a un sistema económico controlado por los cambios bursátiles y donde el dinero no sólo ha dejado de ser visible, sino que ha multiplicado su presencia virtual en órdenes de magnitud, generando burbujas que al estallar han arruinado a países enteros y que en buena medida han puesto en cuestión al mismo concepto de gobierno democrático y su poder real.

Los caprichos de la Bolsa han convertido en triunfadores a individuos que en muchas ocasiones han actuado sin escrúpulos para enriquecerse. Un icono de esta raza sería el personaje de Michael Douglas en la película *Wall Street,* y su célebre frase: «Si quieres un amigo, cómprate un perro». La economía basada en la especulación también ha creado crisis humanitarias y ha puesto en jaque las estructuras sociales y políticas de muchos países. Cuando se producen las grandes crisis económicas y se desata el pánico, la incertidumbre aumenta con rapidez y se genera la impresión de que las reglas han desaparecido. Y sin embargo, pocas disciplinas como la economía han sido tan proclives a intentar desarrollar modelos matemáticos destinados a predecir el comportamiento de los mercados. Pero, como señala el físico Mark Buchanan en su obra *El átomo social:* «Juzgada a partir de los estádares de la ciencia —en la que las teorías funcionan o no al intentar explicar el mundo real— la mayor parte de la teoría económica, pese a toda su sofisticación matemática, fracasa de forma muy embarazosa» (Buchanan 2010). Y así es. Una mirada crítica a la disciplina, particularmente a su base matemática, da como resultado un perturbador alejamiento de la realidad. La teoría económica tradicional, que ha dejado tras de sí hasta hoy miles de libros, artículos y ensayos, se construyó sobre la base de un conjunto de hipótesis más que cuestionables. En primer lugar, se admite la existencia de un equilibrio entre oferta y demanda. En segundo lugar, se supone también que los agentes que participan en la dinámica del sistema poseen una información ilimitada (o muy completa) del estado del sistema. Finalmente, se contempla como razonable considerar a los agentes como individuos que llevan a cabo decisiones racionales. Admitir la validez de estas hipótesis permite muy a menudo desarrollar los modelos matemáticos, pero la debilidad de las premisas hace que a menudo los modelos se alejen enormemente de la realidad.

La indiferencia de muchos economistas hacia las críticas ha sido en ocasiones brutal. Una anécdota al respecto nos la da Robert Axelrod, que rememoraba una ocasión en la que un profesor de economía (nada menos que un futuro premio Nobel) daba su clase acerca de un modelo matemático sobre el comportamiento de los consumidores. Cuando un alumno le hizo notar que aquel modelo no se correspondía con la forma en la que la gente real actuaba, el profesor le contestó «es cierto», para seguir a continuación con la presentación sin inmutarse. Tal y como puntualiza Axelrod, «todos entendimos el mensaje». Esta indiferencia se ha transformado en una agresividad irracional hacia enfoques que, fuera de la escuela económica clásica, han intentado —en particular desde la física— explicar seriamente las observaciones y darles sentido sin emplear para ello hipótesis insostenibles. Una nueva generación de modelos teóricos y simulaciones de economías virtuales dieron paso a una mejor comprensión de la complejidad económica y sus consecuencias. En particular, la presencia de grandes cambios y fluctuaciones irregulares, que entre los economistas tradicionales no serían más que extrañas anomalías, o ruido, alejadas del comportamiento «real» del sistema, son incorporados de manera natural como eventos posibles. Resulta extraño, ya que aparentemente pequeños y grandes cambios pueden parecer cosas distintas, por lo menos en lo que respecta a su origen. Pero no es así. Tal y como los físicos saben desde hace décadas, es posible que un mismo tipo de sistema dé lugar a dinámicas muy similares a las que observamos en los mercados financieros.

Para ilustrar esta idea, nada mejor que recurrir de nuevo a nuestro tablero de ajedrez. Imaginemos que empleamos sólo peones y que hemos comprado suficientes piezas para llenar por completo el tablero, empezando con exactamente el mismo número de peones de cada color. Ahora, hagamos una abstracción e imaginemos que los peones son agentes que juegan en Bolsa y que pueden vender (negros) o comprar (blancos). Un agente en este modelo puede decidir comprar o vender y en este sentido puede cambiar de estado (o color en nuestro tablero). Así que un cambio en la decisión se reflejaría en un cambio de una pieza en el color contrario. Simplificando, podemos ahora hacer un modelo de toma de decisiones en el que se incorporen dos mecanismos de naturaleza muy distinta. Por una parte, cada individuo puede poseer información particular o simplemente una intuición personal que le lleve a tomar la decisión con independencia de lo que los demás individuos decidan hacer. Pero existe otro mecanismo de cambio basado en la imitación: cada agente puede observar el comportamiento de los demás y recibir su influencia. Este segundo mecanismo hace referencia a ese «contagio» del que se habla a menudo en relación con los mercados y su tendencia a reaccionar de forma similar, y es el responsable de las grandes tendencias que se observan en la economía, particularmente los cambios rápidos. Un motivo particular que puede favorecer este comportamiento es la falta de información o la confianza que se deposita en el criterio de los demás. Si aquellos en los que nos fijamos toman en general la misma decisión, digamos que vender, tal vez exista un buen motivo para ello. En ausencia de otro criterio (sobre todo si la decisión debe tomarse con rapidez), tal vez imitar sea lo mejor, así que «vender» parece la opción adecuada. Este comportamiento de imitación se convierte en la regla en situaciones de pánico, cuando la falta de seguridad y la imposibilidad de realizar predicciones razonables hace que seguir a la mayoría parezca la única opción. ¿Qué ocurre en este caso?

Supongamos que al principio tenemos un tablero mezclado con el mismo número de peones de cada color, con lo que el tablero se ve desordenado. Tomemos un peón cualquiera que está, por ejemplo, en el estado «vender». El peón tiene ocho peones a su alrededor, que son su contacto con el mundo financiero. Observa el estado de cada uno y ve que la mayoría se encuentra en el estado «comprar». Si el peón no tiene demasiado interés en pensar, su estado cambiará a «compra» siguiendo así las decisiones de los demás. Pero tal vez dude acerca de lo que los demás han decidido y siga vendiendo. Podemos definir nuestras reglas asignando un número que nos diga hasta qué punto seguimos al rebaño y otro que mida nuestro grado de decisión personal. Si las decisiones individuales predominan sobre el contagio, nuestro tablero se mantendrá desordenado, dado que cada peón cambiará sin mirar lo que hacen los demás Esta situación se muestra en la figura 7.6 (arriba) en la que representamos tres pasos de una simulación sobre un sistema grande, que hemos proyectado sobre una esfera a modo de mundo financiero virtual. Este escenario da lugar a un sistema que mantiene siempre el mismo número de agentes en ambos estados, así que nos sirve de ejemplo de un sistema que presenta un único punto de equilibrio, en el que la oferta y la demanda se igualan. En el caso contrario, cada elemento tenderá a hacer lo que hacen los demás, con lo que esperaríamos observar grupos de peones del mismo color aquí y allá.

Parece claro que hay un caso límite que plantea una pregunta relevante: ¿qué ocurre si la decisión es puramente imitativa?; o, si lo preferimos: ¿qué sucede cuando todos los agentes se dejan llevar por el pánico e imitan a los demás? Lo que observamos es un proceso de amplificación rápido en el que *todo el tablero* termina adoptando uno de los dos estados (figura 7.6, abajo). La pregunta inmediata es, por supuesto, cuál de ellos será el elegido. Dado que el número inicial de peones es el mismo para blancos y negros, no hay preferencia, luego cabe concluir que el sistema ha tomado una decisión colectiva. En física, lo que ocurre se denomina rotura de simetría: en un sistema cuya configuración inicial carece de preferencias, y cambia mediante reglas de decisión que no favorecen ninguna opción sobre la otra, puede ocurrir que pequeñas diferencias se amplifiquen hasta propagarse y dominar por completo el estado del sistema. La simetría inicial «se rompe» en favor de una de las dos opciones. Aunque el tablero inicial poseía el mismo número de piezas de cada tipo, los primeros cambios pueden favorecer, simplemente por azar, alguna de las opciones sobre la otra.

Esta pequeña diferencia crece con rapidez, y es irreversible. Lo más interesante de este resultado es que, en contra de lo que pudiéramos pensar, este tipo de proceso ha tenido lugar a lo largo de la historia y ha dejado una impronta bien vi-

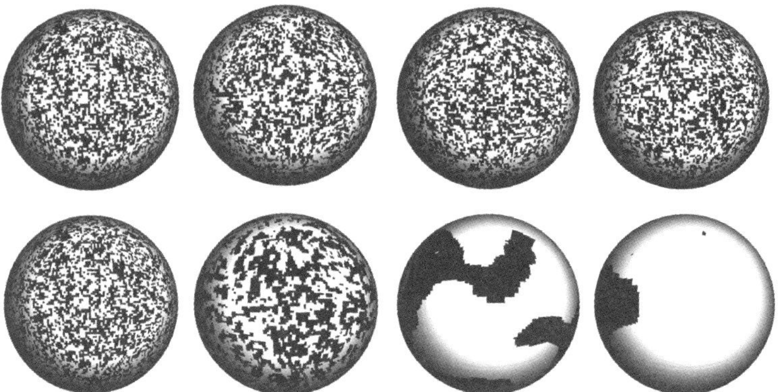

Figura 7.6. Orden y desorden en el modelo discreto de un mercado en el que los agentes pueden ser vendedores o compradores y cuyo comportamiento está influido tanto por el comportamiento de otros agentes como por sus decisiones individuales. Aquí representamos la evolución de dos ejemplos extremos. En la serie de arriba vemos la evolución de un sistema en el que las elecciones individuales dominan, mientras se ignora lo que otros agentes deciden. Partiendo de un estado inicial aleatorio, los cambios no modifican el reparto aleatorio de agentes, de forma que siempre tenemos aproximadamente el mismo número de elementos de ambos tipos. La serie de abajo muestra un caso distinto, en el que los agentes tienden a cambiar su estado en función de lo que hacen sus vecinos, con lo que se produce un efecto de imitación que termina propagándose por todo el sistema (si esperamos un poco más la esfera se vuelve blanca). (Dibujos de Sergi Valverde.)

sible. Los procesos de rotura de simetría han sido responsables, por ejemplo, de que nuestros relojes giren en sentido «horario» en lugar de «antihorario». No siempre fue así y durante cierto periodo de tiempo los dos sentidos coexistieron. El reloj de la catedral de Santa Maria del Fiore, en Florencia, por ejemplo, es antihorario. Esta pieza, construida a mediados del siglo XIII, se diseñó en un momento en el que los relojes mecánicos eran poco comunes y su uso cotidiano aún tardaría siglos en consolidarse. ¿Qué es lo que hace que el reloj que conocemos sea mejor que su contrapartida?: nada en absoluto. Un ejemplo moderno fue la elección del sistema VHS de vídeo, que venció a su competidor Betamax. Ambos sistemas de grabación en cinta magnética aparecieron en el mercado mundial en el último cuarto del siglo XX. Aunque el segundo era considerado superior tecnológicamente, después de coexistir en los mercados tras una década de lucha, el VHS se convirtió en el estándar. La adopción de una tecnología en lugar de otra es el resultado de una propiedad muy importante de los sistemas económicos y sociales: la elección preferente de aquello que tiene ya más usuarios. La compatibilidad y la existencia de un número mayor de consumidores que han elegido una opción es una fuerza contra la que poco puede hacerse sin innovar. Frente a dos opciones similares, los seres humanos nos inclinamos por aquello que es más utilizado por otros.

Esta observación y su relevancia en los sistemas económicos ha sido especialmente puesta de manifiesto por el trabajo del economista Brian Arthur, miembro del Instituto de Santa Fe, quien fue pionero en demostrar la idea de que en buena medida la dinámica de la economía es el resultado de procesos de amplificación. Estos procesos pueden dar lugar a tomas de decisiones que, como es el caso que consideramos aquí, sean irreversibles y a la vez completamente irracionales. Debemos tomar nota, pues, de dos cosas importantes acerca de los mercados y la visión clásica de la economía. Primera: que tal vez debiéramos abandonar la premisa de que existe un estado de equilibrio en el que la oferta iguala a la demanda. Segunda: que los grandes cambios no tienen por qué ser interpretables como el resultado de decisiones meditadas y lógicas. La racionalidad es menos relevante de lo que parece. Y desgraciadamente, el precio de dejar a los mercados irracionales fuera de control es muy alto.

Los dos extremos parecen ser excesivos, aunque ambos son iluminadores acerca de los comportamientos extraños que podemos observar incluso en un modelo simple como éste. Pero lo más interesante surge a medio camino, cuando el conflicto entre obedecer las intuiciones propias o seguir a la mayoría pesan de forma similar. En este caso, se produce una tensión resultante de la colisión entre dos reglas de cambio. ¿Cuál es el resultado?: precisamente lo que ocurre en los mercados financieros: la inestabilidad y fluctuación constantes. En la figura 7.7 vemos un ejemplo de esta situación, en la

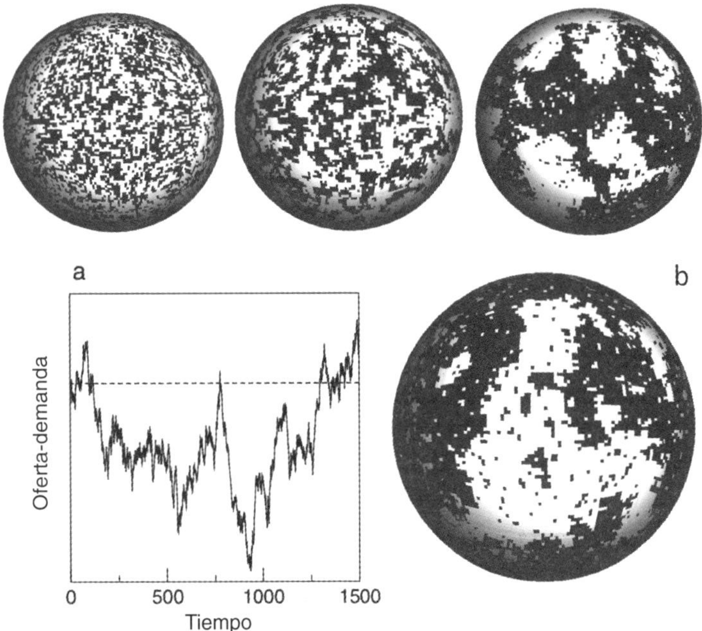

Figura 7.7. Fluctuaciones complejas en el modelo de agentes económicos. En este caso, la tendencia a cambiar internamente posee el mismo valor que el comportamiento de imitación. El resultado es que la diferencia entre compradores y vendedores fluctúa enormemente y de forma irregular, como podemos ver en la secuencia de arriba, en la que el mercado evoluciona a un estado en el que se forman grandes grupos de compradores y vendedores, como se ve en (a). En (b) vemos un ejemplo de la distribución de agentes en el sistema después de muchas iteraciones, que muestra grandes zonas conectadas del mismo tipo. Estas zonas se expanden a través de todo el sistema. (Imágenes de Sergi Valverde y Ricard Solé.)

que los estados del sistema se definen como grandes grupos de agentes conectados entre sí pero también que cambian con rapidez. Si contamos el número de agentes de cada tipo y dibujamos su diferencia (número de casillas negras-número de blancas) contra el tiempo, veremos que el resultado no es aparentemente muy distinto del que vemos en las Bolsas mundiales. Se producen cambios a todas las escalas y, si esperamos lo suficiente, tendremos momentos en los que el sistema se aleja enormemente del equilibrio. Este tipo de comportamiento se conoce en física como «fenómeno crítico», y

268

es el resultado inevitable de las interacciones entre elementos de un sistema sometidos a dos fuerzas opuestas que crean un conflicto. El momento en el que estas tensiones alcanzan su máximo se denomina «punto crítico», y separa las dos fases de las que hemos hablado antes, correspondientes al estado de desorden y al de orden. Aunque se discute su naturaleza exacta, lo cierto es que la evidencia sugiere que los mercados financieros son probablemente sistemas críticos de algún tipo y que sus comportamientos complejos y fluctuaciones resultan de las tensiones de las que hemos hablado. Pero ¿cómo alcanzan el estado crítico? En el modelo anterior hemos visto que si cambiamos el equilibrio de fuerzas entre decisiones internas e imitación, existe un punto en el que se da el comportamiento crítico. Sin embargo, parece que necesitamos ajustar «desde fuera» este balance, con lo que el modelo parece poco natural. Pero en realidad hay algo que no hemos tenido en cuenta, que es la posibilidad de que el mismo sistema se autoorganice, y descubra por sí mismo este punto especial.

Supongamos el siguiente experimento, para el que sólo necesitamos arena (figura 7.8a). Si dejamos caer granos de arena lentamente sobre un punto dado, sabemos que se formará una pequeña montaña cuya pendiente aumentará con el tiempo, a medida que la arena se acumula. El proceso resulta algo aburrido durante un tiempo: los granos de arena caen y se deslizan aquí y allá, sin más. Pero la pendiente no puede crecer indefinidamente, dado que una vez alcanzado cierto ángulo crítico la adición de más arena da lugar a avalanchas. Estas avalanchas son, en la mayoría de los casos, pequeñas y de poca duración. Pero de vez en cuando una gran avalancha barre la ladera de la montaña. Basta con esperar lo suficiente para que se produzca una avalancha de gran tamaño. El sistema ha alcanzado así un estado crítico. Si intentáramos aumentar la pendiente de forma artificial (dejando caer arena más rápidamente por ejemplo) entraríamos en lo que se denomina un sistema «hipercrítico», en el que constantemente se producen grandes avalanchas que intentan restaurar el estado crítico. El

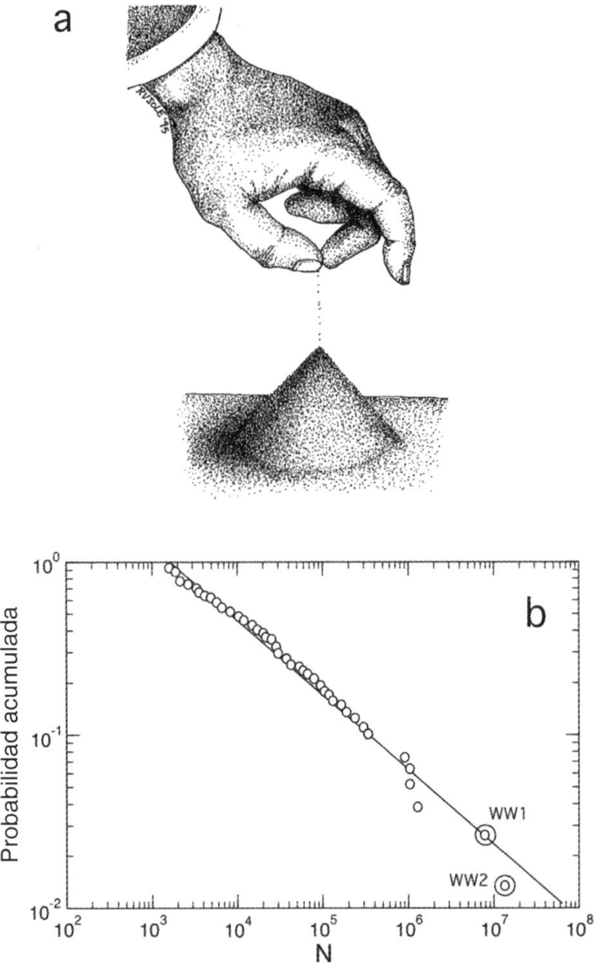

Figura 7.8. Un modelo muy simple que demuestra la posibilidad de evolucionar espontáneamente hacia un estado de inestabilidad nos lo proporciona la creación de un montón de arena: (a). (Dibujo de Ricard Solé.) Si dejamos caer granos de arena lentamente, una vez alcanzado el ángulo crítico, se producen avalanchas de múltiples tamaños, dominadas por pequeños eventos pero marcadas, si esperamos lo suficiente, por avalanchas de gran tamaño. Este tipo de sistema intrínsecamente inestable podría arrojar luz sobre la estadística de multitud de sistemas complejos, en los que los pequeños acontecimientos dominan frente a los grandes, que se dan más raramente siguiendo una curva que presenta colas muy largas. La frecuencia de las guerras, calculada como probabilidad frente a número de bajas (b) es un ejemplo entre muchos. Aquí WW1 y WW2 indican la posición de los datos de las dos guerras mundiales. (Datos obtenidos de Cederman 2003).

270

físico danés Per Bak y sus colaboradores Chao Tang y Kurt Wiesenfeld presentaron en 1987 un modelo simplificado de este proceso con el objetivo de comprender el origen de este tipo de fluctuaciones. El llamado modelo de Bak, Tang y Wiesenfeld emplea de nuevo un tablero cuadrado, pero en este caso supondremos que en cada punto pueden acumularse varias piezas una sobre otra. Igual que ocurre en la pila real, dejamos «caer» granos de arena virtuales sobre el tablero, de forma que una casilla cualquiera puede ser escogida al azar para aceptar un nuevo grano; a medida que pasa el tiempo, diversos puntos del tablero adquieren mayor altura. El modelo supone entonces que cuando una casilla ha acumulado suficientes granos de arena, esta columna cae y los granos se reparten a su alrededor, con lo que aumentan las alturas de las casillas vecinas. Éstas a su vez pueden superar la altura máxima y dar lugar a una nueva caída. En general, podemos imaginar todas estas casillas cambiantes como una avalancha. Al principio, como ocurre en cierta forma con un montón de arena real, lo único que ocurre es que se producen pequeñas caídas aquí y allá, desconectadas entre sí. Pero si esperamos lo suficiente, tendremos cada vez más y más puntos del tablero ocupados por granos de arena suficientes como para desencadenar avalanchas. Llegados a este punto, la introducción de un grano virtual en un punto puede hacer que se produzca una avalancha enorme, en la que se hallen implicadas muchas zonas del tablero.

Podemos seguir a lo largo del tiempo las avalanchas generadas en el modelo y observaremos una serie de cambios espectacular, dominada por una gran mayoría de pequeñas fluctuaciones pero también la aparición intermitente de grandes avalanchas que marcan «catástrofes». Las mismas reglas básicas que hacen que unos pocos granos de arena se deslicen cuesta abajo son responsables de la creación de cambios que afectan a todo el sistema. Esta interpretación ha sido empleada en muchos contextos diversos no sólo de la economía, sino también de la ecología, la evolución, el cerebro o la historia, como marco para comprender el origen de las grandes fluctuaciones, entre las que destacan las guerras. Es interesante observar que la estadística del número de bajas causadas por conflictos bélicos (que se han llevado por delante a cien millones de personas en los últimos cien años, todo un motivo de orgullo para la raza humana) sigue el mismo tipo de pauta que la distribución de avalanchas del modelo de Bak (figura 7.8b).

La inmensa mayoría de las guerras han causado un número de bajas del orden de miles o decenas de miles de víctimas. Las guerras mundiales aparecen como los puntos extremos en esta gráfica, pero parecen seguir el mismo perfil, sugiriendo —tal vez— que forman parte de un mismo mecanismo, como las avalanchas en el montón de arena. Algunos estudiosos consideran que esta observación apoya la idea de que las guerras surgen a modo de tensiones acumuladas y liberadas, que se propagarían en mayor o menor medida dependiendo del estado del sistema. Aunque esta idea debe ser estudiada cuidadosamente, no parece descabellado suponer que nuestras sociedades, sometidas a menudo a tensiones económicas y territoriales, sean parte de un sistema global que en general libera las tensiones de forma local y limitada pero que, si esperamos lo suficiente, propaga la inestabilidad a gran escala, generando así conflictos globales. Dado el cariz que ha tomado la globalización, conectando con mayor intensidad los diferentes componentes sociales, económicos y energéticos, una conclusión que podemos obtener es la posibilidad de que este montón de arena en el que habitamos esté entrando en un régimen supercrítico, en el que los grandes conflictos dejen de ser esas avalanchas improbables y pasen a dominar la escena. ¿Existen mecanismos de control? La respuesta es afirmativa, y se llama regulación. Poner ciertas barreras, que pueden ser pequeñas, a la capacidad de amplificar cambios (como ocurre con los mercados especulativos) puede evitar con facilidad el desarrollo de burbujas que, tarde o temprano, acaban explotando y dañando a los más débiles.

Sobre héroes y villanos

A menudo justificamos este interés por el pasado como una llave para comprender el presente y reflexionar acerca del futuro. Pocas frases son tan pronunciadas (e ignoradas) por políticos como la de que «hay que aprender de los errores del pasado». Pero esta afirmación, aunque evocadora y probablemente cierta, esconde una pregunta fundamental: ¿hasta qué punto podemos decir algo del curso de la historia, dado un conjunto de condiciones? La simulación por ordenador nos ofrece algunas respuestas inesperadas. Nos da además la pauta para imaginar mundos posibles, historias alternativas e incluso espacio para la reflexión acerca de nuestro papel. Los experimentos de simulación por ordenador, así como el desarrollo de comunidades virtuales, ofrecen nuevas formas de observar la realidad y reflexionar acerca de las leyes que determinan la propagación de la cultura o la construcción y desaparición de sistemas sociales.

El ocaso del Imperio romano es tal vez el mejor ejemplo de una caída progresiva pero inexorable, sobrevenida cuando el tamaño del sistema supera los recursos necesarios para mantener su estabilidad. Aunque el imperio experimentó una caída en apariencia lenta (lo que hace que algunos historiadores rechacen la idea de colapso), muchas indicaciones demuestran que, después de alcanzar un punto de no retorno, el imperio se mantuvo en funcionamiento a base de forzar todas las fuentes que lo mantenían hasta el límite, como saqueos, subidas de impuestos y empleo de esclavos de forma generalizada. Cada uno de estos factores implica una depravación de la idea de una Roma imperial que proporcionaba orden y progreso a las naciones conquistadas a la vez que tomaba de éstas los recursos energéticos y humanos necesarios para mantener el poder y seguir creciendo. Cuando el sistema se tambaleó, lo hizo de forma espectacular, si bien en ocasiones la evidencia parece poco clara. Un ejemplo nos lo proporciona la situación de Roma, que después de sus tiempos de gloria llegó a descender demográficamente a límites inimaginables, como vemos en la figura 7.9. Hacia el año 1510, cuando Miguel Ángel pintaba la Capilla Sixtina, la Roma habitada por multitudes hacía ya siglos que había desaparecido y sólo recuperó la población (aunque no su esplendor) de sus días de gloria imperial ya entrado el siglo XIX.

Tal y como señala Peter Turchin, debemos ser cautelosos al mirar hacia atrás e interpretar alegremente el impacto de decisiones concretas, en especial en relación con lo que puede ocurrir con los objetivos iniciales. El resultado de una acción puede ser no deseado:

> Los pequeños actos pueden tener grandes efectos, pero aquellos que los llevan a cabo desconocen por completo si tendrán algún efecto y, si lo tienen, cuál será [...]. Los nobles franceses, el clero y los notables que en 1789 dejaron de obedecer al rey y se apoderaron del gobierno no tenían ninguna intención de iniciar una revolución sangrienta en la que la mayoría de ellos acabarían perdiendo la cabeza en la guillotina. Pero eso es lo que de hecho ocurrió. (Turchin 2005.)

¿Dispondremos en el futuro de una historia artificial? Estoy convencido de que la respuesta es en lo esencial afirmativa. Lenta pero inexorablemente la ciencia ha ganado terreno a nuestra comprensión de aquellos campos que se suponían alejados del método científico. La economía, la sociología o el estudio de la conciencia son sólo algunos ejemplos de esta tendencia, dominada en gran medida por la visión y forma de trabajo de la física de sistemas complejos. La historia incorpora de manera natural muchas de estas disciplinas, introduciendo por el camino el elemento clave que es más distintivo y a la vez más difícil de expresar: el papel del tiempo y de los acontecimientos particulares que definen una trayectoria en el espacio histórico. Y aunque Paul Valéry señaló que «la historia es la ciencia de las cosas que nunca vuelven a repetirse», lo mismo ocurre con la evolución o la cosmología, sin que ello nos impida construir teorías explicativas. Es muy po-

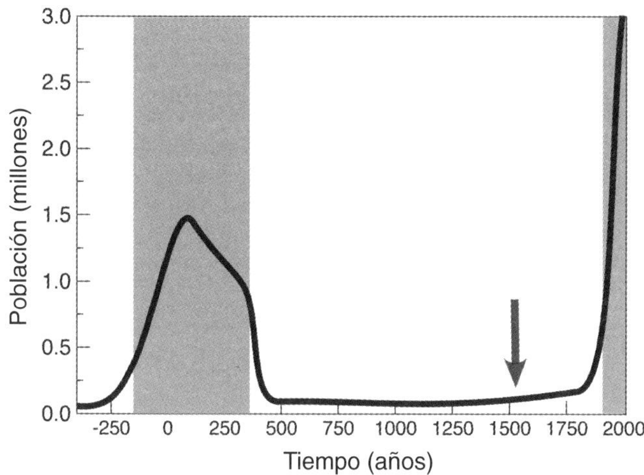

Figura 7.9. Evolución de la población de Roma a lo largo del tiempo desde su fundación hasta la actualidad. Después de su fundación, Roma creció con enorme rapidez mientras el Imperio se expandía (zona gris, izquierda) y le proporcionaba todo lo necesario para mantener su poder. Con el colapso del Imperio, Roma mantuvo cierto poder político, pero demográficamente dejó de ser la gran metrópoli. Su población sólo volvió a alcanzar valores similares ya entrado el siglo xix (cuadrado gris derecho). La flecha señala la época en la que Miguel Ángel pintaba la Capilla Sixtina. (Gráfico de Ricard Solé.)

sible que el desarrollo de la historia artificial nos sirva de ventana para comprender, desde una aproximación casi experimental, cómo se dio forma a algunas de las transformaciones sociales y económicas más importantes del pasado. Un pasado que haremos revivir en nuestros ordenadores del futuro.

¿Significa esto que los héroes y los villanos son figuras accidentales? El punto clave del éxito de la historia artificial es que el papel de individuos concretos es poco relevante cuando tratamos de trazar las líneas fundamentales de cada gran proceso. El itinerario seguido por una civilización o nación podría trazarse de formas diversas pero, en último término, similares. Es algo parecido a la pregunta que nos hacíamos en el capítulo anterior: si pudiéramos rebobinar la cinta, ¿serían las cosas distintas? En la respuesta a esta pregunta debemos considerar cuál es la ambición que depositamos en la respuesta. ¿Nos conformaremos con una teoría que defina los grandes trazos, o deseamos una película del pasado que podamos comparar con nuestro conocimiento de lo que sabemos que ocurrió? Supongo que deberemos conformarnos con lo primero, que no está mal, aunque ocasionalmente podamos llegar mucho más lejos, cuando los datos de que dispongamos permitan definir mejor las condiciones exactas en las que tuvieron lugar los acontecimientos estudiados.

Lo que sí podemos comprobar al analizar muchos de los hechos históricos que llevan asociados los nombres de ciertos personajes, es que la identidad de éstos es probablemente poco importante como determinante de lo que ocurrió. Muchos monarcas europeos, en su mayoría estadistas mediocres y que simplemente ocupaban su lugar por razones genéticas accidentales, fueron el interlocutor entre fuerzas que simplemente no controlaban. Por otra parte, hubo personas que con su lucha y la actitud adecuadas lograron cambiar la realidad que les rodeaba. Sin ellos, muchas cosas hubieran sido distintas. Si Nelson Mandela hubiera sido asesinado en Robben Island, tal y como había planeado el servicio secreto de Sudáfrica bajo la apariencia de una fuga, tal vez el país nunca hubiera salido del *apartheid* o se habría precipitado a una guerra civil.

Sobre héroes y villanos, creo que les debemos a los primeros más de lo que creemos y me temo que, sobre los segundos, en no pocos casos su impacto en el camino de la historia ha sido desproporcionado. Por mucho que me atraiga la perspectiva del desarrollo histórico basado en las grandes fuerzas demográficas y económicas, el papel desarrollado por unos pocos visionarios y unos muchos asesinos en masa no puede ser pasado por alto, aunque haya sido posible gracias a lo que Hannah Arendt llamó «banalidad del mal», refiriéndose a la irreflexiva ligereza con que los individuos pueden llegar a participar en atrocidades colectivas. ¿Sería la historia la misma sin Alejandro Magno? La oportunidad de conquistar el mundo se basa en la presencia de un poder bien organizado necesitado de recursos, cierto grado de desprecio por los conquistados y una inversión de energía importante. La conquista de territorios vecinos y su explotación, sobre todo la que se apoya en la necesidad de crecer con el saqueo, es probablemente una de las regularidades mejor documentadas de nuestro pasado. Aun así, la visión de un solo individuo puede marcar la diferencia. Alejandro Magno es recordado como un brillante estratega, que ideó nuevas formas de luchar con sus ejércitos en el campo de batalla, aunque su brutalidad y falta de piedad iban a la par. Su éxito fue una combinación de habilidad, ambición y falta de escrúpulos, pero también de una necesidad de superar las hazañas de su padre, el gran Filipo II, y de la convicción —debida a las enseñanzas de su madre, Olimpia— de que él era divino.

Los villanos de la historia dibujan el reverso oscuro del conquistador visionario, llevando a millones de personas a la miseria o a la muerte. Y sus acciones, a menudo iluminadas por la religión o una conveniente distorsión de la realidad, son difíciles de encerrar dentro de ningún esquema racional. Mao Zedong y sus secuaces emplearon la pseudociencia que ya había hecho estragos en la Rusia de Stalin para crear unos planes agrarios aparentemente científicos que llevaron a millones de chinos a la muerte por hambre. En la emergente Unión Soviética, un individuo gris pero ambicioso llamado Trofim Denisovich Lysenko hizo oficial la negación de la teoría de Darwin, a lo que se añadió la eliminación física de los científicos darwinistas. Dominó durante veinte años el destino de la biología, agricultura y medicina soviéticas y terminó por destruirlas. Su influencia sobre los planes agrarios, apoyados únicamente por la propaganda política, y sus conjeturas sobre cómo mejorar los cultivos eran una farsa. Pero el daño ya estaba hecho. Y otros iluminados lograron precipitar a sus países al desastre o la limpieza étnica. Son las miserias humanas que han empobrecido nuestro bagaje social y moral y conducido —muchas veces de forma irreversible— a futuros indeseables. Cada uno de esos villanos merecen su lugar y su nombre escrito en el panteón de los indeseables. Un nombre y un recuerdo que la mayoría de sus víctimas nunca obtuvieron.

8
Ser o no ser

> Para examinar los orígenes de la vida, debemos primero conocer la muerte.
>
> Mary Shelley,
> *Frankenstein o el moderno Prometeo*

> La división celular nos permite crecer, adaptarnos, recuperarnos, repararnos: vivir. Y aunque distorsionada y desbocada, permite también a las células tumorales crecer, adaptarse, recuperarse y repararse: vivir a costa de nuestra propia vida. Las células cancerosas crecen más rápido y se adaptan mejor. Son versiones más perfectas de nosotros mismos.
>
> Siddhartha Mukherjee,
> *El emperador de todos los males*

> Porque no podía detener a la muerte,
> bondadosa se detuvo ante mí,
> En el carruaje cabíamos sólo nosotras,
> y la inmortalidad.
>
> Emily Dickinson,
> «Porque no podía detener a la muerte»

Jóvenes para siempre

En su relato corto «El extraño caso de Benjamin Button», Francis Scott Fitzgerald nos narra una de las más extraordinarias historias de ficción de todos los tiempos, llena de situaciones imposibles, ironía y ternura. En el cuento, Benjamin Button es un niño deseado y esperado por sus padres, que viene al mundo en una noche de 1860 en Baltimore. Benjamin es una completa anomalía: nace ya anciano y con plena conciencia, y a lo largo de la historia su cuerpo y mente van rejuveneciendo poco a poco, a medida que se cruza con los eventos que nos depara una vida plena... en sentido inverso. La vida al revés de Button es la contrapartida de nuestra existencia, inevitablemente marcada por un destino del que no es posible huir, que nos une al resto del universo, siempre acercándose al desorden final. De alguna forma, vivir es seguir una senda para escapar de la muerte, que tarde o temprano nos encontrará en algún punto del camino. Pero en esta historia, al alcanzar el ecuador de la narración, a medida que los ojos van adquiriendo brillo, el rostro pierde arrugas y la mente se hace más ágil, la ironía se transforma en desasosiego y en curiosidad inevitable por el destino de un ser humano que se precipita sin cesar en el abismo de una juventud que terminará en una niñez e infancia que serán el punto final, en el que «todo se desvanece en la oscuridad».

En la versión cinematográfica, con Brad Pitt en el papel de Button, el guión es algo distinto (y en cierta forma, complementario) de la versión original, ya que el protagonista empieza siendo un recién nacido en un cuerpo de anciano que se transforma paulatinamente en un niño con un cerebro cada vez más viejo. La extraña naturaleza de su existencia se contrapone a la de Daisy, aquí interpretada por Cate Blanchett, quien se encuentra de niña con el anciano Button (que tiene en realidad su misma edad) y lo ama cuando sus vidas alcanzan el mismo punto de la juventud, para separarse después, cuando la diferencia de edades se hace intolerable. Como ocurre con otras historias de ficción, el relato de Fitzgerald tiene la capacidad de situarnos ante una situación paradójica. En esta vida hacia atrás, que transcurre sin embargo en la dirección temporal correcta, parece que se violan todas y cada una de las reglas que establece no ya la biología, sino la física. Si el hombre anciano representa de alguna manera el estado final, su reversión a una juventud cada vez más visible choca frontalmente con el segundo principio de la termodinámica, que establece que el desorden siempre crece, no importa lo mucho que deseemos que no sea así. Pero no es menos cierto que nuestra misma existencia, el orden de nuestro organismo que se mantiene a salvo del caos molecular durante décadas, parece sugerir que vivir es hacer trampa a la muerte. Hoy sabemos sin embargo que los sistemas vivos no escapan a las leyes de la termodinámica. Logramos mantener nuestras estructuras a base de emplear materia y energía que procesamos para crear orden, a la vez que producimos desechos desordenados. El balance total es siempre favorable al aumento de entropía.

Benjamin Button es una de las innumerables ficciones escritas acerca de la muerte o la inmortalidad. *El retrato de Dorian Gray,* de Oscar Wilde o *El extraño caso del señor Valdemar,* de Poe, consideran la posibilidad de burlar el destino final deteniéndolo de alguna forma, aunque al final —en ambas historias— la burla termina en horror. En un libro que habla de vida artificial, de sus límites y potencial, debemos detenernos a considerar dos aspectos no menos importantes: la muerte y la inmortalidad. Nuevamente, nos encontramos frente a conceptos que evocan cuestiones de naturaleza filosófica, pero que la ciencia ha ido delimitando. De nuevo, como veremos, emergen sorpresas que nos obligan a replantear nuestras hipótesis. Si bien es cierto que no podemos escapar a la termodinámica, sí es posible escapar a la lógica que la evolución ha dejado impresa en nuestras células. En este capítulo exploraremos precisamente el problema de aquellos procesos considerados irreversibles y que pueden revertirse, como el envejecimiento o la propagación del cáncer. La inmortalidad es seguramente inalcanzable, pero no todo está perdido. Sin embargo, como en todas las buenas historias, hay una cara oscura en el relato. Benjamin Button existe, y aunque muy alejado de su personaje de ficción va, como éste, en busca de una juventud por la que se paga también un precio muy alto.

El enemigo interior

Somos el resultado de la evolución, del largo y complejo proceso que ha moldeado nuestra fisiología y nos ha hecho como somos: complejos, sometidos a errores, capaces de realizar verdaderas hazañas físicas e intelectuales, pero también perecederos. Nuestra especie ha logrado lo que ninguna otra: vivir mucho más allá de lo razonable. ¿Qué define lo razonable en este contexto? Lo que la evolución puso en marcha hace cientos de miles de años y que delimitaba las vidas y muertes de nuestros antecesores antes de que diéramos el salto definitivo hacia una vida social compleja.

Mucho antes de que fuéramos capaces de construir y habitar ciudades, antes de que la medicina surgiera como una disciplina rigurosa, antes de la anestesia y los antibióticos, nuestra vida era el resultado de lo que nuestros genes nos dejaban de margen: una existencia breve, limitada a poco más de treinta años. Más que suficientes para reproducirnos y lo bastante para contribuir de forma sustancial a la supervivencia de la comunidad. Una rotura de huesos inoportuna o el corte de un vaso sanguíneo nos llevaban a una muerte segura. Cualquier infección, por pequeña que fuera, derivaba casi siempre en una septicemia de la que raramente salían adelante los enfermos, especialmente los niños y ancianos. En todos los casos, perecer o sobrevivir conllevaban la pesadilla del dolor o el delirio de la fiebre y, para los que contemplaban impotentes a sus seres queridos luchando por sobrevivir, la incertidumbre y el miedo a la muerte propia y ajena. En eso consiste esa «naturaleza sabia» de la que suelen hablar los defensores de las llamadas «terapias alternativas»: el peaje que se paga a un ejército de agentes infecciosos, plantas venenosas y climas extremos que han acabado con la vida de millones de seres humanos, la mayoría de los cuales dejaron de respirar mucho antes de lo que nuestra medicina actual les habría permitido.

La tuberculosis, la gripe, la viruela o la polio, por citar sólo algunas de las enfermedades mejor conocidas que han sido derrotadas por la medicina moderna, y que hoy podemos prevenir mediante un tratamiento adecuado, se han llevado por delante a millones de personas, particularmente niños y adultos con pocas defensas. El desarrollo de vacunas, fármacos efectivos contra los patógenos, una mejor desinfección de las heridas y una clara identificación del agente causante han convertido estas enfermedades devastadoras en simples problemas de fácil solución. Como resultado de estas mejoras, muchas de ellas obtenidas en los siglos XIX y XX, la esperanza de vida ha crecido con rapidez. Una persona que alcanzara los sesenta años era excepcional hace apenas un siglo, pero hoy es fácil que cualquiera de nosotros haya conocido a un centenario.

En un sentido muy real, nuestra vida es un desafío a las reglas de la muerte. La selección natural, que marcó nuestro destino durante el largo camino que nos separa de nuestros antecesores que salieron de África, ha quedado desplazada a un papel secundario (aunque aún activo). El que escribe esto es miope, y sin duda tendría problemas serios para atravesar un jabalí con una lanza, así que me temo que hace cien mil años habría acabado siendo víctima de mis propias limitaciones. Para desarrollar una carrera científica no es preciso pasar por ninguna prueba que requiera semejante experiencia (aunque sí por algunas burocracias casi igual de absurdas), así que estoy a salvo, al igual que la mayoría de mis congéneres, que desarrollan sus tareas lejos de la existencia brutal que se desata a cada instante en la idílica naturaleza de los homeópatas. Si alguna vez tengo tuberculosis, sé que muy raramente seguiré el destino de los que no tuvieron la suerte de vivir el nacimiento de los antibióticos. Si me rompo una pierna, alguien con conocimientos básicos me ayudará a poner los huesos en su sitio. Dado que mis padres fueron responsables y fui vacunado de la polio o la viruela, sé que nunca sufriré sus consecuencias.

Paradójicamente, nuestra larga vida ha dado relieve al inexorable decaimiento del cuerpo asociado con el envejecimiento y a una enfermedad que, aunque conocida desde la Antigüedad, nunca ha sido tan común: el cáncer. Éste fue descrito hace 2500 años en un antiguo papiro egipcio escrito por Imhotep, uno de los primeros médicos de la historia y el único «mortal» (dado que los faraones se consideraban dioses) que ha sido representado en el antiguo Egipto en forma de estatua. Aunque el contenido de los jeroglíficos egipcios y sus supuestos misterios insondables ha generado una enorme atención desde que Howard Carter hallara la tumba de Tutankamón, la realidad es que en un buen número de estos escritos se cuentan todo tipo de majaderías acerca de dioses y hechizos, y los sabios de la época habían llegado a todo tipo de conclusiones ridículas sobre el papel e importancia de los órganos vitales. Un ejemplo evidente lo proporcionan las famosas momias y su preparación.

El procedimiento de embalsamar a los muertos, de una enorme complejidad, requería depositar algunas de las vísceras en cuatro recipientes conocidos como vasos canopes. Estos recipientes estaban coronados por distintas tapas que tomaban la forma de cabezas: humana, de mono, de halcón y de chacal. Cada vaso estaba protegido por distintos dioses y alojaba un órgano específico. En el orden que acabamos de dar, los vasos canopes se llevaban a la tumba el hígado, los pulmones, los intestinos y el estómago. Nada para el corazón (una víscera con la que la mayoría de las culturas simpatiza), pero especialmente llamativo es la ausencia de un vaso para el cerebro. El motivo de esta ausencia es que los egipcios consideraban este órgano poco relevante y durante el proceso se extraía del interior del cráneo deshaciéndolo mediante un gancho en forma de garfio que se introducía por la cavidad nasal. La masa encefálica era desechada sin más y el interior del cráneo se rellenaba con resina. Así pues, el órgano que integra nuestro mundo sensorial, que genera nuestros sueños y recuerdos e imagina futuros posibles recibía un tratamiento peor que las tripas que empleamos para digerir alimentos. Para estar tan preocupados por la inmortalidad, despreciar de aquel modo lo que muchos han llamado «la sede del alma» es un tanto contradictorio. Pero en el caso del cáncer, Imhotep escribió sus enseñanzas de forma muy similar a nuestra aproximación moderna al estudio riguroso de una enfermedad, con sus síntomas y sus posibles tratamientos observados y anotados con todo cuidado. Fue además quien introdujo las primeras reglas éticas relativas a la praxis médica y un sistema de diagnóstico estandarizado.

El cáncer se caracteriza por el crecimiento constante y agresivo de poblaciones celulares, que puede desarrollarse en distintos órganos y tejidos, aunque suele ocurrir en aquellos que presentan una mayor renovación. Las células tumorales poseen un aspecto característico, aunque variable según el tejido (figura 8.1). Gracias al trabajo de los patólogos, podemos clasificar sin dificultad los distintos tipos de tumores, aunque pertenezcan a individuos que murieron en el pasado remoto. El rastro de esta enfermedad ha sido encontrado en los huesos de dinosaurios y en momias humanas, y su nombre deriva del término griego para «cangrejo»: *karkinos,* que sugiere una estructura con ramificaciones a modo de las patas de un cangrejo marino. El cáncer es una de las enfermedades más temidas. Podríamos fácilmente deducir que su mayor presencia es el resultado de factores que de un modo u otro tienen que ver con nuestra civilización, por ejemplo el aumento de algunas sustancias químicas conocidas como carcinógenos. Aunque algo de eso es cierto (los carcinógenos son más frecuentes ahora que en el pasado), el verdadero culpable es más sutil y familiar. Nuestra longevidad ha dado alas al cáncer, que simplemente posee muchas más oportunidades de aparecer y manifestarse.

Pagamos un precio alto por haber burlado a la muerte, que constituye el reverso de la moneda de nuestra breve existencia. Dado que este libro explora el fenómeno de la vida desde sus bases celulares hasta sus implicaciones sociales, y siguiendo el consejo de Victor Frankenstein, antes de llegar a nuestro desti-

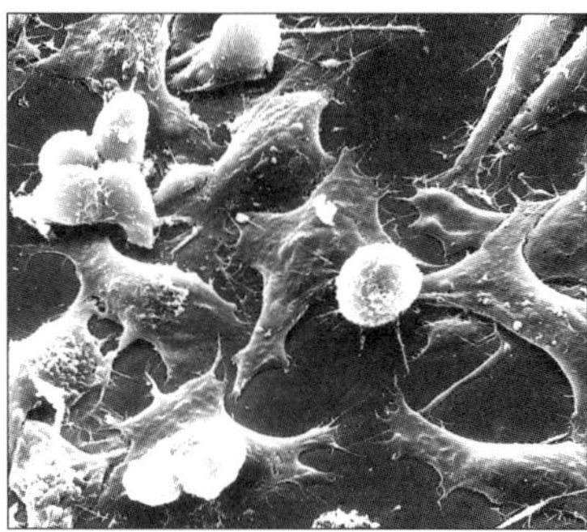

Figura 8.1. Células sanas y células tumorales. En esta imagen se muestran células de un tumor de Wilms, que aparecen en forma aplanada y con numerosas prolongaciones, en contraste con las células normales, redondeadas. Este tumor aparece en el riñón y suele manifestarse en niños. (Imagen de Timothy Triche.)

no, nuestra primera parada tiene que ver sobre todo con el final de la vida y las reglas que rompen su equilibrio.

Susan Sontag, que falleció de leucemia después de escribir un magnífico ensayo sobre la naturaleza de la enfermedad y sus metáforas, señaló que:

> Toda persona posee cuando nace una ciudadanía dual, en el reino de los sanos y en el reino de los enfermos. Aunque todos preferiríamos sólo utilizar el pasaporte bueno, tarde o temprano cada uno se ve obligado, al menos por un tiempo, a identificarse como ciudadano de aquel otro lugar. (Sontag 1996.)

En gran medida, la ciencia intenta mantenernos en el lado bueno, a la vez que trata de comprender qué hay al otro lado y por qué nos vemos arrastrados —tarde o temprano— a ese territorio indeseable. La comprensión de la enfermedad o la muerte, y sobre todo del carácter irreversible de la segunda han sido también el motor de la búsqueda del conocimiento pero también de la generación de supersticiones. Aquí nos detendremos en dos aspectos importantes y profundamente conectados: el cáncer y la muerte (o la inmortalidad). Como veremos en este capítulo, el cáncer es una enfermedad compleja que ha sido objeto preferente del estudio mediante simulación en biomedicina. Del mismo modo, el envejecimiento ha sido no sólo una de las fuentes de inspiración de buena parte de la literatura universal, sino un enemigo que hay que batir.

La vida eterna, por otra parte, ha formado parte de la leyenda y las esperanzas de millones de seres humanos que nos han precedido en el tiempo. El grial o la fuente de la eterna juventud y sus contrapartidas modernas, como la criogenización, han servido de contrapunto a la angustia vital acerca del final de la vida y el más allá; pero como suele ocurrir, ha sido la ciencia, y en particular nuestra capacidad para manipular la información genética y desarrollar modelos lo que nos ha llevado a comprender la naturaleza del envejecimiento y la muerte. Al hacerlo, descubrimos que los tumores, lejos de comportarse como masas informes creciendo en desorden, definen poblaciones de células que adquieren todo un arsenal de instrumentos moleculares destinados a burlar las defensas del organismo, desafiando el envejecimiento y coqueteando con la inmortalidad. El cáncer será también nuestra excusa para detenernos en el camino y preguntarnos por qué mueren las células. Por qué tenemos que morir. Por qué la muerte es, de hecho, uno de los grandes inventos de la evolución.

¿Programados para morir?

Como seres multicelulares, debemos nuestra estabilidad a la interacción organizada y controlada de las células que constituyen nuestro organismo. Estas piezas básicas de la arquitectura corporal, que en nuestro caso alcanzan un número aproximado de 10^{14} (es decir, un uno seguido de 14 ceros), reciben y envían constantemente señales a otras células, cercanas o distantes. Una célula de nuestra piel puede recibir señales desde sus vecinas, cambiar a medida que va envejeciendo y a su vez estar sometida a las señales del medio exterior, como lesiones, cortes, presión o simplemente la luz solar.

Una célula nerviosa puede recibir y enviar información a través de todo el cuerpo. Finalmente, múltiples señales —en particular las hormonas— permiten conectar a gran distancia tejidos y órganos que deben comunicarse. Entre la gran diversidad de palabras moleculares que definen el lenguaje celular, una parte importante controla las decisiones encaminadas a decidir cuándo debe dividirse una célula. La maquinaria molecular responsable de este proceso es muy compleja, pero podemos decir que las instrucciones se encuentran en buena medida escritas en el código genético celular. Si miramos una célula sana al microscopio, justo antes de que se divida, veremos unas estructuras alargadas y simétricas que denominamos cromosomas (figura 8.2a). La simetría, que nos muestra cada cromosoma como un objeto duplicado, es precisamente eso, una estructura repetida: la cadena de ADN asociada a cada uno de los veintitrés cromosomas humanos se ha copiado y ambas cadenas permanecen cercanas a través del denominado centrómero (figura 8.2b). Poco después, cuando la célula se divida, los cromosomas serán ordenados adecuadamente y separados de forma simétrica, una hebra de cada cromosoma destinada a cada una de las células resultantes. Si la división se ha llevado a cabo de manera correcta, cada célula resultante poseerá la misma cantidad de información, aunque ésta será algo diferente debido a la presencia de errores inevitables que tienen lugar durante el proceso de copia.

Desde un punto de vista más general, y volviendo así a nuestras analogías con las máquinas y los autómatas, podríamos preguntarnos acerca de las similitudes entre ambos. Puede parecer una comparación un tanto frívola: ¿cómo podemos comparar el cuerpo humano, tan intrincado y aún desconocido, con una radio, un ordenador o un electrodoméstico? Por extraño que pueda resultar, la comparación es más que aleccionadora. Antes de llevarla a cabo basándonos en los datos observables, es bueno hacer un pequeño experimento mental para ver si nuestra intuición está preparada para responder a la pregunta siguiente. Si dibujáramos en una gráfica la evolu-

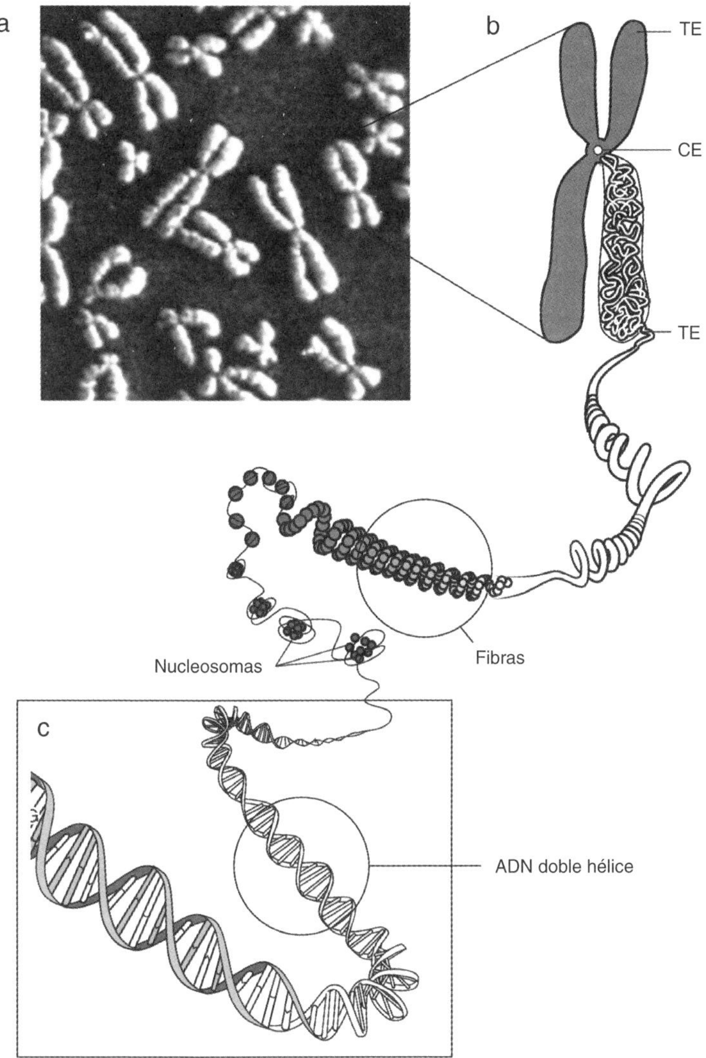

Figura 8.2. (a) Cromosomas humanos observados al microscopio electrónico. En esta imagen vemos algunos de los 23 pares de cromosomas que se generan y condensan poco antes de la división de una célula. Un esquema de la estructura del cromosoma previo a la división se indica en (b). La zona de contacto entre ambas hebras es el centrómero (CE) y los extremos del cromosoma se denominan telómeros (TE). Si deshacemos por completo las fibras (que están empaquetadas gracias a proteínas especiales) llegamos a la cadena doble de ADN (c). (Figura modificada de: http://www. ncbi.nlm.nih.gov/Class/MLACoursel/Modules/MolBioReview/chromosome.html.)

289

ción de la mortalidad en humanos en función de la edad, ¿qué observaríamos? La respuesta aparentemente más lógica es una curva creciente, tal vez acelerada con el paso del tiempo. El motivo es simple: cuanto más tiempo pasa, más probable es que un fallo interno o un daño desde el exterior provoquen la destrucción de un elemento clave y que esta pérdida sea letal para el individuo. A mayor edad, mayor probabilidad de haber acumulado errores o sufrido accidentes. Lo cierto es que la curva en cuestión, que algunos han denominado la «curva de la bañera», es bastante más complicada, y es la misma que se observa cuando estudiamos la duración de sistemas mecánicos o electrónicos a lo largo del tiempo.

En una primera fase, la mortalidad es más alta al principio. En el caso de un dispositivo, podemos imaginar esta fase inicial como el intervalo inicial tras la salida de la fábrica. Aunque las fábricas realizan ensayos que permiten prever posibles fallos, lo cierto es que un producto recién estrenado tiene más probabilidades de fallar que uno que ya lleva algo de rodaje. Un niño recién nacido sería nuestro sistema no sometido a prueba, y lo cierto es que lamentablemente la mortalidad infantil empieza alta y va disminuyendo hasta llegar a un mínimo. En este momento, la curva presenta un aplanamiento: en la fase juvenil, el organismo es enormemente capaz de sobrellevar todo tipo de dificultades y la mortalidad es aproximadamente constante (estamos en el fondo de la bañera). Las máquinas obedecen al mismo principio: pasada la fase de test, cuando los que quedan son dispositivos nuevos sin piezas frágiles, tenemos un sistema altamente estable. Algo más adelante, esta situación desaparece con la subida constante de la tasa de fallo (o muerte), que va creciendo sin parar. Esto ocurre a partir de los veinte años aproximadamente, si bien el cambio de tendencia hacia un aumento en la probabilidad de morir se produce un poco después de los diez años de edad (figura 8.3). Entramos aquí en un periodo de acumulación de fallos que hacen cada vez más improbable la supervivencia, aunque durante un largo periodo la probabilidad de morir es reducida.

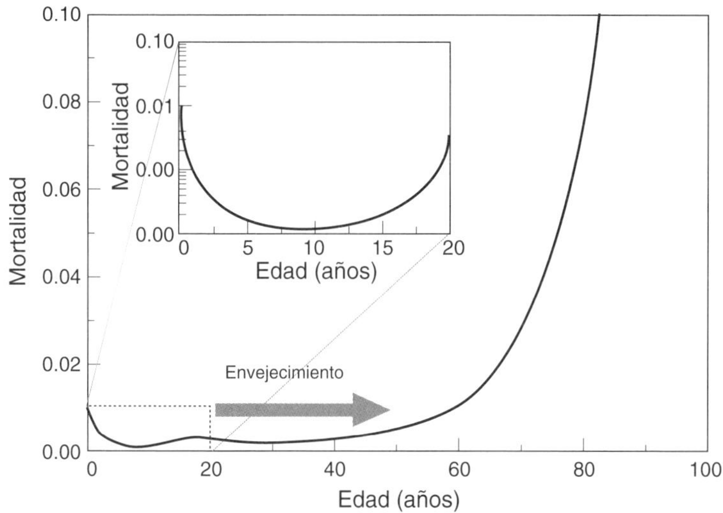

Figura 8.3. La curva de supervivencia (mortalidad) en humanos. Aquí representamos la probabilidad de muerte de un individuo en función de su edad en años. Podemos ver que presenta un valle a edades intermedias flanqueado a un lado por tasas de mortalidad superiores (ver texto, pág. 290). La forma de esta curva es la misma que se obtiene al analizar la probabilidad de fallo en una máquina. (Figura de Ricard Solé.)

¿Cómo podemos dar cuenta de estas similitudes? Un ser vivo puede ser visto, tal y como mantenían los pensadores de la época de los autómatas mecánicos, como cierto tipo de máquina. Las células serían sus elementos mínimos, algo así como las piezas del engranaje. Diversos tipos de células serían el equivalente de diversos tipos de componentes y su coordinación da lugar a funciones específicas. Pero pensemos en las diferencias. Nuestro organismo difiere de la máquina en un sentido especialmente claro: la constante regeneración de estructuras que hacen que la composición celular sea variable, aunque la forma general se mantenga, aun acusando el paso del tiempo. Por otra parte, el sistema se repara a sí mismo constantemente, si bien la reparación tiene lugar desde el interior. Para que órganos y tejidos mantengan su tamaño y correcto funcionamiento, debe alcanzarse un equilibrio adecuado entre muerte y división celular. Dividirse es necesario para renovar las partes que no funcionan, para dar respuesta a daños en el sistema o para crear un ejército de células que busquen y eliminen a un determinado patógeno. Pero la división debe hacerse con garantías. No es sorprendente que existan numerosos mecanismos de control del proceso. Un organismo funcional requiere de una regulación de sus funciones y estructura a todos los niveles. Y a diferencia de una máquina, los errores pueden hacer que nuevas formas de organización, como los tumores, surjan de nuestro interior. Y aquí interviene otra diferencia adicional: el papel de la evolución.

La máquina viva, a diferencia del artefacto, no ha sido diseñada por un ente inteligente. Cada célula posee un programa interno complejo del que sólo una parte está disponible en cada tejido. Pero nada impide que las partes del programa dormidas puedan ser despertadas (ver capítulo 1). El fallo de los mecanismos de control hace posible que la célula tumoral se encuentre libre para disponer de cualquier componente molecular que se halle a su disposición, casi sin limitaciones. El tumor es así una máquina dentro de otra máquina, sólo que la primera crece a costa de la segunda y erosiona su funcionamiento. Para lograrlo, debe perder parte del orden que poseía la máquina inicial, y aquí de nuevo la metáfora de la máquina se queda corta. En el proceso de crecimiento del tumor, hay cambios extraordinarios en los cromosomas, pérdida de marcadores que permitirían al sistema inmune detectar la presencia de células anómalas, comunicaciones y cooperaciones que escapan a la lógica del tejido sano. Entre las cosas que fallan, está una de las mayores invenciones de la evolución: la propia muerte. Aunque pueda parecer paradójico, la capacidad de construir organismos complejos requiere incorporar al conjunto de instrucciones la posibilidad de destrucción de células. Así, en lo más profundo de la maquinaria molecular que asegura la replicación y estabilidad de cada una de nuestras células, yace también una compleja y sofisticada batería de medidas encaminadas, cuando sea preciso, a eliminar a la célula

292

cuando ésta se encuentre en una encrucijada potencialmente peligrosa. El llamado «suicidio celular» surgió probablemente en los mares de nuestro planeta cuando las formas de vida eran simples, limitadas a bacterias, algas y virus.

Como suele ocurrir en casi todos los procesos evolutivos. la herencia de aquel pasado remoto y sus invenciones han quedado de una forma u otra congelados en los genomas que evolucionarían más tarde. Como vemos, surgen simultáneamente varios tipos celulares (los rudimentos de la multicelularidad), así como los primeros mecanismos destinados a producir la muerte activa de la célula. Entre los rasgos observables en las células tumorales está de hecho un aspecto más «juvenil»: a medida que se pierden marcadores y señales de identificación celulares, obtenidas normalmente a través de un proceso de diferenciación progresivo, las células se transforman en un remedo de adolescentes desordenados en busca de una vía de escape de la muerte. A su modo, la máquina desordenada que surge en el interior del organismo es la imagen imperfecta de Benjamin Button, cada vez más joven y seguro de sí mismo, creciendo y avanzando sin saber que al final le espera inevitablemente «la oscuridad».

Suicidio y resurrección

La idea del suicidio celular nos resulta chocante. ¿Para qué invertir tanto en construir una entidad tan compleja como una célula para terminar destruyéndola? Y no sólo eso, sino que la decisión misma del suicidio es a su vez compleja, y se toma normalmente bajo la batuta de toda una batería de proteínas que llevan adelante una delicada operación. El absurdo aparente de esta decisión no está lejos de la idea filosófica del suicidio, tal y como la discutió Albert Camus en *El mito de Sísifo:*

No hay más que un problema filosófico verdaderamente serio: el suicidio. Juzgar que la vida vale o no vale la pena de que se la viva es responder a la pregunta fundamental de la filosofía. Las demás, si el mundo tiene tres dimensiones, si el espíritu tiene nueve o doce categorías vienen a continuación. Se trata de juegos; primeramente hay que responder. Y si es cierto, como quiere Nietzsche, que un filósofo, para ser estimable, debe predicar con el ejemplo, se advierte la importancia de esta respuesta, puesto que va a preceder al gesto definitivo. (Camus 2001.)

La muerte celular es también un problema científico realmente grave, tanto como para obligarnos a formular teorías que puedan explicar que, a diario, nada menos que billones de células de nuestro cuerpo tomen esta decisión, basada ocasionalmente en señales procedentes de otras células, pero sobre todo en el estado interno de la misma célula. Pero la muerte celular es precisa para que la vida persista, y su presencia tiene que ver con aquellos procesos que requieren cierta flexibilidad. En el desarrollo del embrión, pero también en los procesos de cicatrización de heridas. Frente a la invasión de un patógeno que penetra en el tejido o en la sangre, existe una respuesta que incluye la detección de los intrusos, seguida de su ingestión por parte de los denominados neutrófilos y la muerte posterior de éstos. En el caso del cáncer, una de las primeras cosas que son modificadas es el potencial para morir. Las señales moleculares que servirían para alertar de que algo no va bien se ven anuladas, como si alguien hubiera cortado algunos cables de comunicación y aún más: en su huida hacia delante, las células cancerosas pueden dar, por así decirlo, con el secreto del grial: descubren la inmortalidad. Este hallazgo nos conecta de inmediato con el envejecimiento y sus mecanismos.

El hallazgo que resultó clave en nuestra comprensión del proceso de envejecimiento surgió, como ocurre casi siempre, del estudio de un problema de ciencia básica sin ninguna implicación obvia. Su solución dio como resultado un salto cualitativo gigantesco hacia nuestra comprensión de la naturaleza del envejecimiento. Para describirlo de forma simple, el problema es el siguiente. Sabemos que las células de nuestro organismo sólo pueden dividirse cierto número de veces. Este número es más o menos constante y, una vez alcanzado, el proceso de división se detiene definitivamente. La existencia de este límite, conocido como Límite de Hayflick, fue descubierta en 1961 por Leonard Hayflick mediante cultivos celulares en los que células humanas fetales se dividían un número máximo de unas cincuenta veces. Al terminar estas replicaciones, las células mueren. Estos experimentos demostraban fuera de toda duda que las células no eran inmortales (como algunos habían sugerido) y que algo interno debía decidir su duración limitada.

El origen de esta regularidad lo encontramos en los extremos de los cromosomas. Estos extremos, llamados «telómeros», se acortan cada vez que se produce una división celular. Este acortamiento tiene lugar hasta cierto límite, más allá del cual la estructura del cromosoma se vuelve inestable. Una buena analogía de lo que sucede nos la proporciona el extremo del cordón de un zapato, que suele estar protegido por una funda más o menos rígida. Podemos cortar con una tijera pequeños fragmentos de la funda sin que ello tenga mayor importancia, pero una vez hemos agotado la protección que sujeta las fibras del cordón, éste se deshilacha irremediablemente. El mecanismo de replicación de los genomas de organismos que poseen cromosomas como los que hemos descrito antes conlleva el acortamiento del extremo de la cadena, que pierde entre 15 y 25 unidades en cada ciclo de división. Los organismos más simples, como las bacterias, que poseen un genoma cerrado sobre sí mismo (circular) no experimentan este proceso. Pero de lo anterior surge de inmediato la cuestión de por qué seguimos viendo células capaces de dividirse: si al final todas sufrirán un acortamiento que las llevará a la muerte, ¿por qué seguimos existiendo?

Elizabeth Blackburn, Carol Greider y Jack Szostak recibieron en 2009 el Premio Nobel de Medicina y Fisiología por este trabajo. Dilucidaron el papel de los telómeros, aunque fue el biólogo ruso Alexéi Olovnikov quien predijo su existencia y su posible papel en el envejecimiento en 1973. El descubrimiento más sorprendente se produjo en la Navidad de 1984, cuando Greider y Blackburn, entonces en la Universidad de Cornell, dieron con un enzima —la telomerasa— que era responsable del *alargamiento* de los telómeros. La telomerasa puede reconocer el extremo del cromosoma y añadir un fragmento a éste. Este descubrimiento permitió resolver la paradoja del límite de Hayflick: la telomerasa funciona sólo en aquellas células cuya tarea es la generación de organismos y el mantenimiento de su organización. Se limita por lo tanto a células llamadas germinales (que dan lugar a óvulos y espermatozoides) así como a células madre, capaces de generar todo tipo de células diferenciadas. Las células llamadas somáticas, que no pueden dividirse o bien sólo pueden hacerlo dando células similares, no poseen actividad telomerasa y por lo tanto tienen duración limitada. Dicho de otro modo: todas las células que llevan a cabo una función específica, ya sean las células del hígado, el páncreas, la sangre o las neuronas, poseen ese reloj interno que decide cuándo morirán. Pero una pequeña fracción de las células, aquellas que son responsables de generar toda la variedad de tipos celulares, preservan su información evitando que el reloj interno se ponga a cero.

¿Qué ocurre cuando manipulamos genéticamente un organismo y devolvemos la actividad de las telomerasas a su lugar, de forma que los telómeros ya no se reducen? Un estudio realizado con ratones en el laboratorio de Ronald DePinho, de la Escuela de Medicina de la Universidad de Harvard, a los que se había restaurado la actividad de este enzima, demostró de forma espectacular su impacto. Los ratones empleados pertenecían a un grupo especial, cuyos individuos carecen de la telomerasa, con lo que experimentan un envejecimiento prematuro, que incluye pérdida del sentido olfativo, reducción de masa cerebral e infertilidad, entre otros síntomas. Al emplear este grupo, era posible comprobar de manera evidente los posibles cambios debidos al tratamiento. Los cambios observados resultaron extraordinariamente llamativos: los ratones literalmente vivían más pero lo hacían con un claro rejuvenecimiento de todos sus tejidos, también del tejido nervioso. Literalmente, los ratones volvían a ser jóvenes. Éste es sin duda el primer resultado de un campo que promete modificar nuestra relación con el envejecimiento y la comprensión que tenemos de él. Y otros resultados, basados en el empleo de técnicas de ingeniería genética como las ya discutidas anteriormente, han permitido plantear por primera vez estrategias de curación para algunas enfermedades en las que se produce envejecimiento acelerado. Es el caso de la denominada progeria infantil, o enfermedad de Hutchinson-Gilford, en la que se observa un brutal y rápido envejecimiento en niños cuyo aspecto con apenas unos años de edad es el de un anciano y cuya esperanza de vida es muy reducida.

Gracias a los avances en medicina regenerativa, es hoy posible abordar este tipo de problemas —y muchos otros— mediante la obtención de células madre a partir de células adultas diferenciadas. Estas técnicas fueron empleadas en el laboratorio de Juan Carlos Izpisúa-Belmonte, investigador del Instituto Salk así como del Parque de Investigación Biomédica de Barcelona. Su estudio se llevó a cabo sobre cultivos celulares de células que exhiben progeria, y que fueron reprogramadas de forma que recuperaron su aspecto juvenil. Aunque queda mucho por hacer hasta llegar a la curación, el salto es de gigante. Contra todo pronóstico, es posible dar marcha atrás y reparar los daños del tiempo e incluso detenerlo. Nunca hemos estado más cerca de la fuente de la eterna juventud que buscaba Ponce de León o el elixir de la vida con el que soñaron los alquimistas, y el potencial de este descubrimiento se hizo evidente no sólo por la posibilidad de frenar el proceso de decaimiento celular sino también por la capacidad de invertir el proceso.

El tratamiento mediante activación de telomerasas para conseguir aumentar la duración de la vida de células normales es el reverso de otra posibilidad no menos apasionante: la desactivación de la telomerasa en células tumorales. Si pudiéramos desarrollar fármacos capaces de inhibir la actividad de esta molécula dentro del tumor tal vez podría limitarse su crecimiento. Este objetivo ha sido logrado en ciertos casos y es uno de los campos de investigación más prometedores en la lucha contra el cáncer. En esta lucha, que dura ya un siglo, es importante tener en cuenta algunas peculiaridades del proceso de crecimiento tumoral. Al penetrar en su lógica y analizar su comportamiento con la ayuda de modelos de simulación, es posible plantear —al menos en el ordenador— nuevas estrategias de ataque. La primera de ellas se basa en emplear como talón de Aquiles el desorden celular presente en la gran mayoría de los tumores.

En el límite del caos

Hay un aspecto que hemos mencionado al principio, cuando nos referíamos al desarrollo del cáncer: su enorme inestabilidad. Cuando vemos al microscopio el material genético de las células tumorales, solemos observar que sus cromosomas se encuentran en un aparente estado de desorden. En algunos casos, como ocurre con el síndrome de Down, aparece una copia extra de un cromosoma (en este caso, el número 21) que da lugar a diversos problemas en el desarrollo, afectando tanto al funcionamiento correcto de algunos órganos como a carencias cognitivas de grado variable. En las plantas, es frecuente observar copias extra de todos los cromosomas, de modo que en lugar de dos copias observaremos tres o más. Al igual que ocurre con mutaciones indeseables, los cambios en el equilibrio del número de cromosomas pueden provocar errores en el funcionamiento celular que precipiten la muerte o que, por el contrario, favorezcan el desarrollo de proliferaciones indeseables, como es el caso del cáncer. Esta regularidad desaparece de forma muy visible cuando observamos al microscopio los cromosomas de una célula tumoral. Este desorden se traduce también en desorden visible en el tejido a medida que avanza la malignidad del tumor (figura 8.4). En la mayoría de los casos, el cariotipo aparece fuertemente alterado, y podemos ver copias múltiples de algunos cromosomas, mientras que otros han desaparecido y otros tantos se han fusionado parcialmente. El resultado final se conoce como una aneuploidía: una distribución desigual de la frecuencia y ordenación de los cromosomas. Tal y como lo definía Jean Marx, las células tumorales son, en este sentido, una verdadera «galería de los horrores» (Marx 2002, 544), y este desorden da lugar a una paradoja. Se podría argumentar que la variación es una buena forma de generar cambios que permitan al tumor progresar a costa de su organismo huésped. Así que la inestabilidad genética parece una buena forma de lograrlo. Pero si nos detenemos a pensar sobre ello, nos encontramos con una dificultad. Los fallos en el genoma deberían traducirse en fallos celulares, y los genomas desordenados de los tumores deberían ser inviables.

En colaboración con Thomas Deisboeck, investigador de la Escuela de Medicina de la Universidad de Harvard, planteamos un modelo matemático en el que demostrábamos que un tumor inestable debería presentar un límite máximo en su nivel de inestabilidad. Por debajo de este nivel crítico, el tumor debería ser capaz de crecer, mientras que por encima de éste sufriría un colapso catastrófico, que daría lugar a su desaparición. Nuestra aproximación se basa en una idea anterior, formulada en los años setenta por los químicos Manfred Eigen y Peter Schuster, quienes buscaban un marco teórico para estudiar el comportamiento de grupos de organismos simples capaces de replicarse y presentar mutaciones. La diana más atractiva de este trabajo son los virus de ARN, entre los que se encuentran el virus del sida o el de la gripe común, entre muchos otros. Muy brevemente, podríamos decir que estos virus no poseen la capacidad de reparar los errores cada vez que se copian (como lo hacen las células de nuestro cuerpo al

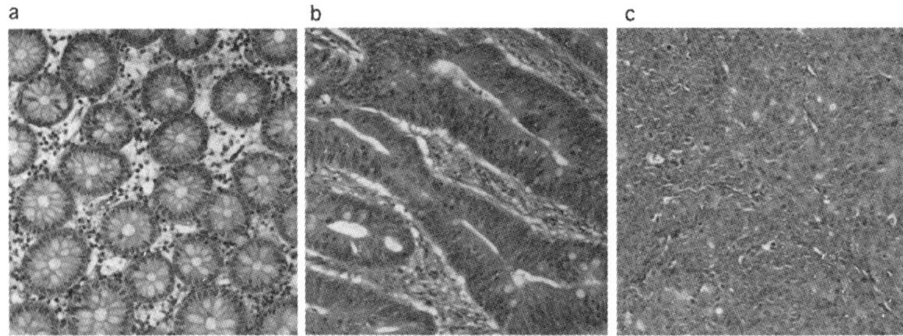

Figura 8.4. El aumento de la inestabilidad genética suele traducirse en un aumento del desorden en tejidos cancerosos. En esta serie de muestras de tejido del colon, vemos tres estadios en los que el cáncer progresa desde un tejido sano (a), un cáncer de grado medio (b) y un tumor desordenado e invasivo (c) en el que apenas puede distinguirse ninguna organización. (Fotografías cortesía de Robert Gatenby.)

dividirse) y por lo tanto pueden acumular cambios como resultado de errores inevitables que se producen durante su replicación. Eigen y Schuster descubrieron que existe un límite a la cantidad de mutaciones que puede acumular el genoma de uno de estos organismos. Este límite fue bautizado como la «catástrofe de error», dado que su aparición es debida a la acumulación de errores y una vez alcanzado el límite, el sistema se torna completamente inviable. En cierta forma, el resultado de estos investigadores puede entenderse como la prueba de que el comportamiento de un sistema que lleva información, una vez sometido a una cantidad de ruido superior a cierto límite, es simplemente intolerable.

La consecuencia de este hallazgo es que los virus pueden adaptarse y cambiar de forma flexible y fluida siempre y cuando la tasa de mutación se encuentre por debajo del umbral crítico. Cruzar este umbral conlleva la extinción. Pero la sorpresa aún estaba por llegar. Cuando se formuló la teoría, no era posible disponer de información acerca de las tasas de mutación de los virus de ARN, así que podríamos concluir que, de ser cierta la teoría, se encontrarían en algún lugar de la zona por debajo de la catástrofe de error. En realidad, lo que se ha visto es que se encuentran justo en el límite, que cambian y cometen errores constantemente, pero no tanto como para precipitarse

300

al vacío. Los virus de ARN viven en la frontera que separa orden y desorden. Una consecuencia potencial de este resultado es que, si pudiéramos aumentar la tasa de mutación tan sólo un poco más, los virus experimentarían una extinción catastrófica. ¿Podría diseñarse una terapia que explotara este talón de Aquiles? La respuesta es afirmativa, y en varios laboratorios, entre los que figura el de Esteban Domingo en Madrid, se demostró que, empleando sustancias químicas adecuadas, era posible forzar a los virus que infectaban células en un cultivo a aumentar su tasa de error hasta hacerse inviables.

Las células de un tumor proceden de células normales, y la sugerencia de comparar los genomas de los virus de ARN, miles de veces más simples en tamaño (por no hablar de estructura) que los de cualquier célula puede resultar inapropiada. Pero observemos las similitudes entre un tumor inestable y su contrapartida viral. Por una parte, en ambos casos se ha producido un fallo de los mecanismos de corrección. En el primer caso, este fallo es consecuencia de una carencia completa de los mecanismos de control, mientras que en el segundo estos mecanismos, inicialmente presentes, se han perdido. En ambos casos, las estrategias de cambio deben superar las barreras impuestas por los mecanismos de reconocimiento celular llevadas a cabo por el sistema inmune. Los virus lo cambian como estrategia de escape, y las células de un cáncer inestable pueden tomar ventaja de su inestabilidad perdiendo marcadores de identificación que las hacen invisibles a la detección. En ambos casos, se tiene una población (ya sean virus o células tumorales) muy heterogénea.

Dentro de un tumor inestable, veremos que hay diferencias de célula a célula, aunque también cierto número de regularidades, como cromosomas especialmente conservados en unos casos y eliminados en otros. La pregunta que nos hacíamos en este escenario era simple: ¿existen umbrales de estabilidad para los tumores inestables? El primer paso fue considerar esta pregunta de forma rigurosa y abordarla desde un modelo teórico simple. Imaginemos en este caso que tenemos dos poblaciones celulares. La primera es el tejido sano, mientras que la segunda contiene células tumorales que pueden ser más o menos inestables. Situamos algunas de estas células en el centro de nuestro tablero. Cada una de ellas puede dar lugar a nuevas células que acumulen inestabilidad, de modo que tengamos poblaciones más y más mutables a lo largo del tiempo. Como cabe esperar, tasas bajas de inestabilidad son ventajosas: los tumores virtuales crecen con mayor rapidez, dado que algunas de las mutaciones permiten liberar a las células de ciertos frenos y aumentar su velocidad de división. En este caso, vemos que el tumor va creciendo (figura 8.5) a medida que se extiende dentro del tejido sano. En esta simulación virtual de un tumor inestable, dibujamos las poblaciones más inestables con tonos de gris más oscuro. Como vemos, el tumor resultante es heterogéneo, con poblaciones que presentan distintas tasas de mutación. Pero existen límites que no deben superarse. A medida que las células se vuelven más inestables, también crece la probabilidad de que uno de los daños afecte a un gen clave. Los cálculos matemáticos coinciden aquí con los resultados de simular tumores en el ordenador: una vez superada una tasa de inestabilidad crítica, la población deja de crecer, debido a que cada división conlleva el daño de un gen clave. Así, la supervivencia del cáncer se hace imposible o su tamaño se ve fuertemente limitado. Si aumentamos la inestabilidad artificialmente, observamos que el tumor sintético experimenta una rápida fragmentación o bien se contrae, con lo que queda convertido de hecho en un tejido benigno incapaz de progresar.

¿Podríamos emplear este resultado en el tratamiento del cáncer? Deberíamos señalar en primer lugar que el resultado que acabamos de presentar parece estar apoyado por pruebas indirectas, aunque numerosas, que proceden del conocimiento que tenemos sobre el tratamiento de diversos tipos de cáncer. Señalemos asimismo que es sabido que algunos tipos de cáncer responden mejor a la quimioterapia o a la radioterapia cuando son más inestables. Este resultado sería consistente

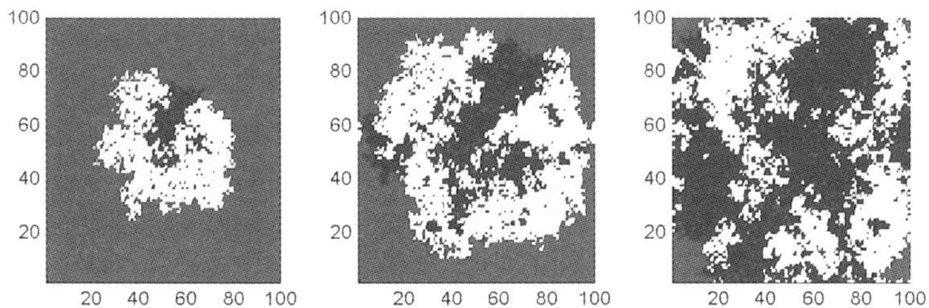

Figura 8.5. Un modelo de cáncer virtual permite estudiar el impacto de la inestabilidad sobre la progresión de un tumor. La secuencia muestra el crecimiento progresivo de un tumor inestable, dentro del tejido sano, que se ve aquí como un fondo gris uniforme. Las células que se dividen pueden dar lugar por mutación a células hijas con mayor inestabilidad, con lo que tenemos una progresión hacia un tumor altamente inestable. Si en algún momento aumentamos la tasa de inestabilidad del tejido tumoral, éste se hará inviable o bien detendrá su crecimiento. (Imágenes de Ricard Solé.)

con la idea de que una vez que tenemos inestabilidad en juego, si es lo bastante alta, podríamos «empujar» a los tumores inestables más allá del umbral. Existen también buenos ejemplos de que los fármacos que atacan a los genes clave pueden tener efectos catastróficos para las células tumorales. Por ejemplo, aquellos genes implicados en la organización del esqueleto molecular que se necesita para dividir la célula serían dianas especialmente buenas. Una parte de los andamios que soportan la estructura celular son responsables de la segregación de los cromosomas, de modo que, al ser afectados por el fármaco, incrementan la inestabilidad haciendo las células inviables.

Diversos investigadores, como Lawrence Loeb, de la Universidad de Washington, han apuntado que los resultados obtenidos en la lucha contra el VIH podrían servir de inspiración en un ataque parecido al cáncer empleando la idea de una transición de fase. Mediante la catástrofe de error, se podría forzar la inestabilidad intrínseca de los tumores y hacerla crecer más allá de sus límites de tolerancia o incluso prevenir el desarrollo de tumores haciendo que su progresión fuera más lenta o, simplemente, se detuviera. En este último caso, y nuevamente de forma parecida al tratamiento de la infección por VIH, surge la posibilidad de convertir el cáncer en un problema crónico que mantenemos a raya.

La posibilidad que acabamos de plantear es sólo una de las que se han puesto sobre la mesa en las últimas décadas y que intentan encontrar alternativas a las terapias y tratamientos tradicionales, basados en la cirugía o en el empleo de fármacos que suprimen el sistema inmunitario o que son tóxicos celulares. No me refiero a las supuestas «terapias alternativas» basadas en «efectos cuánticos» (sus abogados nunca parecen saber qué es en realidad la mecánica cuántica), imposición de manos o la meditación. Las alternativas reales están en un cambio de paradigma de la visión del cáncer que aporte nuevas estrategias de ataque en las que se pueda sacar partido de nuestro conocimiento de la biología de estas poblaciones celulares y sobre todo del legado evolutivo que emplean para progresar. Entre los fenómenos más interesantes que conocemos, se encuentra uno que ha sorprendido siempre a médicos, pacientes e investigadores por igual. Se trata de un proceso del que sabemos bien poco, pero que ilustra a la perfección la existencia de fenómenos de transformación rápida que nos recuerdan al problema que acabamos de abordar, aunque en este caso todo ocurre de forma espontánea y, para algunos, milagrosa.

Regresión

En la película de Woody Allen *Desmontando a Harry*, su protagonista afirma en una escena: «La frase más bella no es "te quiero" sino "es benigno"». El personaje que interpreta el propio Allen, siempre hipocondriaco y obsesivo, bromea acerca de una de las cosas más difíciles de digerir por cualquier ser humano que pase por el trance del cáncer: un diagnóstico de malignidad. Aunque ignoremos las bases de la biología de los tumores o desconozcamos el concepto real de célula, la distinción entre benigno y maligno forma parte de nuestra cultura. Cuando se habla de metástasis, es probable que quien mencione esta palabra desconozca su naturaleza exacta pero sabrá sin duda que tiene relación con la capacidad del tumor para invadir otros tejidos. La metástasis es el anuncio de que las cosas van muy mal y define en muchos casos el escenario de no retorno en el que la enfermedad deja de ser tratable. Aun así, hay que estar preparado para lo extraordinario: la posibilidad de su regresión espontánea.

Este fenómeno se conoce en la literatura médica desde hace mucho tiempo. Un paciente presenta un cáncer desarrollado y maligno, intratable con garantías mínimas y que debería progresar hacia la muerte del paciente. Al cabo de un periodo de tiempo más o menos breve, el cáncer ha desaparecido sin dejar rastro. Los casos son raros y el conocimiento que tenemos de ellos limitado, debido a su extraña naturaleza, más parecida al milagro que a un hecho científico contrastado, y suelen pasar desapercibidos (o no son siquiera mencionados) en los libros de texto. Muchos de ellos nos hablan de situaciones desesperadas, en las que la fatalidad de la enfermedad es asumida sin ningún tipo de duda. Tomemos el siguiente ejemplo:

Los doctores le dijeron a Mike que tenía un cáncer terminal. Había ya numerosos tumores grandes, de varios centímetros de diámetro, en los pulmones y algunos incluso mayores en la parte inferior del tórax y el diafragma [...]. Era demasiado tarde para la cirugía, demasiado tarde para la radiación, demasiado tarde para la quimioterapia. No había nada que la ciencia médica pudiera hacer. Era todo inútil. Enviaron a Mike a su casa para morir. Fue entonces cuando empezó a sentirse mejor. Un mes más tarde, regresó al hospital para una visita de control. Para su incredulidad, los médicos hallaron que los tumores de Mike se habían reducido en tamaño y número. A lo largo de los meses siguientes, siguieron reduciéndose hasta que las radiografías se veían completamente normales. El cáncer de Mike había desaparecido sin tratamiento. (MacAdam 2003, 9.)

El dramatismo de las historias relacionadas con este tipo de remisiones es lógico: de algún modo los que las experimentan cruzan de forma inesperada la frontera entre la vida y una muerte anunciada para regresar a un nuevo comienzo. En la gran mayoría de los casos, el cáncer era inoperable y fatal. En muchos, había entrado en el proceso de metástasis e invasión generalizada de diversos órganos. Con todo, es comprensible la incredulidad que despierta la recuperación de un paciente que estaba desahuciado. Se produce la regresión; su progreso rápido, así como su carácter en general irreversible, sugieren que aquello que produjo el fenómeno actúa de forma generalizada y muy potente. ¿Qué hay detrás de este fenómeno?

Existe una conexión interesante que permite sugerir posibles candidatos. Esta conexión no es otra que cierto tipo de terapia que ha sido empleada en diversas ocasiones con resultados desiguales. Se trata de la denominada «terapia por infección», en la que se emplean bacterias que, inyectadas en pacientes con cáncer, dan lugar a procesos de infección con fiebres muy altas seguidas por una remisión. Esta terapia aparece de hecho como consecuencia de observaciones médicas que sugieren una relación entre fiebre alta, en muchos casos debido a infección por estreptococos, que provocan una inflamación del tejido afectado y que suele presentarse de manera rápida, dentro de las primeras 48 horas tras la infección. William Coley, un médico del Hospital del Cáncer de Nueva York, ejercía de cirujano hasta que la muerte por cáncer de uno de sus pacientes le llevó a interesarse por esta enfermedad. Coley descubrió la existencia de una serie de informes médicos relacionados con la desaparición de tumores que parecían haberse esfumado después de que los pacientes hubieran sufrido un episodio de infección por estreptococos.

El salto conceptual que dio Coley consistió en conectar ambas observaciones e intentar emplear la infección como forma de terapia. Inyectando bacterias en las zonas afectadas por los tumores malignos, Coley fue capaz de eliminar el cáncer de algunos de sus pacientes, y esta curación resultó tan espectacular como duradera. Pero no siempre funcionó (la tasa de éxito fue de algo más del 10 por ciento para algunos tipos) y sus efectos secundarios fueron importantes. La llegada de nuevas terapias dejó de lado esta aproximación, pero el trabajo de Coley representó uno de los primeros pasos en la dirección de la denominada inmunoterapia contra el cáncer. Esta disciplina, que sigue en desarrollo y que ha dado ya algunos resultados prometedores, se basa en la activación de la respuesta inmunitaria que permita a las células del sistema inmune detectar y matar a las células tumorales. Extrayendo células del paciente y llevando a cabo una adecuada estimulación, al ser devueltas al paciente pueden, en algunos casos, producir una remisión completa del tumor.

¿Cómo explicar una respuesta tan llamativa en el fenómeno de la regresión? Cabría imaginar que algún mecanismo de detección dormido o simplemente poco activo se despierte y dé pie a una eliminación progresiva. Incluso en este caso, el cambio general resulta demasiado exitoso para ser verdad. Comprender este fenómeno, aunque sea como un escenario plausible que explique su lógica, es importante para disponer de una base racional para abordar terapias nuevas. Y lo que necesitamos incluir son los elementos mínimos de la interacción entre células tumorales y células del sistema inmune. Este sistema tiene una gran complejidad, y las células que lo componen viajan por el cuerpo sin estar conectadas directamente entre sí, pero que son capaces de almacenar recuerdos (de infecciones pasadas) y aprender. Si queremos describir sus interacciones con cierto detalle, nos enfrentamos rápidamente a un gran número de variables, dado que las células encargadas de reconocer cuerpos extraños u organismos invasores poseen distintas estrategias, morfología, localización y duración.

Cualquier modelo mínimamente realista debería incluir numerosos detalles, pero eso no haría más que oscurecer la explicación que buscamos. Una vez más, un modelo simple sirve para comprobar que podemos encontrar una explicación racional al fenómeno. El modelo de Garay-Lefever, formulado en los años setenta por dos investigadores de la Universidad Libre de Bruselas, se basa en la interacción de dos poblaciones celulares: células tumorales y células del sistema inmune (linfocitos) capaces de detectar a las primeras con mayor o menor eficiencia. El esquema básico del modelo se resume en la figura 8.6 (arriba) en el que se indican las posibles interacciones celulares. Como vemos, en caso de darse la detección, se forma un complejo (C-L) entre ambos tipos gracias al cual los linfocitos pueden perforar la membrana de las células tumorales y desencadenar su muerte, tras la cual se liberan y quedan disponibles de nuevo para repetir el proceso. Este modelo puede trasladarse con facilidad a uno de nuestros tableros, inicialmente ocupados por tejido sano en el centro del cual surge una célula tumoral que da lugar a un crecimiento que podemos ver en la figura 8.6 (abajo) como un objeto irregular, aquí indicado en negro. Los linfocitos no se muestran, pero se mueven al azar por el tablero y detectan con cierta probabilidad p la presencia de una célula tumoral. En caso de que la detección de la célula cancerosa tenga lugar, se elimina ésta y el linfocito queda libre. Como vemos, al aumentar p, el efecto sobre el tumor en crecimiento es más o menos el mismo, pero alcanzado cierto umbral (en este caso $p = 0,2$) se produce su completo colapso. No vemos por lo tanto una respuesta proporcional, sino lo que en física se denomina una transición de fase de primer orden: a partir de cierto punto, el sistema experimenta un cambio brusco, en el que el nuevo «estado» que adopta implica la ausencia del tumor. Una transición de este tipo se da en el modelo de Garay-Lefever, que predice la regresión total si la respuesta de reconocimiento es lo bastante fuerte. Como ocurre en otros sistemas, una vez cruzado el umbral adecuado, la misma dinámica del sistema amplifica los cambios con rapidez hasta que se alcanza el nuevo equilibrio.

Una pista interesante que apoya este resultado nos la proporciona un estudio con ratones manipulados genéticamente,

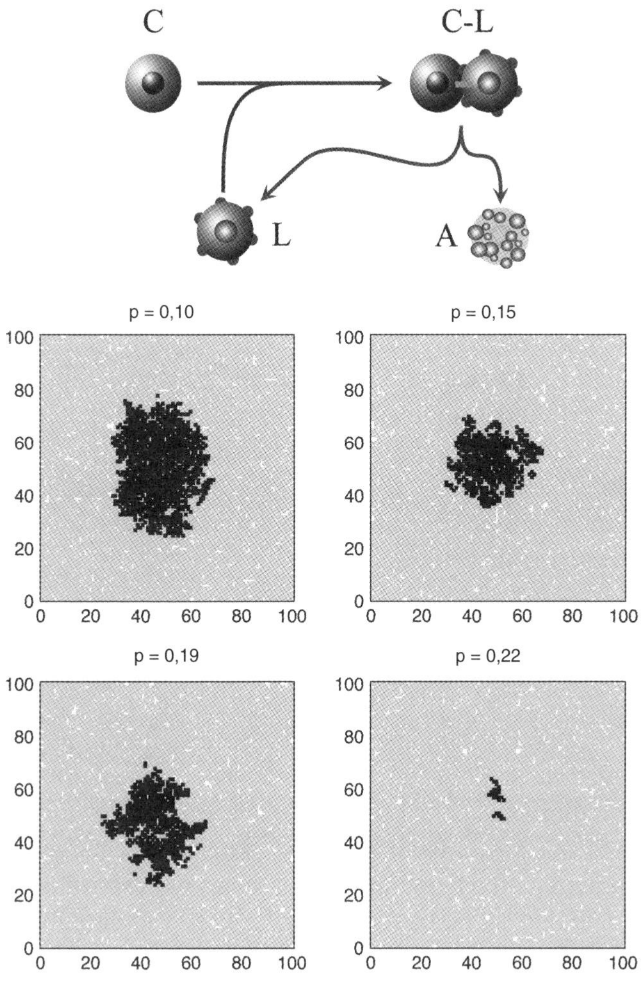

Figura 8.6. Resultado de la simulación del modelo de regresión. Arriba: las interacciones básicas entre células tumorales (C) y linfocitos (L). Abajo, un ejemplo del resultado de la simulación. En este modelo, tenemos crecimiento de la población tumoral (cuadrados negros) en el interior de un tejido sano (cuadrados grises). Las células del sistema inmunitario (que no se muestran) se mueven por el tablero al azar y son capaces de reconocer células tumorales con cierta probabilidad p. A medida que pasa el tiempo, aumentamos el valor de p lentamente. Para valores de p por debajo de 0,2, el decrecimiento del tumor es limitado, pero se produce una respuesta espectacular tan pronto como se supera este umbral. El tumor se encoge con rapidez y finalmente desaparece. (Gráficos de Ricard Solé.)

en los que ha sido posible observar de forma sistemática una regresión espontánea después de inducir tumores mediante el trasplante de células cancerosas. El grupo de investigadores que ha realizado este estudio, liderado por Zheng Cui, de la Escuela de Medicina de Wake Forest, ha permitido demostrar con claridad el papel de la infiltración masiva de linfocitos en el proceso de regresión (figura 8.7). Los ratones quedaron totalmente libres de los tumores y desarrollaron una vida completamente normal. Con extractos altamente purificados de células desarrolladas durante el proceso, su empleo sobre cultivos demostró su capacidad para matar todas las células cancerosas presentes, indicando así la posibilidad de transferir con éxito esta capacidad. Resultados similares se habían observado en melanomas (tumores de piel) que presentan una tasa importante de regresión que también parece asociada a un mecanismo de infiltración.

Escrito en el agua

Vivir eternamente, seguir siendo jóvenes mientras el reloj de la edad no se detiene o escapar de la enfermedad han sido desde siempre una parte esencial de nuestros sueños inalcanzables. Los poetas del Romanticismo vivieron la emergencia de la química y la medicina modernas, junto al desarrollo de una tecnología que superaba todo lo imaginado y el descubrimiento de un universo cada vez más inmenso. Frente a aquella ciencia emergente, arrastrados por el vértigo de inventos y descubrimientos que desafiaban los antiguos paradigmas, algunos reaccionaron con rechazo y otros con euforia. Percy Shelley, que compartía con su mujer Mary la pasión por la poesía pero también por el conocimiento y sus fronteras (de la que dejaron constancia en sus cuadernos de viaje escritos por ambos), encontró en la ciencia un lugar en el que buscar respuestas.

Algunos de sus poemas hablan de la vida y la muerte y no pocos de ellos nos narran el destino lúgubre de aquellos que

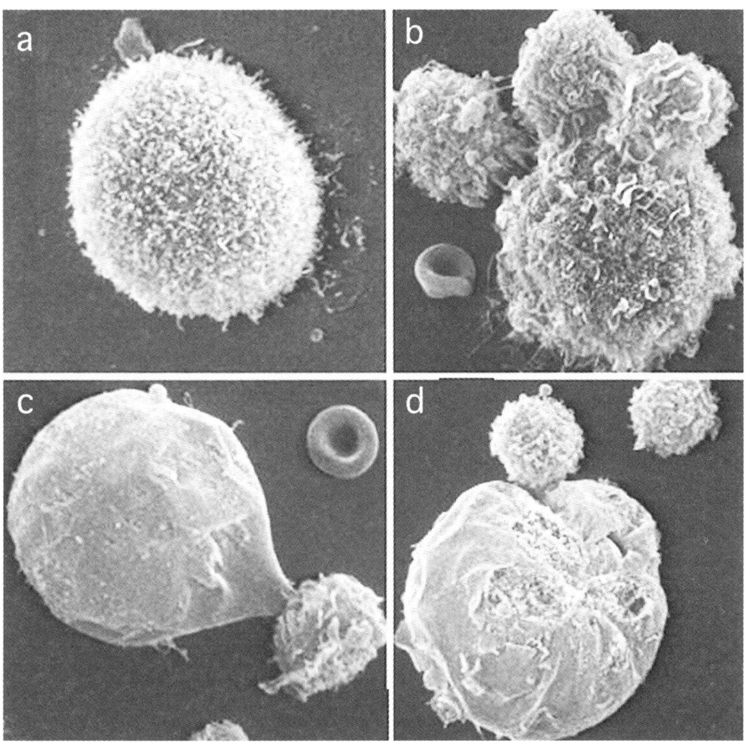

Figura 8.7. Imágenes de microscopio electrónico de (a) una célula normal, (b) célula tumoral atacada por leucocitos (esferas pequeñas), (c) inicio de la muerte de la célula, que aparece como un globo deshinchado, y (d) aparición de anomalías en la superficie asociadas a la muerte celular. (Imágenes cortesía de Zheng Cui.)

buscan la inmortalidad. En 1818 publicó su célebre poema «Ozymandias», en el que un viajero «de tierras lejanas» nos habla de los restos de la estatua —ahora rota y abandonada— en cuyo pedestal se lee:

> «Mi nombre es Ozymandias, rey de reyes:
> ¡Contemplad mi obra, oh poderosos, y desesperad!».
> Ya nada queda a su lado. Alrededor de las ruinas
> de ese colosal naufragio, infinitas y desnudas,
> se extienden las solitarias y llanas arenas.

Por el contrario, John Keats, considerado junto con Byron y el propio Shelley una de las figuras clave del movimiento romántico, tenía una visión negativa de la ciencia. Pese a su formación académica (fue un brillante estudiante de medicina), Keats consideraba que la razón despojaba a la vida de toda belleza. La muerte de Keats significó el punto final de un talento creador único. Incomprendido en vida, murió en Roma víctima de la tuberculosis. Las críticas que había recibido su trabajo hicieron que, como última voluntad, pidiera que en el epitafio de su tumba figuraran tan sólo las palabras: AQUÍ YACE UNO CUYO NOMBRE SE ESCRIBIÓ EN EL AGUA, todo un alegato a favor del deseo —que él creyó no cumplido— de alcanzar la inmortalidad. Conmovido por la muerte de su amigo, Shelley escribió «Adonais», un hermoso panegírico dedicado al joven Keats, y el azar quiso que ambos se vieran conectados por última vez en un desgraciado viaje en barca en el que Shelley pereció ahogado en una tormenta cuando regresaba de Livorno, en Italia, el mismo país en el que Keats había expirado y que los había adoptado a ambos. El cuerpo de Shelley apareció días más tarde, en una playa cercana. Uno de los objetos que ayudaron a reconocer el cadáver fue el volumen de poemas de Keats que llevaba en el bolsillo. Irónicamente, hacía apenas un mes, el poeta había escrito buena parte de la que iba a ser su última obra, *El triunfo de la vida,* uno de cuyos últimos sonetos termina así: «Entonces, ¿qué es la vida?».

Doscientos años después, los avances en la reprogramación de células dibujan una imagen nueva de la vida y su destino; nuevas formas de comprender el cáncer y el envejecimiento basadas en su bagaje evolutivo y la explotación de fenómenos de transición brusca abren nuevas perspectivas para abordar estos problemas. Y las últimas décadas han revelado hechos que han cambiado nuestra forma de pensar. Este cambio es esencial para progresar hacia la curación. Cáncer y envejecimiento se nos muestran entrelazados de forma inextricable. Comprender uno nos llevará muy probablemente a comprender al otro y, dado el creciente envejecimiento de la población mundial, la tarea es urgente. Aunque ya en 1971 el entonces presidente de Estados Unidos, Richard Nixon, llamó a una «guerra contra el cáncer», en la que la enfermedad sería derrotada en una década, ésta resultó ser mucho más compleja de lo que nadie esperaba. La batalla se libra aún, y no parece que la victoria esté cercana. Si el cáncer es más visible hoy en día que hace 10.000 años debido a nuestra longevidad excesiva, existen otros aspectos de la enfermedad que revelan la huella de la evolución y los recursos que emplea el propio tumor para escapar a los controles y barreras de nuestro organismo. A su vez, el estudio mediante modelos virtuales de crecimiento tumoral permite abordar cuestiones difíciles acerca de la incidencia del cáncer en distintas especies, que nos acercan a nuevas paradojas.

Por ejemplo, si tenemos en cuenta que el cáncer surge de errores que ocurren durante la división celular, debemos concluir que los animales de mayor tamaño deberían desarrollar cáncer con mayor facilidad. Si así fuera, las ballenas deberían morir (¡todas!) de cáncer, dado su enorme tamaño. Pero de hecho la incidencia del cáncer parece desviarse de una simple proporcionalidad con el tamaño corporal. Si un animal con mil veces más células que un ser humano no tiene una mayor tendencia a mostrar tumores, eso significa que deben existir mecanismos naturales que suprimen el cáncer mil veces más eficientemente. ¿Por qué? Posiblemente por una combinación de factores que incluyen copias múltiples de genes que eviten el desarrollo de crecimientos anómalos pero también la posibilidad, apuntada por algunos modelos teóricos, de que los propios tumores desarrollen «hipertumores» en su interior capaces de eliminar a los primeros. ¿Podremos explotar estas formas de prevenir el cáncer? Posiblemente sí, y una vez más nuestra inspiración en lo que la evolución ya ha descubierto puede ser la clave de nuestro éxito.

En una entrevista a Woody Allen, preguntado sobre su relación con la muerte, éste afirmaba que «sigue siendo la misma: ¡estoy fuertemente en contra!». ¿Cambiará nuestra relación con ella? Habrá que esperar. Por ahora, la vida eterna seguirá siendo parte sustancial de la literatura, emplazándonos de frente ante dioses y héroes, el santo grial, cielo e infierno. Todos ellos caben no ya en la punta de un alfiler, sino en ese pequeño universo definido por el interior celular, repleto de máquinas moleculares extraordinarias, tan precisas como falibles y que, inconscientes en su automatismo ciego, trabajan constantemente sobre esa línea imperceptible que separa la muerte de la inmortalidad.

Epílogo

Robots mentirosos, células artificiales, la detención del envejecimiento o el cáncer mediante manipulación genética, sociedades virtuales, experiencias de inmersión en realidades generadas por ordenador indistinguibles de la realidad, biosferas y universos digitales en evolución, tecnologías diseñadas por máquinas y que desafían nuestra creatividad…, las ideas y los resultados que hemos discutido a lo largo de los capítulos precedentes son, sin lugar a dudas, el mejor ejemplo de aquella vieja sentencia: «La ciencia supera a la ficción». Ésta es una parte de la ciencia de frontera que se beneficia de la creciente comunicación entre disciplinas así como de las potencialidades que ofrecen los ordenadores como instrumentos de simulación. Y es en gran medida la ciencia que decidirá el perfil de nuestro futuro.

En su número de junio de 2010, la revista *Scientific American* traía en su portada el sugestivo título «Doce eventos que lo cambiarán todo». Pocos campos dan tanto de sí como la ciencia cuando intentamos dibujar el mañana que nos aguarda. Si queremos imaginar cómo nuestra vida puede diferir de la que llevamos ahora, los avances en el conocimiento científico deben formar parte necesariamente de la ventana a la que nos asomamos. Entre los eventos destacados, están varios de los que hemos hablado a lo largo del libro: la síntesis de la vida, las máquinas conscientes, la energía de fusión, materiales superconductores de uso cotidiano o los hallazgos que puedan surgir de los grandes aceleradores de partículas (y lo que nos puedan revelar) son algunos ejemplos. En todos ellos, el empleo de la simulación virtual o la construcción física del sistema, empleando a menudo herramientas y diseños que nos alejan de lo que denominamos «natural» desempeñan un papel clave. Podríamos añadir a estos posibles descubrimientos otros no menos impactantes. La revista *New Scientist* presentaba, en octubre del mismo año, su propia lista de «cincuenta ideas que cambiarán la ciencia para siempre» entre las que se cuentan el descubrimiento de signos de vida en un planeta extrasolar, el trazado de un mapa completo del cableado cerebral, la clonación de un Neandertal, el desarrollo de sistemas de fotosíntesis artificial (algo así como hojas sintéticas que capten la luz solar) o el replanteamiento de nuestro sistema económico como un ecosistema que podamos regular mediante el empleo de reglas adecuadas de control.

Ninguno de estos artículos menciona otras posibilidades extraordinarias que el desarrollo de entornos de realidad virtual puede facilitar. Por un lado, la interconexión de ordenadores de gran potencia permitirá disponer de una «verdadera» vida alternativa como avatar en un universo en el que, como hemos visto, el cerebro puede hacer esa realidad indistinguible de la nuestra. Habrá que ver, llegado este momento de ser parte de Matrix, cómo afectará la experiencia a nuestra propia definición de lo que podemos denominar «real». En el terreno educativo, los mundos virtuales podrían ser la puerta abierta para lograr que algunas materias, como la historia, puedan adquirir vida. Puedo imaginarme a un grupo de estudiantes con sus equipos de inmersión virtual contemplando desde «el interior» una catedral que ya no existe o los restos de un campo de batalla de alguna de nuestras muchas y desgraciadas guerras. El pasado puede llegar a ser mucho más cercano y con ello tal vez logremos reflexionar con mayor acierto acerca de nuestro propio futuro. Torcer el curso del envejecimiento mediante la biología sintética puede no sólo mejorar nuestra calidad de vida, sino también ayudar a paliar los efectos negativos de una población mundial que pone en peligro la sostenibilidad de la biosfera. Alcanzar estos objetivos nos permitirá en algunos casos responder a preguntas tan antiguas como nuestra propia civilización, mientras que en otros casos pueden salvarnos de algunos de los problemas que nos esperan.

La lista de *Scientific American* incluye también la posibilidad de una pandemia devastadora o la fusión de los casquetes polares. La segunda ya es, desafortunadamente, algo más que una mera posibilidad. La temperatura del planeta, tal y como predicen los modelos climáticos desde hace años, sigue aumentando. Dentro de unas décadas, si nada lo impide, nuestro planeta experimentará cambios profundos en su clima que serán probablemente irreversibles. No es una afirmación gratuita: se basa en uno de los mayores consensos científicos de la historia y en el análisis más pormenorizado del pasado de la Tierra que jamás se haya llevado a cabo. Y la predicción misma se ha obtenido mediante la simulación por ordenador del clima futuro. El climatólogo estadounidense James Hansen lo ha descrito así: «Nos encontramos en el borde del precipicio, cercanos a un punto de no retorno en el sistema climático más allá del cual no hay redención posible». Esta advertencia debería ponernos en guardia y llevarnos a hacer todo lo posible para corregir ahora el curso de los acontecimientos. Pero inevitablemente —y aquí los periodistas son los maestros— se formula la pregunta nefasta: «¿No estamos siendo alarmistas?».

Es una pregunta extraña si tenemos en cuenta la evidencia aplastante que apunta a un calentamiento progresivo asociado a la acumulación de gases de efecto invernadero. Esta evidencia procede tanto de los datos recogidos en los hielos polares durante décadas como de modelos climáticos que han sido capaces de reproducir las idas y venidas de la temperatura a lo largo de miles de años. Con el tiempo, estos modelos se han hecho cada vez más precisos y sus posibles puntos débiles han desaparecido, con lo que sus predicciones son hoy el resultado de un consenso casi unánime entre los científicos dedicados al estudio del clima. Las predicciones realizadas a finales del siglo XX, que sugerían un incremento de las sequías, incendios devastadores o inundaciones, situando geográficamente las zonas afectadas en distintos puntos del planeta (desde Australia hasta Europa Central) han acertado de lleno. Todos los años oímos hablar de temperaturas récord, inundaciones o lluvias más intensas y, en general, de un cambio del clima caracterizado por la tendencia al calentamiento acompañada de un comportamiento cada vez más errático. Hemos sido advertidos en numerosas ocasiones de las consecuencias futuras, y aun así nuestra reacción no puede ser más equivocada. Imaginemos que llegamos de noche a nuestra casa y, antes de subir en el ascensor a nuestro piso, vemos que una nube de humo negro sale del sótano. ¿Subiríamos a nuestro apartamento sin más, confiando en que el humo no significa nada?, ¿consideraríamos alarmista a un vecino que nos señalara que el humo indica con casi total seguridad un incendio? La respuesta es obvia, y sin embargo la reacción de nuestra sociedad ante el cambio climático es justamente la que consideraríamos absurda: ignorar el humo e ir a dormir. ¿Cómo hemos llegado a esta situación? Tal vez por una combinación de factores que requieren tener en cuenta algunos de los comportamientos paradójicos de los que hablamos anteriormente al considerar modelos de opinión o de evolución de mercados. Aquí también los modelos sirven de ayuda.

Se ha hablado tanto de la amenaza del cambio climático que nos parece a menudo un tema que preferimos dejar de lado. Cualquier pequeño cambio que parece contradecir la tendencia, como un verano más fresco o un aumento en las precipitaciones del otoño nos reconfortan y alejan el fantasma. A esta tendencia natural a confiar en que las cosas mejoren, de la que hablábamos en el contexto de los modelos históricos, se añade el efecto devastador de la desinformación promovida por *lobbies* con intereses económicos enfrentados a la regulación de emisiones, la indiferencia con la que los representantes de los mercados escuchan las voces de alarma y la pura y simple desidia de buena parte de los políticos en el poder, dominados por intereses a corto plazo y demasiado a menudo carentes de una visión global. Los denominados «negacionistas» definen un colectivo notablemente homogéneo (casi religioso) en la forma de plantear su supuesto escepticismo. La mueca de desprecio condescendiente de algunos economistas, que arrugan la frente ante cualquier sugerencia de controlar emisiones, es seguida con frecuencia por un «análisis» en el que el coste de cualquier regulación es visto como un robo a mano armada llevado a cabo por un grupo de ecologistas sin sentido común. El problema está en que el análisis en cuestión suele ignorar por completo las evidencias científicas. El discurso incluye alguna referencia a lo que consideran «pequeños cambios», como el crecimiento de «tan sólo un grado» en las temperaturas medias globales a lo largo del último siglo. Y se señala de forma acusadora al estudio del clima como poco fiables. Sobre el último punto, habría que decir que los modelos climáticos —a diferencia de los económicos— se basan en teorías científicas y concitan un enorme consenso. Sobre ese «pequeño» aumento de temperatura, habría que preguntarles cuál es la referencia empleada para afirmar que el cambio en cuestión puede despreciarse. El cuerpo humano es capaz de soportar una temperatura corporal de hasta 40 grados, pero «un solo grado» adicional nos ocasionará la muerte. La única realidad es que todo apunta a que, una vez alcancemos un grado más de temperatura media en relación con las temperaturas del año 2000, entraremos en una realidad climática muy distinta de la que conocemos, estable y predecible, y que ha permitido que nuestra civilización se desarrolle. A partir de ese punto, los cambios se acelerarán y lo harán de forma irreversible.

Algunos investigadores, como James Lovelock, consideran que ya es imposible detener este proceso. Y si finalmente nos enfrentamos a este punto de no retorno, nuestra única esperanza puede residir en nuestra tecnología. Una de las posibilidades está precisamente en la biología sintética, y en la posibilidad —arriesgada— de actuar sobre la biosfera empleando organismos creados en el laboratorio. ¿Llegará el día en el que veamos un gran Proyecto Manhattan congregando a las mejores mentes del planeta para cambiar su clima y devolverlo al lugar que ha ocupado durante los últimos 100.000 años? Es posible. Un proyecto como ése deberá tener en cuenta el mayor número posible de disciplinas, desde la ingeniería genética o la ecología a la física de la atmósfera y la evolución. Y la integración de éstas necesitará de sistemas de simulación a gran escala que permitan explorar el resultado de aquello que nuestros cambios puedan generar. Y la incertidumbre siempre estará ahí. Nunca podremos estar totalmente seguros de si nuestras criaturas artificiales seguirán el guión que les hemos preparado o si, como decía el matemático Ian Malcolm en *Parque Jurásico,* «la vida encontrará su camino», un camino que puede estar lejos de ser el nuestro. Nuestro potencial como especie es ahora mayor que el que nunca habrían soñado Galileo o Shelley. No sólo hemos logrado entender buena parte de nuestro universo. Hemos creado un verdadero mundo virtual de información que se expande a gran velocidad, hemos empezado a pensar en otros mundos y a crear mundos sintéticos que hace medio siglo eran inconcebibles. Llegamos así a esta encrucijada en la que podemos elegir entre conquistar y explorar estos mundos posibles y hacer que los cambios formen parte de nuestro legado o rodar cuesta abajo sin frenos. Todos sabemos cómo termina la segunda alternativa.

Apéndice

Referencias bibliográficas

Introducción: Simular mundos

Hawking, S.H. y Mlodinow, L. (2011), *El gran diseño,* Crítica, Barcelona.

Sagan, C. (1980), *Cosmos: un viaje personal,* Planeta, Barcelona.

Stewart, I. (1991), *¿Juega Dios a los dados?,* Crítica, Barcelona.

Williams, G.P. y Wilson, R.J. (1988), «The stability and genesis of Rossby vortices», *Journal of the Atmospheric Sciences,* vol. 45, págs. 207-241.

1. Non omnis moriar

Dyson, G.B. (1997), *Darwin Among the Machines. The Evolution of global Intelligence,* Helix Books, Nueva York.

Eigen, M. y Winkler, R. (1981), *Laws of the Game. How the Principles of Nature Govern Chance,* Knopf, Nueva York.

Levy, S. (1992), *Artificial Life. The Quest for a New Creation,* Penguin Books, Londres.

Nikbakht, N., y McLachlan, J.C. (1999), «Restoring avian wing digits», *Proceedings of the Royal Society London B*, 266, págs. 1101-1104.

Standage, T. (2002), *The Mechanical Turk,* Allen Lane, Penguin Press, Londres.

Wood, G. (2002), *Living Dolls. A Magical History for the Quest of Mechanical Life,* Faber and Faber, Londres.

2. A través del espejo

Amos, M. (2004), *Cellular Computing,* Oxford University Press, Oxford.

Bedau, M. y Cleland, C.E. (2010), *The Nature of Life: Classical and Contemporary Perspectives from Philosophy and Science,* Cambridge University Press, Nueva York.

Dyson, F. (1999), *The Origins of Life,* Cambridge University Press, Nueva York.

Goodsell, D.S. (1993), *The Machinery of Life,* Springer-Verlag, Nueva York.

Holmes, R. (2008), *The Age of Wonder,* Harper Press, Londres.

Lane, N. (2009), *Life Ascending,* Profile Books, Londres.

Lazebnik, Y. (2002), «Can a biologist fix a radio? Or what I learned while studying apoptosis», *Cancer Cell,* vol. 2, págs. 179-182.

Luisi, P.L. (2010), *La vida emergente. De los orígenes químicos a la biología sintética,* Tusquets Editores, col. Metatemas 109, Barcelona.

Macía, J., Posas, F. y Solé, R.V. (2012), «Distributed computation: the new wave of synthetic biological devices», *Trends in Biotechnology,* en prensa.

Oró, J. (1961), «Comets and the formation of biological components on the primitive Earth», *Nature,* vol. 190, págs. 389-390.

Peretó, J. (1994), *Orígenes de la evolución biológica,* Eudema, Madrid.

Rasmussen, S. (2009), *Protocells. Bridging Nonliving and Living Matter,* MIT Press Cambridge, Massachusetts.

Regot, S., *et al.* (2011), «Distributed biological computation with multicellular engineered networks», *Nature,* vol. 469, págs. 207-211.

Shapiro, E. y Benenson, Y. (2006), «Bringing DNA computers to life», *Scientific American,* mayo de 2006, págs. 45-51.

Shapiro, R. (2008), «El origen de la vida», *Investigación y Ciencia,* Barcelona.

Shelley, Mary (1985), *Frankenstein, or the modern Prometheus,* Penguin Classics, Londres [trad. esp.: *Frankenstein o el moderno Prometeo,* Mondadori, Barcelona, 2010].

Solé, R.V., Rasmussen, S. y Bedau, M. (2007), «Towards the artificial cell, Theme Issue», *Philosophical Transactions of The Royal Society,* vol. 362, págs. 1723-1925.

Solé, R.V. (2010), «Evolution and self-assembly in protocells», *International Journal of Biochemistry and Cell Biology,* vol. 41, págs. 274-284.

Weber, W. y Fussenegger, M. (2012), «Emerging biological applications of synthetic biology», *Nature Reviews Genetics,* vol. 13, págs. 28-35.

Wiles, A. (2000), entrevista televisiva en NOVA.

3. Diseños darwinianos

Arthur, W.B. (2009), *The Nature of Technology. What It Is and How It Evolves,* Free Press, Nueva York.

Basalla, G. (1989), *The Evolution of Technology,* Cambridge University Press, Cambridge UK.

Dawkins, R. (1998), *Escalando el monte improbable,* Tusquets Editores, col. Metatemas 53, Barcelona.

Eldredge, N. (2011), «Paleontology and cornets: Thoughts of material cultural evolution», *Evolution, Education and Outreach,* vol. 4, págs. 364-373.

Farmer, D. (1999), «Market force, ecology and evolution», *Industrial and Corporate Change,* vol. 11, págs. 895-953.

Gould, S.J. (1987), «The Panda's thumb of technology», *Natural History,* vol. 96, págs. 14-23.

Holland, J.H. (1998), *Emergence. From Chaos to Order,* Helix Books.

Kauffman, S.A., y Levin, S. (1987), «Towards a general theory of adaptive walks on rugged landscapes», *Journal of Theoretical Biology,* vol. 128, págs. 11-45.

Kelly, K. (2010), *What Technology Wants,* Viking, Nueva York.

Koza, J.R. (1992), *Genetic Programming: On the Programming of Computers by Means of Natural Selection,* MIT Press, Cambridge, Massachusetts.

Kurzweil, R. (2005), *The Singularity is Near,* Viking, Nueva York.

Lohn, J.D., Hornby, G.S., y Linden, D.S. (2004), «An evolved antenna for deployment on NASA's space technology 5 mission», *Genetic Programming Theory and Practice*, vol. 8, Springer, págs. 301-313.

Petroski, H. (1992), *The Evolution of Useful Things,* Vintage, Nueva York.

Rosheim, M.E. (2006), *Leonardo's Lost Robots,* Springer, Nueva York.

Solé, R.V., Valverde, S. y Rodríguez-Caso, C. (2011), «Convergent evolutionary paths in biological and technological networks», *Evolution, Education and Outreach,* 4, págs. 415-426.

Solé, R.V., Valverde, S., Rosas-Casals, M., Kauffman, S., Farmer, D. y Eldredge, N. (2012), «The evolutionary ecology of technological innovation», *Trends in Ecology and Evolution,* en prensa.

Valverde, S. y Solé, R.V. (2007), «Topology and evolution of technology innovation networks», *Physical Review E, 76,* artículo n.º 32767.

4. Los sueños de una red neural

Arzy, S., Seeck, M., Spinelli, L., Ortigue, S. y Blanke, O. (2006), «Induction of an illusory shadow person», *Nature* 443, pág. 287.

Aspell, J.E., Lenggenhager, B. y Blanke, O. «Keeping in touch with one's self: multisensory mechanisms of self-consciousness», *PloS ONE* vol. 4, artículo n.º e6488.

Bear, M.F., Connors, B.W. y Paradiso, M.A. (1996), *Neuroscience. Exploring the Brain,* Williams and Wilkins, Baltimore.

Geiger, J. (2007), *The Third Man Factor. Surviving the Impossible,* Canongate, Nueva York.

Hobson, J.A. (1999), *Consciousness,* Scientific American Library, Nueva York.

Brennand, K.J. *et al.* (2011), «Modelling schizophrenia using human induced pluripotent stem cells», *Nature,* vol. 473, págs. 221-225.

Lenggenhager, B., Tadi, T., Metzinger, T., y Blanke, O. (2007),
«Video ergo sum. Manipulating bodily self-consciousness»,
Science, vol. 317, págs. 1096-1099.

Mitri, S., Floreano, D., y Keller, L. (2009) «The evolution of in-
formation supression in communicating robots with con-
flicting interests», *Proceedings of the National Academy of
Sciences USA,* 106, n.º 37, págs. 15.786-15.790.

Nasar, S. (1998), *Una mente prodigiosa,* Mondadori, Barcelona.

Nelson, M.E. y Bower, J.M. (1990), «Brain maps and parallel
computers», *Trends in Neuroscience,* vol. 13, págs. 403-
408.

Rolls, E.T. y Deco, G. (2010), *The Noisy Brain. Stochastic Dynamics as a Principle of Brain Function,* Oxford University
Press, Nueva York.

Sánchez-Vives, M.V. y Slater, M. (2005), «From presence to
consciousness through virtual reality», *Nature Reviews
Neuroscience,* vol. 6, págs. 332-339.

Scheffer, M. (2009), *Critical Transitions in Nature and Society,*
Princeton University Press, Princeton.

Slater, M., Spanlang, B., Sánchez-Vives, M.V., y Blanke, O.
(2010), «First Person Experience of Body Transfer in Virtual Reality», *PLoS ONE* 5, e10564.

Solé, R.V. (2011), *Phase Transitions,* Princeton University
Press, Princeton.

Tarr, M.J. y Warren, W.H. (2002), «Virtual reality in behavioral
neuroscience and beyond», *Nature Neuroscience,* vol. 5,
págs. 1089-1092.

Toffler, A. (1970), *El shock del futuro,* Plaza y Janés, Barcelona.

5. Una historia del Bronx

Ball, P. (2004), *Critical Mass. How One Thing Leads to Anoth-
er,* Arrow Books.

Batty, M. (1995), «New ways of looking at cities», *Nature,* vol.
377, pág. 574.

Batty, M. y Longley, P. (1994), *Fractal Cities,* Academic Press,
Londres.

Davis, M. (2006), *Planet of Slums,* Verso, Londres.

Hall, P. (1998), *Cities in Civilization,* Pantheon Books, Nueva York.

Homer-Dixon, T. (2006), *Catastrophe, creativity, and the Renewal of Civilization. The Upside of Down,* Island Press.

Jacobs, J. (1961), *The Death and Life of Great American Cities,* Vintage, Nueva York.

Krugman, P. (1995), *The Self-Organizing Economy,* Blackwell, Londres.

Makse, H., Havlin, S. y Stanley, H.E. (1995), «Modelling urban growth patterns», *Nature,* vol. 377, págs. 608-612.

Manrubia, S.C., Zanette, D.H. y Solé, R.V. (1999), «Transient dynamics and scaling phenomena in urban growth», *Fractals,* vol. 7, págs. 1-8.

Pynchon, T. (1992), *Vineland,* Tusquets Editores, col. Andanzas 160, Barcelona.

Weinstock, M. (2010), *The Architecture of Emergence. The Evolution of Form in Nature and Civilisation,* Wiley, Londres.

6. Hay otros mundos

Adami, C. (1998), *Introduction to Artificial Life,* Springer, Nueva York.

Bruno, G. (1984), *Sobre el infinito universo y los mundos,* Orbis, Barcelona.

Gould, S.J. (2004), *La estructura de la teoría de la evolución,* Tusquets Editores, col. Metatemas 82, Barcelona.

Gould, S.J. (2006), *La vida maravillosa,* Crítica, Barcelona.

Greene, B. (2011), *La realidad oculta,* Crítica, Barcelona.

Krauss, L.M. (2012), *A Universe from Nothing,* Free Press, Nueva York.

Morris, S.C. (2003), *Life's Solution. Inevitable Humans in a Lonely Universe,* Cambridge University Press.

Niklas, K. (1997), *The Evolutionary Biology of Plants,* University of Chicago Press, Chicago.

Prusinkiewicz, P. y De Reuille, P.B. (2010), «Constraints of space in plan development», *Journal of Experimental Botany,* 61, n.º 8, págs. 2117-2129.

Ray, T.S. (1991), «An approach to the synthesis of life», en: Langton, C., Taylor, C., Farmer, J.D. y Rasmussen, S. (eds.), *Artificial Life,* II, Addison-Wesley, Massachusetts, págs. 371-408.

Ray, T.S. (1994), «Evolution, complexity, entropy, and artificial reality», *Physica D* vol. n.º 75, págs. 239-263.

Solé, R.V. y Bascompte, J. (2007), *Selforganization in Complex Ecosystems*, Princeton University Press, Princeton.

Sprinkel, V. *et al.* (2005), «Simulations of the formation, evolution and clustering of galaxies and quasars», *Nature,* vol. 435, págs. 629-636.

Tegmark, M. (2003), «Parallel universes», *Scientific American,* mayo, págs. 41-51.

Vilenkin, A. (2006), *Many Worlds in One. The Search for other Universes,* Hill and Wang, Nueva York.

White, M. (2002), *The Pope and The Heretic. The True Story of Giordano Bruno, the Man Who Dared to Defy the Roman Inquisition,* Morrow, Nueva York.

7. *Historia artificial*

Artzrouni, M. y Komlos, J. (1996), «The formation of the European state system: A spatial predatory model», *Historical Methods,* vol. 29, págs. 126-134.

Axtell, R.L. (1996), *Growing artificial societies: social science from the bottom up,* MIT Press, Cambridge, Massachusetts.

Axtell, R.L. *et al.* (2002), «Population growth and collapse in a multiagent model of the Kayenta Anasazi in Long House Valley», *Proceedings of the National Academy of Sciences USA,* vol. 99, págs 7275-7279.

Bak, P. (1997), *How Nature Works,* Springer, Nueva York.

Becker, J. (1996), *Hungry Ghosts. Mao's Secret Famine,* The Free Press, Nueva York.

Buchanan, M. (2010), *El átomo social,* Tres Fronteras Ediciones, Murcia.

Cederman, L. (2003), «Modeling the size of wars: from billiard balls to sandpiles», *American Political Science Review,* vol. 97, págs. 135-150.

Diamond, J. (2005), *Colapso: Por qué unas sociedades perduran y otras desaparecen,* Debate, Barcelona.

Ferguson, N. (2008), *The Ascent of Money: A Financial History of the World,* Penguin Press, Nueva York [trad. esp.: *El triunfo del dinero,* Debate, Barcelona, 2009].

Fernández-Armesto, F. (2002), *Civilizaciones. La lucha del hombre por controlar la naturaleza,* Taurus, Madrid.

Fort, J. y Méndez, V. (1999), «Time-delayed theory of the Neolithic transition in Europe», *Physical Review Letters,* vol. 82, págs. 867-870.

Fort, J. y Méndez, V. (1999), «Reaction-diffusion waves of advance in the transition to agricultural economics», *Physical Review E,* vol. 60, págs. 5894-5901.

Fort, J., Pujol, T. y Cavalli-Sforza, L.L. (2004), «Paleolithic populations and waves of advance», *Cambridge Archeological Journal,* vol. 14, págs. 53-61.

Kohler, T.A., Gumerman, G.J. y Reynolds, R.G. (2005), «Simulating ancient societies», *Scientific American,* julio, págs. 77-84.

McNeill, J.R., y McNeill, W.H. (2004), «Las redes humanas: una historia global del mundo», Crítica, Barcelona.

Miller, J.H. y Page, S.E. (2007), *Complex Adaptive Systems: An Introduction to Computational Models of Social Life,* Princeton University Press, Princeton.

Sornette, D. (2003), «Critical market crashes», *Physics Reports,* vol. 378, págs 1-98.

Turchin, P. (2003), *Historical Dynamics. Why States Rise and Fall,* Princeton University Press, Princeton.

Turchin, P. (2005), *War, Peace and War: The Life Cycles of Imperial Nations,* Pi Press, Nueva York.

8. *Ser o no ser*

Adam, J.A. y Bellomo, N. (1997), *A Survey of Models for Tumor-immune System Dynamics,* Birkhäuser, Boston.

Alberts, B. *et al.* (2008), *Introducción a la biología celular,* Ediciones Omega, Barcelona.

Blasco, M.A. *et al.* (1997), «Telomere shortening and tumor formation by mouse cells lacking telomerase RNA», *Cell,* vol. 91, págs. 25-34.

Camus, A. (2001), *El mito de Sísifo,* Alianza Editorial, Madrid.

Cui, Z. *et al.* (2003), «Spontaneous regression of advanced cancer: Identification of a unique genetically determined, age-dependent trait in mice», *Proceedings of the National Academy of Sciences USA,* vol. 100, págs. 6682-6687.

Hicks, A.M. *et al.* (2006), «Transferable anticancer innate immunity in spontaneous regression/complete resistance mice», *Proceedings of the National Academy of Sciences USA,* vol. 103, págs. 7753-7758.

Gavrilov L.A. y Gavrilova, N.S. (2001), «The reliability theory of aging and longevity», *Journal of Theoretical Biology,* vol. 213, págs. 527-545.

Gavrilov L.A. y Gavrilova N.S. (2004), «Why we fall apart», *IEEE Spectrum,* vol. 41, págs. 30-35.

Greider, C.W. y Blackburn, E.H. (1996), «Telómeros, telomerasa y cáncer», *Investigación y Ciencia,* 235, págs. 20-26.

MacAdam, D. (2003), *Spontaneous Regression: Cancer and the Immune System,* Xlibris, Filadelfia, 2003.

Marx, J. (2002), «Debate surges over the origins of genomic defects in cancer», *Science,* vol. 297, pág. 544.

Mukherjee, S. (2010), *The Emperor of All Maladies: A Biography of Cancer,* Scribner, Nueva York [trad. esp.: *El emperador de todos los males,* Taurus, Madrid, 2011].

Solé, R.V., y Deisboeck, T. (2004), «An error catastrophe in cancer?», *Journal* of *Theoretical Biology,* vol. 228, págs. 47-54.

Sontag, S. (1996), *La enfermedad y sus metáforas,* Taurus, Madrid.

Suzuki, H. *et al.* (1999), «Development of cellular polarity of hamster embryos during compaction», *Biology of Reproduction,* vol. 61, págs. 521-526.

Weinberg, R.A. (2007), *The Biology of Cancer,* Garland Science, Nueva York.